论人的精神需要

杨蔚◎著

燕山大学出版社
·秦皇岛·

图书在版编目（CIP）数据

论人的精神需要 / 杨蔚著. —秦皇岛：燕山大学出版社，2021.5（2026.1重印）

ISBN 978-7-5761-0178-2

Ⅰ.①论… Ⅱ.①杨… Ⅲ.①民族精神—研究—中国 Ⅳ.①C955.2

中国版本图书馆CIP数据核字（2021）第083529号

论人的精神需要

杨蔚　著

出 版 人：陈　玉

责任编辑：张岳洪

封面设计：方志强

出版发行：燕山大学出版社 YANSHAN UNIVERSITY PRESS

地　　址：河北省秦皇岛市河北大街西段 438 号

邮政编码：066004

电　　话：0335-8387555

印　　刷：廊坊市印艺阁数字科技有限公司

经　　销：全国新华书店

开　　本：700mm×1000mm　1/16　　印　　张：15.75　　字　　数：210 千字

版　　次：2021 年 5 月第 1 版　　印　　次：2026 年 1 月第 2 次印刷

书　　号：ISBN 978-7-5761-0178-2

定　　价：58.00 元

序

很高兴得知燕山大学出版社将出版杨蔚老师的专著《论人的精神需要》一书。我退休前曾与杨蔚老师长期共事，她还曾经是我的领导。杨老师很谦虚，她要我为本书的出版写一个序言，我在备感荣幸之余也多少有些惶恐，因为我并非学术名家，总觉得自己资格不够。但杨老师坚持要我写，我也只好从命。

《论人的精神需要》一书来源于杨蔚老师的博士学位论文。杨蔚老师本科和硕士研究生阶段都是在北京大学哲学系度过的，毕业后一直在高校从事教学、研究和管理工作。杨老师博士阶段的研究范围属于马克思主义哲学，实际上，对中国哲学的研究是她的强项，十几年来她一直没有中断对中国哲学史的研究，曾出版《中国传统哲学导引》一书。她给研究生开设中国哲学史课程已有近二十年，深受学生的欢迎。杨老师于 2014 年上半年进行了博士论文答辩，当时，答辩委员会主席、清华大学马克思主义学院的赵甲明教授对杨老师的博士论文给予很高的评价。杨老师获得博士学位后，并没有急于出版她的博士论文，而是进行了反复的修改完善。现在大家看到的，至少已经是第九版了。从现在这一版看，无论是在论文结构、各级标题的表述还是在观点论证上相比原稿都有了很大的变化。

读完这本书后，我感觉到：精神需要的问题确实是今天我国社会的一个非常重要的问题。据我所知，国内外研究需要问题的成果很多，但是专门研究精神需要的成果，尤其是在总体上研究精神需要的专著并不多见。

这也凸显了这部专著的价值。

我认为杨老师的这部专著有以下特点：

一是强烈的问题意识。杨老师认为我国目前精神需要方面的问题十分突出，她将这些问题概括成重物质轻精神、重功利轻承诺、重享乐轻奉献、重现实轻理想、重迷信轻科学。认为这些问题已经成为人的全面和谐发展的严重屏障和制约。可以说整部著作就是围绕这些问题展开的。

二是清晰的研究思路。本书运用马克思主义相关理论特别是马克思的需要理论，立足于中国当代社会现实，紧扣社会转型中发生的中国人精神需要的困境或问题，分析其原因，在此基础上寻找走出精神困境、合理引导精神需要的方案或路径，并最后落脚于促进人的全面发展这一问题上。从本书的结构读者即可看出其研究思路的清晰性和合理性。

三是学术性与现实性的统一。这本专著属于哲学方面的成果，其中有不少概念分析和观点论证，读者在阅读中可以感受到作者的思辨能力和哲学功底。但是该书并不会让读者感到枯燥，因为作者并没有陷入从概念到概念的误区，而是将理论分析同现实问题很好地结合起来。本书密切联系社会现实，在举例时还增加了今年我国抗击新型冠状病毒肺炎疫情的最新情况。

读完该书，我感到书中提出了不少有启发意义的见解。作为读者，我个人印象最深的是下列观点，愿在此予以介绍并与大家分享。

关于精神需要的界定，该书认为：作为哲学意义的范畴，人的精神需要就是人们对智力、道德、交往、审美等方面发展的反映，是一种对观念对象的需求。关于精神需要的反映对象，该书认为：精神需要是主体的精神追求的反映。它反映人的情感依恋需求，反映人们对精神文化产品的渴求，反映人们对自我主体价值实现的渴求。关于精神需要的基本问题，该书认为：精神需要与物质需要的关系、精神需要与精神生活的关系、精神需要与精神消费的关系等问题是人的精神需要的基本问题，它们都围绕精神需要及其满足这个核心问题。关于精神需要的划分，该书认为：人是自然、社会和精神三者统一的存在物，同时具有自然、社会和精神三方面的属性，构成完整的人格。因此其精神需要的划分，应该从其完整的人格存在进行划分。具体来说，人的精神需要有：获得安全感的需要、得到心理情感满足的需要、为善的需要、进行认知和探究的需要、审美需要、信仰需要等六种。该书还认为：这六种类型可以说由低到高，其内在的原始自然、心理属性在不断减弱，精神属性逐渐增强。关于精神需要满足的一般过程，该书认为：人的精神需要的满足，一般而言是一个从社会交往到获得尊重，再到自我素质提升和自我价值实现的过程。关于合理引导人的精神需要的策略，该书认为：合理引导人的精神需要，要在把握人的精神需要变化满足规律的基础上，由外到内，由显入隐，由浅入深，逐步分层次推进。另外，作者还提出：正是在精神生活世界中，人类通过对客观对象的观念把握来超越现实的物质生活世界，使自身精神需要得以满足，也使自身得到拓展和提升；人的精神需要是人的可持续发展的要求；等等。我认为，所有这些见解都是思想性很强的非常有价值的学术观点。

在本书出版之际，谨向杨蔚老师表示祝贺。我想，这部专著的出版一定会对精神需要的研究起到非常好的推动作用。

北京交通大学马克思主义学院

林建成

2020 年 4 月 22 日

前　言

本书立足当代中国社会，以人的精神需要为研究对象，运用马克思主义关于精神需要的基本观点和理论，在梳理精神需要的基本概念、基本问题、功能作用、表现形态的基础上，对我国现实社会中人的精神需要困境及其原因进行分析，提出合理引导人的精神需要的原则和对策，并对满足人的精神需要在人的全面发展中的意义进行了探寻和思考。

人的精神需要是人在社会生活中体现出来的感性（包括情感、意志、愿望等心理因素）的和理性（思考、认识、探求、价值追求、信仰等）的欲望和要求。人的精神需要既有物化的感性成分，又有纯内在的理性因素，而信仰则是人的精神生活的灵魂和最高层面。相对于物质需要来说，人的精神需要的特点在于其间接性、主体性、多样性、开放性；人的精神需要是分层次的，无论是在社会层面还是在个人层面，均有不同的表现形式。就社会层面而言，主要表现为宗教、道德、艺术、哲学、政治等形式；就个人层面而言，主要表现为通过社会交往获得社会和他人的尊重与认可，通过自我素质提升获得自我价值实现与内在自我认可和精神自足。一般而言，个人精神需要的满足，是一个从社会交往到获得尊重，再到自我素质提升和自我价值实现的过程。马克思主义关于需要以及精神生产的理论、幸福观、信仰观、异化理论，为思考和研究人的精神需要问题提供了理论基础和方法论指导。

在我国推进社会主义现代化建设与和谐社会建设过程中，人们的精神生活状况发生了很大变化，人的精神需要得到一定程度的满足，但同时也存在着单一化、发展不平衡、不充分的问题，这些问题越来越成为影响和制约人的全面发展以及社会和谐发展的重要因素。人们在渴求拥有更多的物质财富和金钱的同时，却使自身的精神生活陷入困境，精神需要得不到满足，社会层面上心理抑郁不安、情感彷徨无依、心态焦虑失衡、个性变形扭曲、认知混乱无序、道德沦丧缺失、精神萎靡困顿、信仰迷茫空虚等共性问题十分突出明显，有些已经成为人的全面和谐发展的严重屏障和制约。

人的现实存在状态和发展程度是由人的社会生活所决定的。精神生活作为人类所特有的现象，它既是个人最内在本质的反映，又是社会生活的显现。人的精神需要满足对维持人自身的生存状态、完善人自身的生存条件、引导和促进人自身的全面发展具有非常重要的意义。正是在精神生活世界中，人类通过对客观对象的观念把握超越现实的物质生活世界，使自身的精神需要得以满足，也使自身得到拓展和提升。人的精神需要受到社会经济、政治、文化和个人主观条件的制约，只有为合理引导人的精神需要打造和提供经济、政治、文化条件，坚持正确原则，健全社会心态疏导机制，明示“应当”和“不应当”，减少社会负面事件发生的概率，从人格的个体差异出发，尊重个体，连通主流文化与大众文化，注重文化产品的社会效益，才能真正不断满足人的精神需要，提升人的精神生活品质，提高人的素质，促进人的全面发展和社会进步。

目　录

导　论

第一节　社会变革中的精神生活与精神需要

一、社会变革中的精神生活

人的存在，不仅表现为自然物质存在，也表现为社会存在和精神存在，是自然存在、社会存在和精神存在的统一体。人作为高等动物，之所以不同于世界上其他生物，在于能够进行自觉的劳动实践创造，有着高于其他动物界的社会组织形式和复杂的精神生活形态，这种精神生活形态也就构成了人的精神世界。人的精神世界包括基于心理体验的感性维度、基于认知与某种价值追求的理性维度和超越现实的信仰维度三个方面。精神世界的感性维度表现为人对理想目标、感性愉悦和对艺术审美的追求等；精神世界的理性维度，以现实为原则，是人对知识、真理与价值的追求；精神世界的信仰维度，属于超越性维度，它以超越为原则，是人对终极关怀和根本意义的追求。[1] 人始终追求精神生活、精神世界的完满，从某种意义上说，正是在追求自身精神需要满足的过程中才成就自己，成为能称之为“人”的人。人作为社会存在和精神存在，一方面由于社会外在的塑

[1] 王海滨：《人的精神结构及其现代批判》，北京：新华出版社，2015 年，第 38 ～ 39 页。

造，需要在社会生活中遵守道德、恪守信念、树立信仰、欣赏美好、存有希望，另一方面基于人内在的特性，追求超越，而这一切决定和构成了人的精神生活和精神需要。

满足人的精神需要，解决好人的精神需要问题，离不开文化的繁荣和发展。文化的繁荣兴盛，对于国家富强繁荣、社会和谐稳定、个人全面发展都具有重要意义。文化兴则国运兴，文化强则民族强，没有高度的文化自信和文化繁荣兴盛，就没有中华民族的伟大复兴，也就没有个人精神需要的满足和个人的全面发展。

在我国社会主义现代化建设进程中，伴随着改革的不断深化和社会的全面进步，社会物质生活条件得到极大改善，人们的物质需求得到极大满足，社会主要矛盾已经转化为人民日益增长的美好生活需要和不平衡不充分的发展之间的矛盾。这是由于社会物质生产力的发展、科技水平的迅速提升、社会结构变化的加剧，造成社会成员思想观念的动荡，也唤起人内在复杂精神需要的苏醒与快速生长。相对于日益繁荣的物质文明来说，社会精神文明的发展明显存在着“一手软”、人民群众对美好生活的期待与需要不能得到充分满足。

社会发展过程中物质和精神因素、新旧矛盾与问题扭曲、交织在一起，出现社会物质生活和精神生活及精神需要的失衡。这种失衡无论是从社会成员个人身心还是在社会各个层面都表现出来：

第一，物质进步与社会精神生活失衡。社会精神产品相对匮乏，人们的精神生活水平提升相对滞后，人的精神需求无法得到充分满足，社会出现道德滑坡现象。在急功近利和物质崇拜之风的影响下，人的感性欲求被日益丰富的物质产品和物质财富所诱发，精神生活领域乱象滋生，一些消极腐朽的思想文化观念、不健康的精神生活方式影响着人们的思想和行为，如：小悦悦事件、三聚氰胺毒奶粉、地沟油、红心蛋、老人跌倒扶不扶的争论等一系列事件，折射出中国社会诚信缺失、社会公德和家庭美德受损。

第二，区域经济发展不均衡、公共文化资源分配不合理，使得不同地区人们思想观念进步程度不平衡不同步。在经济发展落后的偏远地区，文化教育科学技术的发展也就相对落后，从而极大制约着这些地区人的全面发展。越是在文化教育科学技术发展落后地区，落后文化的消极影响就越是明显，人的思想观念、精神风貌也就越趋于保守、封闭和僵化。另一极端是，少数发达地区的人们，在经济迅速发展、物质上充裕而踏上了富足之路时，却在精神生活方面表现出盲目、颓废、堕落、迷茫的现象，人们在行为上表现为消费主义、拜金主义和享乐主义，用物质上的奢靡消费来填补精神上的空白和空虚。十几年前出现的所谓的“新新人类”和后来网络中被称为“高富帅”“白富美”的“富二代”往往成为物质崇拜的代表者。

第三，价值观的主流引导和社会多元取向的失衡，使人们的思想认知和价值观念在发生了巨大变化后曾一度出现无序、混乱，甚至是反转。中国社会在发生巨大变迁之际，负面、颓废、非典型的文化思潮种类繁多，其中主要有：封建迷信、愚昧无知的伪科学思潮，新自由主义思潮，历史虚无主义思潮，拜金主义思潮，社会主义民主思潮，殖民主义思潮，个人主义思潮，享乐主义的思潮，民族分裂主义思潮，守旧主义思潮，利己主义思潮等。这些多元化的思潮，来自市场经济和对外开放，一方面就是人性丰富多样化的表现，另一方面反过来使人们在诸多价值选择面前，由于价值立场的缺失而无所适从，从而限制了人自身的进一步发展。

在过去，成功意味着内在精神上的胜利与超越，很少用金钱去衡量；人们赞赏吃苦与奉献，谁为社会作出的贡献大，谁就是值得敬佩的英雄。当今，不少人对成功有了新的看法，认为过去的标准和含义过时了，不少人将成功理解为物质享受的程度和在竞争中的成败。谁的权力大，谁拥有的物质财富多，谁就是成功的人，谁就是英雄，所以才有校园撞人后的“我爸是李刚”的嚣张。对以成败论英雄的人而言，成功的一个标志就是位高权重、坐拥财富，可以支撑得起奢侈、高档的消费。人们思想价值观的这种变化，意味着享乐本身不单单是个人感官上的满足感，也变为深入精神层面的满足。在市场经济发展过程中，由于对过去“穷过渡”的逆反，先富者的奢靡消费示范以及商业广告的推波助澜，人们的价值观念产生了新的变化，许多人仅以自身需要的满足为满足，而不是通过满足他人、奉献他人来获得成功感；人们拼命地在眼前获得满足，而不是把希望寄托于未来。这些动机取向必然导致以自我为中心与及时行乐的心态，也导致无止境的欲求，从而产生贪念，成为滋生腐败的重要根源。

第四，心理失衡、精神健康问题凸显，妨碍人们的健康、全面发展。随着社会的迅猛发展，市场竞争日趋激烈，社会利益不断调整分化，生活节奏日益加快，人们对生存压力的体验更加深刻，与之相伴而生的是人们内心的躁动紧张、焦虑不安和风险危机感越来越强，这些负面的情绪导致心理失衡，患精神方面疾病的人数呈上升趋势。有学者指出，我国约有精神疾病患者1600万，其中城市居民各类精神疾病的患病率高达13.47%。与此同时，精神疾病所造成的负担正以强劲势头增长；据世界卫生组织推算，精神疾病目前在我国的疾病总负担中排名第一，约占疾病总负担的20%。[1]

网络经济发展使整个社会和人被“一网打尽”，网中之人的个性是僵化凝固还是丰富完满，曾引发了不少争论，甚至不少大专辩论赛亦以此为题进行辩论。姑且不论何者占据上风，光是问题本身就说明网络带给人们的不仅仅是福音，也有许多负面、消极的东西。人自身处于网络虚拟世界

[1] 李怀玉、周全：《关注与呵护城市居民精神健康》，《中国社会科学报》，2011年6月28日，第12版。

中，与他人、社会的交往毕竟有非现实的一面，不能真正全面地、活生生地占有生产关系。因此，“网中人”的存在和表现具有片面性，其全面发展必然受到制约。

中国人的精神生活、精神需要被什么绑架、被什么压抑了？到底出现了什么问题？是不是在充满物欲的时代，就不需要讲精神需要和精神生活了？一讲精神需要就不合时宜？怎样的精神生活才是我们应该倡导的？什么样的精神需求才算是积极健康？这在中国当下和长远来说，是需要仔细思考探讨和回答的问题。

二、社会变革中的精神需要

研究问题需有学术担当和社会担当。人的精神需要问题既是一个复杂的学术问题，更是一个重要的现实问题。在当下中国，人的精神需要及其满足，关系到中华民族的精神品质和风貌，甚至关系到民族的长久持续发展问题，因而亟须研究。习近平指出：“正本清源、守正创新，一个国家、一个民族不能没有灵魂，作为精神事业，文化文艺、哲学社会科学当然就是一个灵魂的创作，一是不能没有，一是不能混乱。”[1]

1. 人的精神需要是人类文化发展的内在要求

人是自然界长期进化发展的产物，人与动物的重要区别之一是人创造了文化，因而人也是文化的产物。

人在生存发展中存在着对某种目标的渴望或欲求，也就是需要。需要是人的行为的动力基础和源泉，是人脑对生理和社会需要的反映，即人们对社会生活中各类事物所提出的要求在大脑中的反映。需要既是一种主观状态，也是一种客观需求的反映。也有心理学家把促使人们产生各种行为

[1] 习近平：《一个国家、一个民族不能没有灵魂》，《求是》，2019 年第 8 期。

动机的欲望称为需要。需要一般可以分为物质的和精神的两个方面。

人类文化的进步不仅包括物质层面的进步，也包括思维意识的进步。人的需要和追求除了生理需要以外，还有更高层次的精神需要。人的精神需要是对物质需要的反映，是人在精神方面的欲望和要求；既有物化的感性因素，又有纯内在的理性因素，是人在社会生活中体现出来的感性因素（包括情感、意志、愿望等心理）和理性因素（思考、认识、探求、价值追求、信仰等）的统一。信仰则是人精神生活的灵魂和最高层面。

精神需要是人类对生活自觉的追求，体现了人类实现自我价值的要求。人的精神需要是丰富、多层次的。早期中国思想史上，荀子就对人的精神需要作了比较全面的解释，荀子将精神需要划分为四个层次：第一层是人的本能需要，第二层是享乐的需要，第三层是政治权利的需要，第四层是道德完善的需要。对这四个层次的划分，其实前两个可以归入物质需要，正是满足物质基础，才有精神需要，即政治权利的需要和道德完善的需要。蔡元培 1917 年在北京神州学会上的演讲中提出以美育代宗教，恰恰说明人类通过对事物的审美，可以满足精神需要，达到喜悦与满足。

人们所处的时代不同，人的现实存在状况不同，价值目标不同，在追求和实现自身的发展过程中，会有各种各样不尽相同的精神需要。主要分为五个层面：一是建立人际关系的需要，二是认知求真的需要，三是利他求善的需要，四是娱乐审美的需要，五是价值、信仰归属的需要。应当说，这五个方面的精神需要，都是在人们的各种文化活动中体现出来并寻求满足的。

文化是由人创造的特有的现象，它产生于人类社会，是人们在长期改造自然、改造社会的过程中，各种丰富生动的社会实践的产物。人类可以根据文化发展的有利条件来改变自身环境，或是通过对自己行为方式的调整来适应改变了的环境。在文化产生之前，人类适应环境的变化是通过生物的自然选择、进化实现的，文化的产生则不仅使人类的适应过程加快了许多，而且也使这种进化更加具有了人类自主选择性，打上了主体性烙印。

文化促进了人体生物进化。人在文化创造的实践过程中不断进化，文化当中的知识文化、科学技术使得人们对人的自然属性的认识不断加深，也在潜移默化中改造着人的自然属性。也就是说，文化在漫长的发展过程中，推动人类改变以往的行为习惯，以至改变人类体质，促进人类自身进化。因此，在一定意义上说，文化塑造了人的体质。

文化影响的深度、广度，都变得和环境本身一样重要，而且文化自身也处于动态进化过程中，因此，文化成为人类社会环境中的一股重要力量。就社会存在而言，人的社会关系部分也来自文化，人可以说是文化衍生物。文化对人们的交往行为和交往方式的影响，来自特定的文化环境和各种形式的文化活动。

在游牧、定居、小城镇、城市、国家、经济全球化这样的社会发展历史中，文化无所不在地贯穿其中，不同的文化环境、价值观念等都会影响人们交往方式、行为的选择，文化印记深深刻在人们的各种社会交往方式中，有的源自风俗习惯，也有的取自个人价值、个人修养等。从交往时人们使用的语言、辅助工具、符号等，或者交际过程中的行为举止，可以看出人们交往方式的差异。

人的社会关系是文化发展的产物，文化通过对人的实践活动、认识活动和思维方式的影响，最终对整个社会关系产生影响，同时文化发展也决定了社会发展关系的状态。

文化活动与人的精神需要息息相关。精神需要是人类所特有的现象，人们在精神生活的世界中，通过对客观事物的观念的把握实现对现实物质生活世界的超越，使自身精神需要得到满足，也使得自身得到拓展和提升。人的精神生活与人的存在密切相关，它就是在人的存在的基础上形成的。总而言之，不仅人最内在的本质是精神生活，精神生活也是人们社会关系的显现。

人的现实精神生活状况与人的精神需要及其满足密切相关，是由客观的物质生活条件和主观的精神需要所决定的。人的精神生活与人的精神需要的满足，不仅对于人的全面发展具有直接的促进作用，也直接影响着人的自由而全面发展。

目前，我国进入中国特色社会主义新时代，中华民族正处在由富起来到强起来的历史节点上，在社会主义现代化建设和实现中华民族伟大复兴的过程中，随着改革开放的深入推进，社会主义市场经济体制进一步完善和国家治理体系、治理能力现代化，所有制结构、分配形式、生活方式等渐渐多样化，人们的精神生活状况发生了很大变化，人的精神需要得到一定程度的满足，但同时也存在着单一化、发展不平衡等问题，人的精神需要和精神生活状况越来越成为影响制约人的全面发展以及社会和谐发展的重要因素。

人的精神生活领域出现问题，就要寻根溯源，在提升物质生活水平的同时，也要从精神生活领域加以解决，才能在社会现代化进程中克服人的发展片面化倾向，促进人的全面发展。因此，研究和认识现实中人的精神生活和精神需要状况，分析影响人的精神需要及满足的因素，探索人的精神需要的层次和发展规律，对实现人的全面、健康发展有着十分重要的现实意义。

总之，人的生存与发展，离不开自身物质需要和精神需要的满足。而社会的文化建设，文化环境和文化发展、丰富程度，都与人的精神需要及其满足程度密切相关。在我国当前社会物质生活繁荣之际，人的精神需要越来越值得我们关注和研究，本书力图梳理和论述精神需要问题，以求在这方面作出有益的贡献。

2. 人的精神需要是促进人的全面发展的要求

当代中国关于人的全面发展的思想，是以马克思主义基本理论为基石提出的，同时也是对中国社会发展过程中的现实考量，还是中国社会主义现代化事业进一步推进的需要。

马克思关于人的全面发展理论，是针对当时资本主义经济条件下造成的人的片面、畸形、扭曲发展的背景下提出的，是马克思主义关于未来发展的最高命题。在当代中国，我们提出人的全面发展，既是未来的理想，也是推进我国社会主义现代化进程的应有之义，它是指随着生产力的发展和社会的进步，人的能力、素质、个性、知识、品格的丰富、完善和提高，以及人摆脱了内外在束缚，以完善的方式占有全部生产关系的状态。摆脱内外在束缚，指的就是自由，以完善的方式占有全部生产关系就是充分、丰富、全面。人的全面发展不是一成不变、被动适应外在的自然社会的过程，而是随着社会生产力水平的提高，社会政治、经济、文化的发展，或是具有主体性的人自主地、不断地自我创造与发展，它是一个永远前进发展的过程。在此过程中，人的全面发展体现出个性化与社会化的统一，是现实性和理想性（超越性）、有限与无限的统一，是个人全面发展与社会全体成员共同发展的统一，也是效率与公平的统一。这种统一从某种意义上也可看成是过程与目标的统一。

但是，实现人的全面发展离不开一定的物质前提和社会政治文化发展条件。现实中国在由传统农业社会转向工业社会的过程中，人的全面发展在诸多方面的制约因素，无一不具有转型时期的特点，既有社会中原已存在的种种限制性因素，又具有在社会主义市场经济建立与完善过程中出现的新的制约性因素。因此，在全面建成小康社会的进程中，必须坚持社会主义本质，在大力发展社会主义生产力的基础上，坚持公正、公平的原则，完善民主法治建设，重视发展文化教育和文化产业，同时加强社会主义精神文明建设，用制度保障社会成员在经济、政治、文化资源共同享有，缩小社会成员在公共资源享有上的差距，这样才能从根本上为人的全面发展奠定坚实的物质基础和制度保障。所有这些，都要求我们认真研究人的精神需要问题。

3. **人的精神需要是“以人为本”的要求**

中国共产党的十六届三中全会，从中国的实际国情出发，坚持党解放思想、实事求是的思想路线，对中国社会主义现代化建设的经验教训作出了正确总结，提出“以人为本”的科学发展观，为人的全面发展赋予了全新的内涵。十八大以后，中国共产党提出以人民为中心，强调尊重人民的主体地位，体现了对社会发展规律的越来越深刻的认识。要促进经济社会的发展，不能仅仅依靠物质财富的积累，更重要的是要充分发挥人的主体能动性和创造性，实现人的全面发展。坚持“以人为本”，就是要把人的需要特别是精神层面的需要和促进人的全面发展作为我们经济、社会发展的重要目标和归宿。

就一般意义而言，“以人为本”是对人的需求和权利的肯定，就是把人作为经济和社会发展的根本、本体和核心，把人的发展视为发展的本质内涵、发展的最终目的、发展的动力和发展的标志。这就必须以人自身的需要，包括人的精神需要、人的合理和谐生活、人的幸福平等自由等等为根本，而不是以所谓的社会主义公有制经济形式、制度形式等其他因素为中心来规划、设计人类社会中的所有规则、规章、制度等等问题。

从现实意义上说，“以人为本”就是坚持“全心全意为人民服务是党的根本宗旨，党的一切奋斗和工作都是为了造福人民。要始终把实现好、维护好、发展好最广大人民的根本利益作为党和国家一切工作的出发点和落脚点，尊重人民主体地位，发挥人民首创精神，保障人民各项权益，走共同富裕道路，促进人的全面发展，做到发展为了人民、发展依靠人民、发展成果由人民共享。”[1]“以人为本”指的是一切从人民群众的根本利益出发，以促进人的全面发展为基本点，不断满足人民群众日益增长的物质文化需求。就经济社会意义来说，就是把满足人们的需求作为经济社会发展的根本出发点和落脚点，紧紧围绕人们的生存、享受、发展和道德、审美等需求，提供足够的物质文化产品、文化服务，实现人和社会的全面发展。

4. 人的精神需要是人的可持续发展的要求

人的可持续发展问题是基于什么而言的？这一问题的提出意义何在？20 世纪 80 年代可持续发展概念的提出和各类行动的开展，在人类历史发展上具有划时代意义，是人类在认识自然之同时认识自身的一次飞跃。可持续发展是自然、社会和人的有序规范、和谐运作。可持续发展的过程就是寻找自然与人类相互扶持、共同发展、最终实现和谐进步的过程。

人的可持续发展的概念是在可持续发展的理念基础之上提出来的。随着可持续发展理念成为人类共识，人的可持续发展问题日渐显露，受到越来越多的人的关注。人们从人与人、人与社会、人与自然的关系角度挖掘其内涵，集中在作为主体的人本身。在中国，伴随着科学发展观的提出，我们对发展问题的进一步深入研究，也有必要对人的可持续发展进行深入的思考，从而推进社会进入良好的发展状态。

或许有人认为这是一个不言自明、无可非议的问题，人的发展理所当然地就是可持续的发展，它内含在人的发展中。但人类历史发展证实，迄今为止人的发展由于受到各种因素的制约，并不能总是一帆风顺地实现可

[1] 胡锦涛：《高举中国特色社会主义伟大旗帜 为夺取全面建设小康社会新胜利而奋斗——在中国共产党第十七次全国代表大会上的报告》，北京：人民出版社，2007 年，第 15 页。

持续性的发展。历史的发展和人的发展常常会有反复，随着人们对社会发展和自身发展的认识程度不断深入，人的可持续发展问题也被纳入人的自觉研究和认识范围，伴随着人类历史发展，不断延绵。

可持续发展的进程中，人的可持续发展是不容忽视的前提目标，同时也是可持续发展赖以实现的动因。因为要实现可持续发展，必须实现作为主体的人的发展的可持续性，从这个层面来讲，人的可持续发展是可持续发展体系中最大的价值目标。也就是说，经济社会的可持续发展从终极意义来讲就是为了人的可持续发展。

作为人的活动，发展包含主体、客体和中介三个主要因素，要实现可持续发展，首先要保证主体、客体和中介三者的可持续性。目前，国内的可持续发展研究存在一定的局限性。研究重点更多地停留在“物”的方面，也就是只看到了客体与中介的可持续性，而忽略了主体——“人”的可持续发展。从逻辑关系上讲，主体人的可持续性应该摆在首位。当然，这里所说的人的可持续发展，并非指人的个体存在意义上的可持续性，而是作为社会主体的人的可持续性。

推进人的可持续发展，离不开对人自身各种需要，包括精神需要的研究。人的可持续发展中的“人”，既包括人类个体也包括人类整体。就主体自身而言，“人”的发展的可持续性包括两方面内涵：一是人应具备可持续发展的能力和素质；二是人应具备支持和引导其可持续发展的精神观念。前者是人如何获得可持续发展的能力，后者是人获得可持续发展的内在精神状态和思想观念。

总而言之，人的可持续发展，是“以人为本”的内在要求和必经之路，它着重于人的全面、协调发展，同时更加注重人的身心健康发展，是以人的自我突破为内在精神发展的动力。只有从人的精神需要的多向度性思考和解决问题，才能为我们在现实中推进人的发展不断拓展新的空间。

第二节 人的精神需要的研究视野

学术研究以历史进程和当代实践为生命之源，学者以关注社会人文和现实生活为崇高责任。当代中国的现代化进程和推进中华民族伟大复兴的实践进程，深深影响着人们的生活。人们的精神生活伴随着社会的变迁和进步已发生了极大的变化，精神需要得到一定程度满足和实现，但问题依然很多。学者李明华在为梁捷的《幸福指数：中国人幸福吗？》一书所作的总序指出："这是一个社会急遽变革、世事不断更新的时代……哲学、人文社会科学的研究者欣逢其时，理应对纷繁复杂的社会现象、社会思潮、舆论热点表达深层的关注，并以学者的胸怀和事业做出学术性的解读。"[1] 因此，我们不能脱离社会现实来研究人的精神需要。而要做到这一点，有必要遵循以下基本思路。

一、确定当代中国人的历史方位

要合理引导人的精神需要，首先需要立足现实，对当代中国人的历史方位进行分析和思考。这样才能使理论政策更加有的放矢，更具成效。为此，我们需要研究清楚当代中国人处于什么样的发展过程中，是在一个什么样的社会历史坐标点上，处于怎样的存在状态和发展趋势之中，这是研究人全面发展的先在逻辑条件和理论前提。我们可从以下两方面来看：

首先，从社会历史发展进程看，当代中国已进入中国特色社会主义新

[1] 梁捷：《幸福指数：中国人幸福吗？》，广州：中山大学出版社，2007 年。

时代。在新民主主义革命阶段，我们党领导人民建立了新中国，让久经磨难的中华民族站起来。从1956年基本完成社会主义改造，到基本实现社会主义现代化，我国将长期处于社会主义初级阶段，这是我国最大的国情和最大的实际，也是建设中国特色社会主义的总根据。

在社会主义初级阶段，我们党面临两大历史任务，就是使中国人民富起来、使中华民族强起来，到21世纪中叶，建成社会主义现代化强国，实现中华民族的伟大复兴。从总体上看，目前我国作为世界第二大经济体，经济增长率以及对世界经济的贡献都位居前列。我国社会生产已基本摆脱了落后状况，取得了历史性发展和飞跃，在很多领域已经达到世界先进水平，不能再称之为“落后的社会生产”，而是能够基本满足人民物质文化需要的较为先进的生产。可以说，现在中国实现了富起来的奋斗目标，已经站到了强起来的历史起点上，正在向世界中等发达国家水平迈进，需要再经过几十年的奋斗，建成社会主义现代化强国。

习近平2017年7月26日在省部级主要领导干部“学习习近平总书记重要讲话精神，迎接党的十九大”专题研讨班开班式上，发表重要讲话指出：“党的十八大以来，在新中国成立特别是改革开放以来我国发展取得的重大成就基础上，党和国家事业发生历史性变革，我国发展站到了新的历史起点上，中国特色社会主义进入了新的发展阶段。”[1]这是从中国特色社会主义发展角度对我国所处历史方位作出的判断。中国特色社会主义进入了新的发展阶段，主要包含两层意思：全面建成小康社会决胜阶段和中国特色社会主义发展关键时期。

中国社会经过改革开放40年，经济飞速发展，产业结构发生重大调整，已由农业主导型社会转向工业社会，正在向信息社会迈进。就经济体

[1] 习近平：《高举中国特色社会主义伟大旗帜 为决胜全面小康社会实现中国梦而奋斗》，人民网－人民日报，2017年7月28日07:24。

制而言，社会主义市场经济体制已经在中国建立。社会经济结构的变迁，带来政治、文化方面的诸多变化，影响到人的存在与发展。现实中国人正是处于这样一个特殊的历史时期的人，处于传统与现代转型的矛盾嬗变之中，其生存方式与内在本质的实现形式都刻上了传统与时代变迁的印记。

其次，就人自身发展状况而言，中国人目前正处在由传统人格向现代人格艰难过渡、转变、提高、自我突破的过程中。

人与社会发展是相互协调的。马克思主义唯物史观揭示，在生产力发展水平较低的自然经济条件下，人类处于“人的依赖性”状态中，人与人之间彼此依附性极强，社会所塑造的人是一种依附性人格；随着生产力发展水平的提高，资本主义生产关系的建立与发展，人类在一定程度上克服自然的压力，自身能力得到极大拓展，但又陷于“物的依赖性”之中，造就的是物化的独立人格，也即后来西方马克思主义者马尔库塞所说的“单面人”。社会主义和共产主义就是要克服“物”对人的限制，造就全面自由发展的人。就中国而言，虽然历史上封建社会长达几千年，在自然经济条件下塑造的人格根深蒂固，但是经过一次又一次社会变革和社会转型的冲击和改造，正在发生前所未有的变化。特别是改革开放和社会主义市场经济的建立和不断发展，随着社会的转型、进步，中国人正在逐步克服和摆脱传统农业社会的种种束缚，塑造着与现代工业社会、信息社会相适应，与社会主义市场经济相适应、相协调的新型个性特征，传统人格正在向现代人格艰难过渡转变、提升和自我突破与重塑。

1. 寻找制约当代中国人精神需要的诸多因素

人作为社会存在、精神存在，总是受到客观自然存在的决定和制约。中国人在追求精神需要满足，向全面发展的理想目标迈进过程中，也必然受到所处的现实历史方位和其他诸多因素的制约，这种制约既有客观外在的现实物质因素，也有来自主观内在的精神因素。具体说来，有以下几方面：

首先，从经济方面看，社会主义市场经济打破了单一的计划经济，使人从先在的“规定”中解放出来，自由交换的经济活动使人具有活力，个人的主体性、创造性得以发挥。但它同时也是一柄双刃剑，导致另一极端的出现，即人的主体性的丧失，人被物的经济关系所奴役、支配。市场这只“看不见的手”不光操纵着人的经济交往，也支配着人自身，人处于其中，身不由己，导致主体性丧失。就中国现实经济生活而言，人的劳动依然是谋生手段，并且在改革和社会转型过程中，由于历史和现实诸多复杂原因，在市场经济这个充满竞争的振荡器中，竞争失利、被边缘化的人群由于被甩出社会生活的主流圈外，丧失了劳动机会与权利，人的全面发展自然受到限制。这部分群体的健康全面发展问题更值得我们关注，只有通过积极地努力，使他们接受生存技能和知识的培训，提高其竞争和再就业能力，才能为其生存提供基础，为其全面发展提供条件。

其次，从政治方面看，就理论而言，民主与法治国家的建立意味着人在政治上逐步解放，人的各种政治权利得到体现，但是民主与法治国家并非人类最完美的存在形式。因为国家的实质是阶级统治和阶级压迫的工具，这就决定了它对于人类来说，不具有永恒终极的意义。就整个人类而言，民主与法治国家依然具有历史片面性。它只是人类历史发展特定阶段（阶级社会）的产物，必然对人自身的发展形成羁绊和制约。就现实来说，新中国成立，建立了人民民主专政政权，但由于中国封建社会长达两千多年，封建政治观念依然存在，又由于长期以来计划经济体制主导，所以民主与法治各项制度有待完善。中国社会还存在着官僚主义、享乐主义、形式主义、官本位思想和权钱交易；普通人民群众的利益和权利尚未得到充分体现，民主政治发展不均衡，人的参与权、知情权不同，有效的法律保障力度和覆盖面不够，造成少数人恣意横行，践踏正义、良知、法律，因而成为严重制约人全面发展的重要因素。

再次，从精神文化方面看，制约人的全面发展主要是文化发展和科技进步程度、社会风气和传统文化观念影响以及人的受教育程度等因素，其中最根本的是人的受教育程度。教育是改变与提升人的最重要、最直接的途径之一，是造就全面发展的人的根本方法，马克思主义高度评价教育在促进人的全面发展中的意义。在马克思主义看来，教育可以提高人的生产劳动能力，可以改变人的本性，使人们摆脱社会历史分工给个人造成的片面性。而教育对人性的改变和对人的造就，是以先进文化的发展为前提的。只有顺应社会历史发展趋势，体现先进文化的教育，才能促进人的全面发展和精神品质的提升。

最后，从个人方面看，限制和制约人全面发展的，除了上述的经济、政治、精神文化等社会客观原因之外，还有个人主观认知、情感意志等主观因素。它们都在人的发展过程中不同程度地起着影响和制约作用。其一，人作为自然的存在物，必然受到个体自然因素（智力、体力、能力等）的影响和制约，体现出不同的发展程度。人在自身发展过程中，正是要不断突破这种自身的局限而向更高阶段迈进。其二，人作为社会存在物，总是处于一定的社会关系、社会群体之中，这种特定的社会关系、社会群体相对于整个社会而言，具有局限性、不完整性，受其影响所形成的人的认知判断和情感意志，如小团体主义、狭隘亲情等也具有局限性。其三，人作为精神存在物，具有主观选择性，其发展必然受到自身业已形成的思想观念、认知方式、心理、情感、意志等因素的影响和制约。

2. 分析人的精神需要的复杂性和多样性

人是复杂的，人的物质的和精神的需要也是多层次的。人的精神需要是人在精神方面的欲望和要求，既有物化的感性成分，又有纯内在的理性因素，是人在社会生活中体现出来的感性因素（包括情感、意志、愿望等心理）和理性因素（思考、认识、探求、价值追求、信仰等）的统一。信仰则是人的精神生活的灵魂和最高层面。当然，人的现实存在状况不同，价值目标不同，因而在追求和实现自身的发展过程中，会有各种各样不尽相同的需要，并且不同时代的人们精神需要也不同。一般说来，人的精神需要主要可以分为以下五个层面：

第一，建立人际关系的需要，即人与人之间的沟通、交流，这是作为社会的人的归属感和安全感以及尊重、友情、爱情等需要的体现。人际关系是人最需要、最低层次的精神需求。一个人如果没有最基本的沟通能力，那么他在精神上会感到无比空虚、寂寞、羡慕、嫉妒，甚至会走上歧途，产生严重的心理疾病。

第二，认知求真的需要。人在生存与发展、寻求幸福的过程中，总是要对客观世界和自身主观世界加以探究和认识，因而形成了求知欲，以探求真理。这也就是认识真理的需要。

第三，利他求善的需要。人的生存、发展，需要人的牺牲、利他、向善精神，这是作为社会的人的重要表现。人通过为善，获得巨大的心理、情感和自我实现的满足。这种需要也就是道德向善的需要。

第四，娱乐审美的需要。对娱乐的需要，即通过电影、戏剧、音乐、舞蹈等来获取精神上的喜悦与满足，增强自身的幸福感。车尔尼雪夫斯基在受到了亚里士多德的影响后，认为艺术再现了生活，他自己提出了“美是生活”的理论。他对美是生活是这么解释的：“任何事物，我们在那里面看得见依照我们的理解应当如此的生活，那就是美的；任何东西，凡是显示出生活或使我们想起生活的，那就是美的。”[1] 他从这个角度肯定了美离不开人的理想、幻想和想象。从人的需要来讲，理想和想象属于我们所

[1] 北京大学哲学系美学教研室编：《西方美学家论美和美感》，北京：商务印书馆，1982 年，第 242 页。

说的精神需要。对美的追求就是精神需要，通过对美的追求，增加人的文化内涵，提升人的文化素养，获得更大的精神愉悦。蔡元培最早提出“以美育代宗教”。用美育来取代宗教，以培养健康、健全、身心全面发展的人。其实质是用美来重建国人的信仰，改造国民性，对国人进行思想启蒙教育的目的，从而实现他们的人道主义理想。

第五，价值、信仰归属的需要。人类生存，总是要寻求一定意义，寻求和获得意义，是人类对自身生活的肯定，而这种肯定也就是价值。人的意识具有超越性，可以超越现实追寻更加美好的理想，对自身生命、对未来有更高的价值追求和信仰，这是精神需要的最核心层次。提升人们的文明素养、思想水平、思想觉悟，可以使人的价值追寻和信仰需要得到满足，实现自我价值，从而反过来加强归属感和安全感。

3. 多视角考察人的精神需要

人的精神需要是丰富的、多层次的。对人的精神需要问题的研究，可以沿着历史发展的纵向视角和社会现实的横向视角两个维度，运用哲学抽象和社会现实分析方法深入展开。本书立足于此，力图对人的精神需要层次、特点和矛盾变化规律进行多视角思考和探析。

就哲学认识论的角度来看，人的精神需要是对自身精神感受匮乏的一种状态的反映，正是这种匮乏的精神状态反映了精神需要的客观性。有学者认为：“人的精神需要就像人体需要维生素一样，没有意识、理性、意志等精神活动的生命就是缺乏人性的动物的生命。”[1] 具体来说，精神需要就是客体通过多姿多彩的精神活动来充实主体的精神世界，提升主体的品位、修养，丰富生活，陶冶情操，发掘主体的价值。从价值论的角度看，人的精神需要是人类对生活意义的自觉追求，体现了人类实现自我价值的要求。人类通过对事物审美的需要，达到精神上的喜悦与满足。精神需要

---

[1] 袁贵仁：《人的哲学》，北京：中国工人出版社，1988 年，第 102 页。

主要反映出一个人的精神追求和信念的价值归属性。

从社会学的角度看，精神需要是人们因社会环境和条件的影响，对社会治安、社会活动、社会生活等等和自身利益相关的重大问题所产生的精神方面的某种强烈要求。就这一意义而言，精神需要是客观的，它不是人主观的任意臆断，有相对的独立性，有时还影响物质需要的动向。

精神需要的满足依赖于物质生活的创造和物质需要的满足，遵从物质需要优先的原则，即如中国管子所说“仓廪实而知礼节，衣食足则知荣辱”。精神需要在人类生活以及人类发展中具有独特的地位，有其丰富内容和变化发展规律，认识和探寻这种规律，对于认识、把握人与社会发展的规律意义重大。

二、人的精神需要的国内外研究现状

1. 国内研究现状

国内对人的精神需要、精神生活的研究在20世纪10至40年代就有学者关注和研究。辜鸿铭1915年用英文出版的《中国人的精神》，在中国文化遭受偏见歧视的社会环境中，较早地揭示中国人的精神生活，捍卫中国人和中国文化的尊严，认为中国人同时具备深刻、博大、简朴和灵性四种美德，阐发了中国传统文化的永恒价值。梁启超发表于1920年3月上海《时事新报》的《欧游心影录》，反映了一个中国人眼中西方精神生活的困境，此后他的关注点转向中国文化。熊十力1935年在北京大学讲授《新唯识论》时，由学生笔录而成的《十力语要》，阐述了宇宙万物即本体（本心）流行之迹象，提出“即用显体”，“体用不二”，其中就有关于现代生活中精神生活危机的解说。冯友兰在40年代成书的贞元六书之一《新原人》中，提出境界说，认为人的境界分为自然、功利、道德、天地四种逐级升高的境界。

20世纪80年代学术界较热烈地讨论需要问题，并取得不少成果。关于需要含义的探讨有以下几种比较有代表性的观点：一是指作为主体的人，对关乎自己生存和发展目标的渴求和欲望；二是指有机体的内部环境和外部生活条件在人脑中的反映；三是指人内在的、所有生命有机体所共有的一种特性，是生命有机体为了维系正常活动而必须与外界进行物质、能量及信息交换而产生的一种摄取状态；四是指人与生俱来并且通过人类的活动而不断形成的人的生存状态，它通过矛盾的状态表现出来，并以交换关系为满足方式；五是指人生存的一种状态，它具体表现为人对客观事物的一种依赖关系；六是指人和其他生物体为保持内部及其与外部环境的平衡而产生的一种动态依赖关系和倾向；七是指生命主体对其生存和发展条件的客观要求及其主观反映；等等。

80年代初，中国学者冯文光在继承马克思需要理论的基础上，将社会形态与人类历史引入了对需要结构的研究，他提出的内在需要结构包括了自然需要、社会需要、对货币的需要以及精神需要四种，并在其著作《马克思的需要理论》一书中对这一需要结构进行了系统的分析。他认为，人的自然需要，即衣、食、住、行的需要在不同的社会历史时期有不同的历史地位；与个别需要相对应，社会需要指的是社会生产出来的需要和有支付能力的需要，这是人之为社会人所必然产生的需要；同时，对货币的需要在人类社会发展史上也具有重要的作用，不仅支配着自然需要和社会需要，而且还支配着精神需要；精神需要则主要包括人发展自己才能的需要以及享用文化成果的需要，是四大需要中高层次的需要。[1]

学者李淑梅认为，现实的人是指有现实需要的人。人的需要结构包括物质需要、社会交往秩序需要和对人生意义的需要等诸多层级，这些需

[1] 赵士发：《关于人的需要问题研究综述》，《社会科学动态》，1999年第4期。

要之间存在着一定的张力。在不同的历史时期，这些需要之间的张力不同，导致需要结构也不尽相同。人的最基本的需要是维持自身生存的物质需要。作为人的最基本需要，物质需要是对物质产品的需要。在社会生产力发展水平相对低下的历史时期，物质产品的匮乏必然会造成人与人之间的利益矛盾。因此，协调人与人之间的利益关系，才能维持社会秩序，这就是社会交往的秩序需要。由于人的现实需要、活动和能力总是有限的，所以人就会在内心形成使自己趋于更完善的理想，从而产生对真、善、美的理想追求和对人生意义的思考探寻。需要结构中的这三种需要是相互渗透、相互作用的。[1]

此外，还有一部分学者从需要的发生和源头的角度，把需要划分为生物性需要（即生理需要）和社会性需要两大类，也可以称之为原发性需要与继发性（习得性）需要、物质性需要与心理性需要。也有学者从需要的社会功能性出发，将其划分为生存的需要、成长的需要和相互关系的需要三方面。当然也有学者根据需要的主体将其划分为个体需要与群体需要或个人需要与社会需要，有的是按照需要与主体生活之间的关系将其划分为基本需要（或必要需要）与奢侈需要，还有从需要对象的性质出发将其划分为物质需要与精神需要，以及根据需要的对象与其现实条件之间的关系将其分为合理需要与不合理需要，等等。[2]

20 世纪 90 年代，伴随着社会经济的不断发展，人们的物质生活水平有了显著提高，其精神生活和精神需要问题日益显露出来。关于人的精神需要问题逐渐进入人们的视野，成为学术研究的对象。其时，对社会精神生活需要进行初步探索的论文，散见于一些刊物上。1991 年 1 月傅建世在《长白学刊》发表《精神生活需要与精神生产》一文；1995 年 12 月 6 日黎

[1] 冯文光：《马克思的需要理论》，哈尔滨：黑龙江人民出版社，1986 年，第 16 页。

[2] 李淑梅：《人的需要结构及其外历史发展》，《教学与研究》，1999 年第 8 期。

德化在《乡镇企业报》发表《论人类需要的发展趋势》，并于1999年出版《现代人的精神需要与灵魂拯救》（内蒙古人民出版社），开启了关于人的精神需要的研究。

2000年以后，其他学者的研究内容则是从不同的角度进行的：第一，从物质需求与精神需要的关系来看，有张艳国的《论精神需要》（《天津社会科学》2000年第5期）；第二，从市场经济与人的精神需要关系来看，有仲彬的《发展社会主义市场经济与提高人的精神需要质量》（《南京政治学院学报》1999年第2期）；第三，从和谐社会与精神需要关系来看，有王杰恩的《满足精神需要构建和谐社会》（《东岳论丛》2005年第3期）。这些研究推动了对人的精神需要的深入研究，特别是对社会主义市场经济背景下人的精神需要的研究。

2004年4月华东师范大学中国现代思想文化研究所启动了资助经费80万元的教育部哲学社会科学研究重大攻关项目《当代中国人精神生活调查研究》，形成了70万字的报告，发表了相关论文。此外，还有一些关注这方面问题的调查和纪实性文章。无论是作为社会生活本身的重要方面，还是从我国社会主义和谐社会与现代化建设的现实角度来说，人的精神需要、精神生活都需要深入研究。

2007年湖北省教育厅发布当年度大学生思想政治教育专项研究课题"大学生精神需要与高校思想政治教育研究"，对大学生精神需要的层次、特点、内在矛盾进行了分析。[1]

近年来，又有一些关于人的精神需要的论文发表，也有数十篇涉及人的精神需要的硕博士论文。但总体来看，对于人的精神需要的研究主要在具体方面，比如人的幸福问题、人的精神救赎、人的精神动力、人的精

[1] 方红：《关注精神需要创新大学生思想政治教育》，《湖北社会科学》，2009年第2期。

神家园、人的精神素质、人的精神病症等，而从总体上对人的精神需要问题，除了王海英的《论人的精神需要》、张权民的《和谐社会视野下人的精神需要问题探析》，以及北京交通大学硕士生王玉霞的《当代中国人的精神需求研究》等几篇外，尚未充分展开，因此需要理清精神需要的层次，进一步深入研究其在现阶段中国的特点和问题，以便于探求其内在发展变化规律。

2. 国外研究现状

就社会现代化进程已经基本完成的西方发达国家而言，社会现代化不仅促进了人的发展，同时也给人的精神生活带来了一些问题。首先是传统价值观的渐渐淡化；其次是人的生存片面化，过分地推崇工具理性和利益至上原则；再次是大众文化泛滥，冲击了人文精神；最后是消费主义盛行。对此，西方学者进行了研究。

德国哲学家奥伊肯（Rudolf Eucken，1846—1926）较早地对人的精神生活问题进行了专门研究。他指出，精神生活并不是一种自然延续的进化，或一种可以遗传的本能，也不是能从日常活动的经验获得的东西。毋宁说，正因为它极其内在而深刻，我们就必须去唤醒它。人类的精神追求历史是宇宙生命显现的轨迹，然而，对于每个个体而言，对精神生活的追求一开始是外在的，个体必须穷尽努力，才能重新占有和主导精神生活，获得人的精神个性。奥伊肯的结论是：“精神的实现决不是我们的自然禀赋；我们必须去赢得它，而它允许被我们赢得。”法国历史学家、社会学家托克维尔（1805—1859）在《论美国的民主》中提到民主条件下精神生活平庸化、浅层化的危险和原因；布鲁姆在《美国精神的封闭》一书中讲到现代化情形下精神生活的危险，其中还涉及解决之途（和经典文化的关系）。存在主义文学家加缪在其作品中多次提到公共意识形态与私人精神生活的矛盾、精神生活和社会生活的冲突，提出了很多值得思考的问题。

现代法国哲学家福柯对现代人的异化批判很有深度。

此外，较多的是对人的需要的研究。黑格尔在《法哲学原理》中提出，需要体系是人们彼此交往的“中介场”，是生命个体生活的公共空间。他写道，通过个人的劳动，或者通过其他一切人的劳动与需要的满足，使需要有了实现的中介，个人的需要得到满足，这就是需要的体系。

英国现代著名的文化人类学家马林诺斯基也从文化人类学的角度提出了一些关于需要的观点。他认为需要是指群体和个体生存的必要条件。他曾把人的需要划分为三个不同的层次：基本的需要（生物需要）、派生的需要（社会需要）和整合的需要（精神需要）。其中，基本的需要是指人的生物性需要，包括吃、喝、性行为等，这些也是人的本能要求；派生的需要是从基本需要里派生出来的，主要是指一些社会性需要，如社会交往、社会归属与认同、获得他人尊重等；而整合的需要则主要是指一些精神性需要，包括文艺、娱乐、巫术、宗教及科学等制度。

1943 年，美国心理学家马斯洛（A.H.Maslow，1904—1970）在其出版的《人类动机的理论》中，提出了人的需要的六层次论，认为人的需要一般分为生理、安全、社交、尊重、自我实现和超自我实现六个层次；1954 年在《动机与个性》中又把人的需要划分为五层次。同时，与其同时代的现代人本主义心理学家、哲学家弗洛姆，也对需要结构作了细致分析。他认为，人除了具有最基本的生理需要外，还具有一些较高层次的需要。比如，奉献和献身的需要、爱的需要、超越性和创造性的需要、统一性的需要、有效性及兴奋和刺激的需要等，当然，他主要是从社会心理学及精神分析学的角度来进行划分的。

1969 年奥尔德福（C.P.Aldefer）在其发表的《人类需要新理论的经验测试》中修正了马斯洛的需要层次理论。他指出，人的需要没必要分为五个层次，完全可以合并为三个层次，即生存需要、成长需要、相互关系和谐需要。在他看来，人的需要不完全是由低到高逐级排列，而是可以交叉的。D.C. 麦克莱兰提出了成就、权利、合群是人在社会组织中三种最重要的需要。

美国哈佛大学著名心理学家戴维·麦克利兰提出了成就动机理论，在他看来，在生理需要的基础上，人还有三种基本需要，分别为成就需要、权力需要和情谊需要。相应地，成就动机、权力动机和亲和动机就应运而生。

20 世纪 70 年代，苏联哲学界以科学院院士、马克思主义哲学家伊万·季莫费耶维奇·弗罗洛夫 (1929—1999) 为代表，掀起对人的问题的研究热潮，1991 年 3 月成立“人研究所”，他一直领导这个所进行对人的综合研究，主持编写《人》词典，出版了一大批关于人的问题的专门论著，发表了数以千计的学术论文，使人的问题的研究逐步理论化和系统化。人的问题被称为“人的知识”或“人的科学”，其中也包括人的精神生活和精神世界问题。弗罗洛夫对人的研究，紧紧围绕最尖锐的、最现实的问题。他从生物因素与社会因素的辩证关系中重新解读人的本质，对全球化背景下出现的有关人的新问题逐个解析，对人的生与死、生命的意义、人的前景等问题都有独到的看法。

苏联《哲学问题》杂志先后组织了“人—科学—技术”专题系列文章，设立了“现实世界中的人”哲学专栏。1972 年再版的《马克思列宁主义哲学原理》教科书中增加了“人与社会”一章，《知识就是力量》开设对人的问题的研究专栏等。卡卡巴捷的《作为哲学问题的人》、阿纳尼耶夫的《关于现代人学的一些问题》《社会管理中的人》、格利戈里扬的《关于人的本质的哲学》、弗罗洛夫的《当代科学与人道主义》《科学进步与人的未来》《关于生命科学的辩证法和伦理学》等最具代表性。这些著作的共性是把人的本质、人的物质生活、精神生活和道德生活、人的发展和命运、人的未来等一切关于人的问题作为摆在人类面前的一个最基本的问题进行了科学的论述。[1]

[1] 李尚德、岳丽艳：《俄罗斯哲学界的人研究述论》，《社会科学辑刊》，2004 年第 4 期。

第一章　精神需要概述

人是劳动实践和社会历史文化发展铸造的产物，劳动实践的丰富性和人类历史文化的多样性决定了人的精神需要不是简单的单面体，而是多层面的复合体。无论是个人微观层面还是社会宏观层面，人的精神需要都非常丰富多样，具有不同的内容，表现为不同形式。但人的精神需要并非不可捉摸，不可把握，我们可以从横向的社会宏观层面和纵向的精神需要层次两个角度，对精神需要的内容、特点、形式及内在逻辑关系进行分析。

第一节　精神需要的基本概念和基本问题

一、精神需要及其相关的基本概念

人是有需要的、感性的存在物，需要是人们活动的内在动因。人的需要是人对其生存、享受和发展的客观条件的依赖和需求。它反映的是人在现实生活中的匮乏状态，可以理解为人反映现实的一种形式，也是人积极行动的内在动因。人的需要从起源来说，可以分为自然性需要和社会性需要两大类。自然性需要主要是指有机体为了维持生命和种族延续所必需的需要，它是人与生俱来的，是人的低级需要。社会性需要主要是指个体在成长过程中，通过各种经验积累所获得的一种特有的需要，它是人后天形成的，是人的一种高级需要。就每一个现实的具体的人来说，由于处在不同的历史时代、不同的社会关系和从事不同的实践，其需要十分丰富多彩、各不相同，有生存和发展的需要，劳动和交往的需要，精神和文化的需要，等等。

精神需要是人的多种需要之一，人的生存和发展是在人的生理、物质、精神需要得以满足的条件下维系和实现的。人的精神需要的满足离不开相应的精神生产和精神消费活动，只有通过精神生产活动，社会才能创造出丰富多样的精神文化产品，并通过人的精神消费，才能满足多样化的精神需要，充实人们的精神生活。

讨论和叙述人的精神需要问题，需要对与人的精神需要相关的几个概念作出阐释和界定。

1. 人的需要及需要类型

对于需要，历史上不同思想家对其解释和理解不尽相同。其中马克思关于需要的研究和美国心理学家马斯洛关于需要的学说影响最大。

马克思从 1843 年《黑格尔法哲学批判》起直到《资本论》止，几乎所有重要著作都涉及需要问题。《1844 年经济学哲学手稿》专门有《需要、生产和分工》一部分，1847 年他写了《需求》的札记。特别是在《德意志意识形态》中，马克思、恩格斯深刻地说明了需要在整个唯物主义历史观中的地位和作用，认为唯物主义历史观的逻辑起点是由“劳动”“需要”和“增值”三个因素构成的，离开其中任何一个方面，都不能全面说明人类活动和人类历史。需要理论是马克思人学思想的一个重要组成部分。

马克思认为需要是理解人的活动和人类历史的逻辑起点之一。他说：“全部人类历史的第一个前提无疑是有生命的个人的存在”[1]，“这些个人

[1]《马克思恩格斯选集》，第 1 卷，北京：人民出版社，2012 年，第 146 页。

把自己和动物区别开来的第一个历史行动不在于他们有思想，而在于他们开始生产自己的生活资料”。[1] 这就说，人们第一个历史行动就是生产满足吃喝住穿需要的生活资料。而人们生产自身生活资料的方式，首先取决于人类的需要和再生产这些生活资料本身的特性。需要是生产的前提，“没有需要，就没有生产”。[2] 同时，生产也使人的需要得到满足。马克思指出：“作为确定的人，你就有规定，就有使命，就有任务，至于你是否意识到这一点那都是无所谓的。这个任务是由你的需要及其与现实世界的联系中产生的。”[3] 这就是说，需要是人的客观要求。对人来说，满足自身的需要是必不可少的。

美国现代人本主义心理学家马斯洛深入研究人的需要，早年曾把人的需要划分为六个层次，后来在 1954 年出版的《动机与个性》一书中，把人的需要划分为生理需要、安全需要、社交需要、尊重需要和自我实现需要五类。在 1970 年新版的书中，他通过对自我实现的人的精神生活与行为方式的深入研究，发现人类天性中还有固有的精神维度，因此把人的需要划分为生理需要、安全需要、归属和爱的需要、尊重需要、求知的需要、审美的欣赏需要和自我实现需要七类。

美国耶鲁大学的克雷顿·奥尔德弗（Clayton Alderfer）在马斯洛提出的需要层次理论的基础上，进行了更接近实际经验的研究，于 1969 年提出了一种新的人本主义需要理论。他认为，人们共存在三种核心的需要，即生存（Existence）的需要、相互关系（Relatedness）的需要和成长发展（Growth）的需要，因其英文第一个字母分别为 E、R、G，所以这一理论被称为 ERG（生存、关系、成长）理论。

[1]《马克思恩格斯选集》，第 1 卷，北京：人民出版社，2012 年，第 146 页。
[2]《马克思恩格斯选集》，第 2 卷，北京：人民出版社，2012 年，第 691 页。
[3]《马克思恩格斯全集》，第 3 卷，北京：人民出版社，1995 年，第 329 页。

我们对需要进行梳理和界定时，有必要提及人们常说的“需求”。“需求”和“需要”是有区别的，需求不等于需要。“需求”是一个经济学术语，一般是指人们在社会生活中，有能力购买并且愿意购买某个具体商品的欲望，它是由人对物品的偏好、物品的价格和个人可支配收入所决定的。因此，它带有较大的社会性和个体主观性。“需要”则更多是一种不为人主观意志所转移的客观要求，是基于人类本性或本质的东西，无法创造，无法改变。比如人需要空气、水、食物等。从哲学的视角来说，需要是指人类没有得到某些基本满足的感受状态。所以，“需要”是先天的、植根于人本身天性之中的客观的要求，而“需求”则是由人在社会中生存与发展中的主观因素决定的。

从心理学的意义上说，需要就是人对某种目标的渴求或欲望，是人的行为的动力基础和源泉。它既是一种主观状态，也是一种客观需要的反映。心理学家也把促成人们各种行为动机的欲望称为需要。

本书中所说的人的需要，从哲学的意义上，指的是人为了满足自身的生存、发展和享受的需求，对外在的客观条件形成的一种依赖性关系。人的需要反映了人在现实生活中贫乏的状态，是人对现实生活的反映，是导致人的行为发生的内在动机。正是因为人是自然存在物、社会存在物、精神存在物三者的统一体，所以人就有自然需要、社会需要和精神需要。

人的需要结构复杂，在不同的标准下可以分为不同的类别。

按起源划分，可以分为自然性需要和社会性需要两大类。其中，自然性需要主要指的是人的生理方面的需要，也即衣、食、住、行方面的需要。相应地，社会性需要是指人们参加社会实践活动时，产生的关于劳动和社会交往以及获取知识、审美、情感和信仰等精神的需要。

按对象划分，分为物质需要和精神需要两种。物质需要主要指的是人对社会物质条件的需要，如衣、食、住、行等；精神需要则指人对于求知、审美和情感感受等精神上的需要。所以，从另一角度看，自然性需要实际上就是物质需要，而社会性需要就等同于精神需要。对于物质需要和精神需要，马克思并没有明确划分，而是划分出了人的自然性需要和社会性需要，并且还指出，人的社会性需要以自然性需要为基础，社会性需要高于自然性需要。人所需要的对象是存在于人之外的，不以人的意志为转移的客观存在物；满足需要的手段和方式也是客观的，而劳动是满足需要的最基本手段和方式。正像马克思所说的："劳动这种生命活动、这种生产生活本身对人说来不过是满足他的需要即维持肉体生存的需要的手段"。[1] 生产实践是客观物质性的，而不是主观精神性的。由此，我们知道，在马克思看来，物质需要是人的最基本的需要，是人的其他一切需要的基础，在物质需要的基础之上，精神需要起着引导物质需要发展方向的作用，并且在某种程度上对物质需要具有不可忽视的调节作用。

2. 精神

说到精神，是与物质相对应而言的。我们可以从哲学上给精神一个定义。哲学史上，黑格尔把精神看成是世界的本质，认为世界由绝对精神演化出来。按照马克思主义的理解，精神是物质世界长期发展的产物，由于只有人才有精神，因而也总是指人的精神。

每个人，每时每刻都处在一种既确定又可变的精神状态之下，这种精神状态可能在一定时期内会持续，也可能随着外界刺激因素的变化而处于波动之中。总的来说，人们的精神状态极易受到多方面因素的影响，并且容易发生变动。

人的精神状态，一般说来，是由人的心理状态、情感因素、认知因素等构成和支撑。大致可以对其概括区分如下：一是意识与潜意识。现代心

[1]《马克思恩格斯全集》，第 42 卷，北京：人民出版社，1979 年，第 96 页。

理学研究表明，人除了具有自身明确可辨识的意识之外，还存在大量不为自己所知的潜意识。比如说，人们在睡梦中会产生思想和心理反应等。意识和潜意识相互依存，共同构成了人的思维活动。二是理性与非理性。理性指的是概念、判断、推理等思维形式或者活动；非理性则主要是指一切有别于理性的精神的因素，比如情感、直觉、灵感等等。理性与非理性共同作用于人们的精神生活。

人具有精神属性，所以人也就形成了包括感性、知性和理性在内的一个特殊心理结构，在这样一个有丰富内容和多样要求的内部主观世界中就产生了人所特有的精神生活。在精神生活中，为了不断地满足和实现新的需要和维系生活，人会通过发挥主观能动性和创造性，根据自身需要探索未知世界，依靠实践能力把设想物化在客观世界中，给自然打上鲜明的人的烙印，最终实现人的“自由自觉的活动”的本质。

马克思主义认为，人的本质是实践活动，正是因为人类具有了“精神”，人才为人，人的生物性活动才能有别于其他动物，从而被称之为“劳动”。无论人们能否意识到这种精神意识的存在，它都是实际存在的。马克思曾指出：“人是有意识的类存在物。”[1] 正是因为融入了精神的因素，人才可以被称之为“人”。黑格尔在《精神现象学》中正确地指出过：“胎儿自在地是人，但并非自为地是人”。[2] 在这里，他表达了两个观点，即人的精神是后天形成的和人与精神的本质关系的观点。也就是说没有精神的人只能是一个自在的人，而非现实的人。在笔者看来，精神的本质就在于“自为”，精神在现实意义上是人之为人的本质属性。

在这里，人的精神，从广义角度说，包含了人的思想、观念、信仰、

---

[1]《马克思恩格斯全集》，第 42 卷，北京：人民出版社，1979 年，第 96 页。

[2] ［德］黑格尔：《精神现象学》，上卷，北京：商务印书馆，1979 年，第 13 ～ 14 页。

愿望、要求、审美等心理活动和体验等因素，它是一个内涵丰富、极为复杂的结构；从狭义角度看，它是指与客观物质相对应的人所特有的现象，指的是人的观念性认识和反应活动。所以，人的精神既是观念性反应和认知活动，有着活生生的丰富内容，是动态的活动，也表现为一系列具体形式，是内容和形式的有机统一。

3. 精神生产与精神消费

精神生产与精神消费，是与人的精神需要相关的两个概念。

人的精神需要具有社会性，必须通过人的社会性劳动创造来满足。也就是说，社会通过精神生产创造出一定的精神产品，人通过对这些精神产品的消费即精神消费，才能使自身的精神需要得到满足。精神生产不同于物质生产，它是同物质生产相对应、由物质生产决定的观念、理论形态的生产，着重探索人的内部精神世界，关注人的内心和社会的精神生活层面，以满足人的求知、审美、娱乐、情感等精神需求为根本目的，其外在形式具体表现为政治法律、宗教、艺术、科学、哲学等社会意识形态。精神生产的范围涉及哲学、自然科学、社会科学、科学技术和文学艺术等几乎人类生活的诸多领域，是人类区别于动物的一个根本性标志。

物质生产决定精神生产，就是说精神生产必须依附于一定的物质条件才能实现。但精神生产、精神活动始终直接参与到物质产品的创造过程中，是物质生产活动得以产生和发展的必不可少的条件。因为人类的物质成果是通过劳动所创造的，是人类智力、观念和思想的物化形态。在进行物质生产之前，生产者总会根据当时的需要和劳动条件，通过精神活动来选择实际劳动过程所需要的劳动对象和劳动资料。在物质生产过程中，生产者还要通过分析、判断等精神活动，调整和处理人和物的结合方式，实现生产的目的。正如马克思所说：“理论一经掌握群众，也会变成物质力量。”[1] 列宁也强调：“人的意识不仅反映客观世界，并且创造客观世界。”[2] 可见，精神生产活动时刻贯穿于物质生产过程当中，是完成物质生产过程所必不可少的重要条件，也就是说没有精神生产就没有物质生产。精神生产及其产品一方面直接满足人的精神需要，促进人的全面协调发展；另一方面通过改变物质生产要素来促进社会生产的发展。

人为了生存必然进行物质消费和精神消费。物质消费是指人类为了生存，延续生命而进行的消费。精神消费则是人为了满足心理感情和认知上的需要而进行的消费，即人为了尊严、地位、获得认同、赞许、信任、精神愉悦等而进行的消费。人是有意识的存在物，当人面对客观事物或与客观事物发生某种联系时，必然产生心理反应和心理情感态度的变化。当自然和社会中的事物有利于或能够满足人的某种需要时，人就会感到满足、喜欢和高兴；当自然和社会中的事物不利于或不能够满足人的某种需要时，人就会感到沮丧、失落，甚至愤怒和对抗。这些满足、喜欢、高兴或者沮丧、失落、愤怒和对抗，都是人的情感反应，是人心理反应的一种表现。只要人通过精神产品获得了心理情感（正面的认同、赞许、欣赏、愉悦或者负面的反感、批评、鄙视、愤怒等）甚至态度的变化，都可以说人进行了精神消费。

精神消费从不同角度，可以划分为不同的类别。按照精神消费对象是否具有物质财富来说，精神消费可以分为物质性精神消费和非物质性精神消费；按照精神消费的途径、方式来说，精神消费有阅读性精神消费、聆听性精神消费、观摩性精神消费、欣赏性精神消费；按照对精神产品的消费态度来划分，有主动性精神消费和被动性精神消费；按照精神消费的目的划分，有实用性精神消费和娱乐性精神消费；按照精神消费对人的作用性质来说，也可划分为成长性精神消费和消耗性精神消费：按照人内在精

[1]《马克思恩格斯选集》，第 1 卷，北京：人民出版社，2012 年，第 9 页。

[2]［苏联］列宁：《哲学笔记》，北京：人民出版社，1998 年，第 8 页。

神结构来看，可以分为感情精神消费、认知精神消费、思想精神消费、意志精神消费、智慧精神消费和道德精神消费。

追求幸福是人类生存发展的目标，实现这一目标，除了必需的客观条件外，人自身的主观态度和精神条件十分重要。只有人具备了积极的情感、科学的认知、正确的思想、坚强的意志、深邃的智慧、高尚的道德，自身的精神境界不断提升，才能获得幸福满足感。而这些精神条件的具备，是通过人的精神消费，自身的精神需要得到满足、精神得到滋养、精神品质得到提升才实现的。

4. 精神生活

与人的精神需要密切相关的另一个概念是人的精神生活。精神是人之为人所独有的本质，而精神的本质又是“自为”，那么，从根本上可以说，人的生活就是精神生活，就是人的精神的自为的生活，而精神本身就在精神生活中显现出来了。

近年来，我国一些学者也就“精神生活”这一问题进行了深入研究。其中比较普遍认同的观点是：精神生活是一定社会人们精神活动的总和，是人们的精神生产、思想传播和精神享受过程的总称。笔者认为，虽然从现实的角度看，“精神活动”可以特指某种具体的活动形式，但是就其抽象性而言，与“精神生活”等同的表述还不够准确。在日常用语中，精神生活的意义多相对于物质生活而言，偏重于形式上的理解，含义比较狭小。一般指称那些能够使自己获得身心愉悦或者使精神有所寄托的活动。笔者认为，对于精神生活，不能仅限于作抽象的观念理解，还要从人的现实生活状态去把握，它是人们生活状态的抽象性概括，是对于丰富多样的物质生活的反映。精神生活是作为社会存在与精神存在的人的自身生存状态的一个方面，表现为社会中人的思考、认知、价值选择、情感偏好、娱乐等方面。

也有学者提到“精神世界”一词。精神世界与人的意识有关，人的意识活动构成或创造出人的精神世界，即精神世界是人的意识活动所生成的世界，是指意识活动的结果。我们可以把精神世界划分为狭义和广义两个层次，狭义的精神世界只包括人的意识活动，广义的精神世界除了意识活动之外，也包含着心理层面的内容。它包括能力素质、道德品质、精神境界三大要素，心理、认识、伦理、精神四个层面，认知、情感、意志、思维、道德、审美、信念、信仰、理想九大领域。当下中国人的精神世界与以前相比，发生了很大变化，有以下特点：在社会心理层面上，世俗化倾向现实主义高涨；在社会认识层面上，观念标准的多样化与时代意识生成；在社会道德层面上，普适性倾向于公德型主导；在精神信念层面上，精神淡化与理想主义式微。[1]

5. 精神需要

对于什么是“精神需要”，目前学术界尚无定论。人的精神需要，既可以从心理学的角度予以阐释，也可以从伦理学、社会学、哲学的角度进行思考。

一般而言，精神需要是一个心理学范畴，它是指个体参与社会精神文化生活的需要，是人类所特有的。当我们对人的精神需要这一现象和状况进行研究时，它就不仅是心理学或社会学的范畴，而且是逐步提升和普遍化，成为一个具有哲学意义的范畴。在此意义上，人的精神需要就是人们对智力、道德、交往、审美等方面发展的反映，是一种对观念对象的需求。

研究人的精神需要，离不开对人本身的分析。怎样看待人，就会对人的精神需要给予怎样的分析。不同时代的学者对人是什么，以及精神需要的内涵分类概括有所不同。古希腊哲学家柏拉图认为灵魂（人格）由理

[1] 张健：《社会主义市场经济背景下人的精神世界研究》，中央党校 2004 年博士论文。

性、激情、欲望三部分构成，理性意味着知识，激情与情感相关，欲望体现为人行动的意志力，所以这也就意味着把人看成是由知识、情感、意志构成的完整个体。马克思认为人的本质在现实性上是社会关系的总和。我国当代有学者认为人是自然存在物、社会存在物、意识存在物、从事活动的存在物的统一体。[1] 英国学者莱恩·多亚尔、伊恩·高夫在20世纪80年代专门研究人的需要，在其所著的《人的需要理论》一书中，把健康和自主作为人的基本需要，把食物和水、住房、无害的工作环境和自然环境、保健等作为中间需要，认为中间需要是实践中的人的需要。[2]

马克思认为，人类的一切活动首先是为了满足人的需要，“他们的需要即他们的本性”。[3]“已经得到满足的第一个需要本身、满足需要的活动和已经获得的为满足需要而用的工具又引起新的需要”。[4] 这里所说的引起“新的需要”，包含着并主要指更高层次的精神的需要。马克思在《资本论》中指出，人的社会生活是多方面的，工人除了满足吃喝住的自然需求，还必须有时间满足“精神和社会的需要”。

精神需要既是一定时代政治、经济、文化的反映和产物，又是一种不系统、无规则的精神现象，是一种不系统、不确定、自发的反映形式。人们的认识不会停留在同一个层面，因而也就会有各种不同的精神需要。人们对这些精神需要的谋求和获得，也总是有先有后、有急有缓、有深有浅、有多有少，因而精神需要是有层次的。

从人的个体来说，人有思考、阅读、审美等需要，也有获得他人尊重承认的需要，精神需要的落脚点或者指向是获得（感性）心理（理性）认

[1] 夏甑陶：《人是什么》，北京：商务印书馆，2000 年。

[2] ［英］莱恩·多亚尔、伊恩·高夫著，汪淳波、张宝莹等译，李秉勤、董明珠校：《人的需要理论》，北京：商务印书馆，2008 年。

[3]《马克思恩格斯全集》，第 3 卷，北京：人民出版社，1995 年，第 514 页。

[4]《马克思恩格斯选集》，第 1 卷，北京：人民出版社，2012 年，第 159 页。

识和（超功利）审美的满足感、幸福感。

精神需要是主体的精神追求的反映。具体说：

（1）精神需要反映了人的情感依恋需求。现代心理学研究表明，作为包括了喜怒哀乐的心理活动，情感是以过去的心理体验为基础的。人们在劳动实践中所获得的成功会直接关系到人自身的主体价值，并因此获得愉悦的心理体验。所以，快乐不仅仅是人“在自己的存在中也在自己的知识中确证并表现自身”[1]，而且还是一种非常强烈的情感体验。由于人具有趋利避害的本能，所以心理上会不自觉地倾向于重复体验愉悦的心理来达到自身精神上的多重满足。值得我们注意的是，人们情感依恋的中心往往是那些对自己人生或社会具有重大影响作用和意义的精神条件，同时这些精神条件的满足与否也会引起人们情感上的波动。例如，人们取得成功的时候往往会情不自禁地热泪盈眶，当面临失败时又会痛心疾首，这都是情感依恋在日常生活中的具体体现。

（2）精神需要反映出了人们对精神文化产品的渴求。人们对精神文化产品的渴求直接反映出了人类自身精神满足的要求与匮乏现实之间的矛盾，二者是相互依存、相互作用的。一般来说，假如没有精神匮乏的对比，精神上的满足感也就没法给人类自身带来极大欢愉。正如古希腊著名的哲学家赫拉克利特所说的：“疾病使健康成为愉快，坏事使好事成为愉快，饿使饱成为愉快，疲劳使安息成为愉快。”[2] 所以精神匮乏的程度直接决定着人类自身满足的质量。人们对某种精神需要的渴求程度越是迫切，说明匮乏程度就越是持久，一旦获得这种满足时得到的愉悦感就越是充分，满足感也就越强烈，同时给人的精神动力也就越大。人有

[1]《马克思恩格斯全集》，第 42 卷，北京：人民出版社，1979 年，第 169 页。

[2] 北京大学哲学系外国哲学史教研室编译：《西方哲学原著选读》，上卷，北京：商务印书馆，1982 年，第 124 页。

时因为满足感降临突然，常常会产生深深的激动甚或一时无法相信的心理反应。

2008 年汶川地震后，温家宝总理赶赴一线视察指挥救灾，亲切慰问当地受困群众，送去温暖，人们激动落泪，这体现的就是大灾重创之后“温暖”的深度匮乏，同时也体现了广大人民群众对国家和政府的殷切希望和信心。2020 年初武汉爆发新型冠状病毒肺炎，确诊和疑似的病人急需救治和诊断，恐惧在人群中蔓延时，因抗“非典”而闻名全国的钟南山院士和李兰娟院士赶赴武汉，查看疫情；当各地的专业医护人员和解放军防化队伍赶赴支援以阻断疫情蔓延时，人们的不安惶恐情绪大为好转。武汉封城之后，正值中国春节，在网上流传这样的段子：

春节行动计划：初一一动不动，初二按兵不动，初三纹丝不动，初四岿然不动，初五依然不动，初六原地不动，初七继续不动，几时能动？钟南山说动才动！

在这里，人们对钟南山院士的信任和依赖，表达得淋漓尽致。这说明，人在遇到危机和不可知的后果时，有着强烈的寻求安全和寻求科学知识的精神需要。

精神需要是人维系自身精神利益的反映，由人的精神存在决定，而人的精神需要进而又决定了人们对精神利益的追求和向往。在享有基本的生存权利的同时，几乎每个人都要求享有精神上的自由，比如人格、尊严和荣誉等。在此基础之上思考和追求人生价值、意义和目的，探求社会发展的规律。同时纵观民族和国家乃至全人类的历史，在发展中逐步形成了个人的精神利益。精神利益以精神需要为实际内容，包括了人对自身人格、尊严、荣誉和自由等等的追求。古文有言，“仓廪实而知礼节，衣食足而知荣辱”，很好地说明了这一点。

（3）精神需要反映人们对自我主体价值实现的渴求。从精神需要的内容来看，人类精神需要必须包括求真、向善以及爱美这三种模式。人类社会这个有机体包含了人与自然、人与社会以及人与人的三种基本关系。从人与自然的关系角度看，人有认识世界和改造世界的能力，所以在不断人化自然的同时需要保护自在自然，并寻求人与自然和谐发展。人对自身生存发展前景正确客观的认识体现了“求真”的特性；从人与社会的关系层面看，个人要在社会这个大环境中获得最大利益，就必须构建良好的社会人际关系，这体现了向善的特性；从人与人自身的关系方面看，作为自我意识的主体，人必然要追求自我发展、完善以及自我价值的实现，并在这个基础上获得精神上的满足和欢愉，这体现了美的境界。人们在处理与自然、社会和自身发展的关系中不断寻求和谐氛围，并以此来促进人自身主体的全面和谐发展，实现人之为“人”的主体价值。

二、精神需要的基本问题

这里所说的精神需要的基本问题，是指在对精神需要进行研究时，围绕精神需要及其满足这个核心问题，必然涉及或衍生出相关的一系列问题。如：精神需要与物质需要的关系、精神需要与精神生活的关系、精神需要与精神消费的关系等问题，这些问题就构成精神需要的基本问题。

因此，本书在此不是着重从理论上构筑一个完整的体系，不是论述支撑起精神需要理论体系的严密逻辑问题，而是立足现实人的精神生活及精神需要状况，对于精神需要及其满足所涉及的重要问题，从自身思考和领悟的角度进行阐述。

1. 精神需要与物质需要的关系

人为什么会有精神需要？精神需要是怎样产生的？这要从人是作为自然、社会和精神存在物及其生存发展需要这个角度来思考。人是自然、社会和精神的存在物，人不仅具有自然属性、社会属性，也具有精神属性。

1844年马克思在《詹姆斯·穆勒〈政治经济学原理〉一书摘要》中说："我的劳动满足了人的需要，从而物化了人的本质，又创造了与另一个人的本质的需要相符合的物品。"[1]在这里，马克思把人的需要与人的本质直接作为同一个观念来使用，并认为"我的产品是你自己的本质即你的需要的物化"。人的需要不仅包括物质需要，也包括了精神需要。人的生存与发展就是在人的物质需要和精神需要不断得以满足中体现的，人的劳动创造是满足人需要的手段。因此，需要和人的本质是同一的，劳动是人生存、满足自身需要的手段和基础。

就物质需要和精神需要的关系来说，二者相互影响，相互促进，从整体上向着趋向平衡的方向发展，体现出趋向平衡的特点。

首先，物质需要决定精神需要。一方面，物质需要为精神需要的产生提供物质基础。物质生产是人类生存的第一个需要和必不可少的条件，因此必须首先满足人的物质需要。也就是说，只有物质需要满足了，精神需要才会产生，并逐步显露上升。按照马克思的唯物史观，精神需要以物质需要为基础，物质需要的基础首先就是衣、食、住、行以及其他，正是通过劳动创造，人在满足了基本的物质需要之后，才能从事政治、科学、艺术、宗教等活动。在具备了一定物质基础和条件后，人类自身才出现更高层次的精神文化需要。另一方面，物质需要为精神需要的满足提供了物质条件。这就是说，人的精神需要的满足也需要一定的物质条件、精神文化条件等。因为只有通过多样的物质形式，才能展示人们丰富的精神世界；同时，良好的物质条件本身也能激发人类的精神需要，因为作为人类精神需要表达的物质手段，反过来又会激发人们的新思想和新的精神需要。因此，人们的精神需要的发生以物质条件为前提。同样，精神需要的满足也

[1]《马克思恩格斯全集》，第42卷，北京：人民出版社，1979年，第37页。

需要一定的物质和精神文化条件。

这里的物质条件主要指的是那些较直接满足人们精神需要的场所、设施、用品等。其中场所是指为满足人们精神需要而专设的地方，比如现代化的电子阅览室、三位一体的电影院、KTV和社区文化馆等等；设施指的是能够美化环境、激发想象和教育人民群众的事物，例如公交车的移动电视、广场上的电子屏幕等等；用品指的是可以用来抒发情感和表现创造力的物质材料，如电脑、电子图书、电影制作及放映器材等等。这些具有现代化的物质条件不仅满足了人们这一时期的精神需要，而且很大程度上激发了人们的精神创造力、增强了人们对精神需要的追求。因此，良好的物质条件为人们精神需要的多元化发展奠定了物质基础。

其次，精神需要影响物质需要。人的精神需要一旦在物质需要满足的基础上产生，就使物质需要具有文化含量和精神意义。此外，精神需要直接或间接地对物质需要具有一定的调节、平衡、抑制、规范、引导作用，以免人的物欲过度膨胀，丧失人生理想和对意义世界的探寻。精神需要的满足是和人的社会生活的精神内容联系在一起的，但满足人的精神需要并不限于人的精神生活。在物质生产、社会交往活动以及家庭生活范围内，精神需要也同样表现出来，并要求尽可能地得到满足。按照马克思主义基本原理，人的精神需要概念很广，不仅指人的精神生活领域诸如人的求真、向善和爱美的需要，还包括社会的政治生活领域，包括人的平等交往、相互尊重和民主权利等，甚至还包含了物质生产和家庭生活等方面的精神需要。当精神生活得以展开，精神需要必然越来越在人的生活中占据重要位置，因而会通过社会观念和认识、理论以及人的价值观等，对物质需要加以一定的引导和规范。

在人类社会发展的不同阶段，物质需要和精神需要的关系表现出不同的特点。在发展的初级阶段，物质需要的匮乏及追求占据主导地位，人类所要满足的最迫切需要是物质需要，以解决自身生存这一最根本问题。这时精神需要被掩盖在强大的物质需要的阴影下，只是内在地通过精神想象拓展自身空间，从而形成古代精神文化形态。随着社会分工程度的加深和社会物质生产的发展，人的物质需要得到一定的满足，精神需要的匮乏显现出来，反过来影响社会和人的健康全面发展。这时，满足精神需要就成为社会和人自身发展的主题。在未来社会发展的理性状态下，物质需要和精神需要是在动态中相互平衡、协调的，并且精神需要将不断丰富多样化。这也将带动人的精神生活丰富充实、完满，提升人的精神品质，推动人的全面发展。

2. 精神需要与精神生活的关系

人的精神需要与人的精神生活密切相关，精神需要的不同类型和状态决定了人的精神生活的基本样态。精神需要是精神生活的内在支撑和动力，精神生活是精神需要的外在体现。

人的生活是精神支配的生命不断生成的过程，不仅可以通过人生产的物质产品来表征，而且还伴随精神生产为中介的生命活动。所以，相对于物质生活而言，精神生活是人类生活的重要领域和系统，也是人的生活的重要内容。物质生活是人的生活的基础，而精神生活则是人类与其他动物不同的特点，反映了人对自我的寻求，对生命意义的追寻。一般认为，人的精神生活起源于人天性中对精神的需求。在现实生活当中，人们的需要从来不会仅仅表现为对物质的需要。除非是在只能满足动物性、自然性需要的极端状况下，人才会表现出原始的、自然主义的、失去精神的形式和状态。这说明，人们对于物质的追求不止步于满足个人生存需要，更多的是对于物质基础上的精神追求。我国学者李德顺指出："人们的物质生活需要，往往同时表现为人的精神需要，反之亦然。因此，物质需要和精神需要的区分，一般来说只是一种合理的抽象。”[1]

按人所追求的层次划分，大体上可以分为自然层次、道德层次、功利层次和高尚精神境界几个层次。自然层次指的是人们按照自己的生理要求行事，不自觉地因袭传统，从自我出发，以本我为中心，以最基本、最本能的生物形式存在，展示出人的自然性的人格。功利层次是人出于利益考虑，以趋利避害为原则，以自我得失为取舍行事，展示出人的生物性的人格。道德层次指的是人们的行为趋向于追求公共利益，以社会及他人为中心，展示出了人的社会性的人格。比道德层次更高的是高尚精神境界，高尚精神境界指的是人在一定程度上超越了现实基于利益关系的道德评价，而是以更广阔的精神视野，以天人合一的情怀看待宇宙万物的一种境界。这种境界下的人知晓在社会之全之外，还存在着天地之全，以超然的眼光立场，看待人与自然的关系，展示出了人的无限性和虚怀若谷的人格，所以是最高境界。达到了这一境界的人在笔者看来，类似于中国古代思想家庄子所说的与天地合一的“真人”，他的人格也才能称为理想人格。

精神生活的实质是对某种精神状态的认同或精神境界的追求，即对已经拥有的精神状态的保持或对另一种更高、更理想精神状态、精神境界的追求。比如，人们通过娱乐、消遣通常是为了追求精神愉悦放松；为事业努力奋斗是为了追求成功的喜悦、获得他人的赞许和认可而获得精神满足；除此之外，嫉妒、迷茫、困惑、仇恨等等也是精神状态的一种。应该说，人的精神状态无论高低，实质都是对精神境界的追求。

一个人有什么样的生活状态就会有什么样的精神境界，其现有生活状态往往直接规定和影响了其所处的精神境界。人们的实践活动必须不断满足人的需要并不断创造自己的人生。不论是做工还是教书，无论是经商还是务农，抑或从事其他的任何事情，总有相应的人生意义（无论意识与

[1] 李德顺：《价值论》，北京：中国人民大学出版社，2007 年，第 167 页。

否），也即每个人的每项活动都或多或少地包含或渗透着其对人生意义的理解，并且反映出一定的人生境界。在实际生活中，人们追求精神生活满足和精神境界提升的脚步是永不停止的。人只有不为一己私利和眼前利益所羁绊，奔向全人类的共同利益和前景，不断超越自身和当下，才有可能获得精神生活的满足和精神境界的提升。一个精神生活富足的人，他虽然也生活在“即刻的现在”，但他同时还拥有“永恒的现在”，即那个“包含一切时代、包含人类一切有永恒价值的成就在内的现在”。[1]

总之，任何人都一定处于某种生活之中，在一定的时期都必然进行着某种特定的精神活动。从哲学上讲，精神活动是一个反映主体不断追求的价值理性范畴。

在现实社会生活中，不同人群的人们，其精神生活在内容、形式的丰富程度和追求层次上具有很大的不同。从社会横切面的角度考虑，人的精神生活就是现实社会精神生活的各种形态，包括整个社会的精神文化氛围，基本的政治、经济、文化、社会制度和规范，社会弘扬和倡导的道德、理想、价值追求，以及国家和民族的精神等；从社会群体角度看，不同民族、职业、年龄、文化背景等的人群，由于其既有物质条件、心理认知、精神需要和主观追求的不同，其精神生活也就体现出不同的特点（此问题更多地涉及社会学和人类学领域，本书不作展开论述）；从个体的角度来说，在具备了一定物质生活条件后，人出于兴趣爱好等精神情感的需要，实现精神的愉悦、安宁、自我价值的实现，而进行多样化、个性化的文体娱乐、学习认知、道德践行、审美创造以及超越现实的理想、价值追求、终极信仰等活动。前面提到，人具有获得安全感、得到心理情感满足、为善、进行认知和探究、审美、信仰等六种精神需要，虽然人的精神生活形态并非与精神需要一一对应，也就是说精神生活的某种形态，并非只由某一种精神需要所决定，而是由多种精神

[1] 周国平：《精神生活的哲学》，《读书》，1998 年第 1 期。

需要共同影响和造就的，但是人的精神生活的内容，主要是围绕这些基本需要展开的。因此，从根本上说，精神需要决定精神生活的样态。

3. 精神需要与精神生产、精神消费的关系

人的精神需要，要由社会进行精神生产和精神创造，提供丰富多样的精神文化产品，通过精神消费得到满足。马克思主义消费理论认为，精神消费以满足人的精神需要为目的。精神消费与人的物质消费行为是相伴而生的，也就是说，即使是在生产力水平十分低下，物质产品相对匮乏的情况下，人也是具有精神需要的，也要进行精神消费。只不过这一时期人们受到物质条件的限制，精神消费水平很低，精神消费的欲望一度被压抑，而不能得到满足。同时，精神消费还受到社会阶级的局限。历史上，社会底层的人民群众的精神消费权利往往被剥夺，精神消费仅仅是上层人士的特权。社会生产力的逐步发展使得精神消费呈现出加速增长的态势，相应地，精神消费在人们的总体消费中所占比例也逐渐增加。有学者认为，在现代社会中理想的消费比例应该是物质消费占 30%，精神消费占 70%。[1]

物质生活资料的富足使人的实践活动不再是为了满足基本的生存需要和不断增长的物质需求，而是为获得新的意义，是为了满足和发展精神生活的需求。这一意义上的物质生活，在某种程度上可以说直接或间接地转化为精神生活，或者说，就直接成了精神生活的外化形式。物质消费的内在核心意义也更多地转化为精神文化消费。比如精致的食物、名牌的鞋包、高档的首饰等，与其说是物质生活的消费品，倒不如说是精神生活的消费品。因为人们从中得到的最大享受和满足是来自精神上的。

从人自身作为自然、社会、有意识的存在的特性和实践本质特性来说，人精神需要的满足，不仅需要物质性消费，同样也需要精神消费和精

[1] 赵桂珍、刘云章、谢嘉：《马克思主义关于精神消费的几个问题》，《河北师范大学学报（哲学社会科学版）》，2008 年第 6 期。

神条件。这里的精神消费主要指对精神文化产品的消费，精神条件主要指那些满足人们价值、信仰、审美归属感的思想观念、理论、知识等。除此之外，满足人精神需要更为根本的因素是体现人的本质的实践创造活动。

归纳起来，人精神需要的满足来源有三：一是来自物质产品消费，人们从拥有文化内涵的物质产品的消费中，体会其中的文化意味，获得精神上的满足感；二是来自对精神文化产品的消费，人们从文化娱乐节目、报刊书籍、影视歌曲、文学作品等一系列精神文化产品获得精神营养；三是直接来自物质和精神生产以及创造活动，从这类活动中，人获得自我价值认同和实现的满足感。

因此，精神需要的满足离不开精神生产和精神创造及精神消费活动。

第二节　精神需要的类型和结构

一、精神需要的类型

精神需要到底有什么样的结构，有什么样的类型区分，这是研究精神需要必须回答的问题。

关于精神需要的类型，国内外学者由于划分的依据和角度不同，就有不同的看法。当偏重于个体需要角度时，有五种类型之说；当偏重于人类社会需要角度时，有三种类型之说。

按照马斯洛的需要层次理论，人除了生理需要，还有安全需要、对爱和归属的需要、对尊重的需要以及自我实现的需要。除了生理需要之外，马斯洛说的其他几种需要都属于心理需要，它还不完全等同于我们所说的精神需要。基于此，国内有学者认为精神需要既不同于自我保存为目的的需要，也不同于以功利为目的的需要，它主要包括这样一些类型："审美之需要；求知之需要；怡情之需要；成德之需要；究极之需要。"[1]

怡情之需要即对感情的需要，是人的精神需要之一。人从观看、倾听的过程中得到情感体验就是怡情。人类感情的一个本质特征是，它存在于表达之中。换言之，表达本身就是一种感情行为。表达并不限于言语。这不仅是因为有了感情，人就有一种表达的冲动，还因为，人是通过表达来对感情做认证的。即使柏拉图式的恋爱，虽然没有肉体上的接触，但心灵上的沟通与互相倾慕却是不可少的。与感情这个特征有关，人类发展了极为丰富的文学、艺术，无论是诗歌，还是音乐、舞蹈，这些都是人类用以表达感情的方式。中国古人很早就认识到这一点，《诗大序》中说："诗者，志之所之也。在心为志，发言为诗。情动于中而形于言，言之不足故嗟叹之，嗟叹之不足故咏歌之，咏歌之不足，不知手之舞之足之蹈之也。"[2]

如果我们从社会以及历史的角度反思人类精神现象和精神生活，我们可以看到有三种基本精神，即科学精神、宗教精神和人文精神。其中，就科学精神而言，其主要任务是求真，在尊重客观世界的前提下，倡导分析的思维方式。科学精神发展的极致是科学主义和工具理性。就宗教精神而言，其主要任务是求善。对于宗教精神的评价历来褒贬不一，有些学者认为它是人类一切精神创造活动的源泉，是人类文化的母体。相反，也有一些学者言辞激烈地批判宗教精神。例如，费尔巴哈就曾把宗教比作人类精神的鸦片。就人文精神而言，其主要任务是求美（心灵美）。一般情况下，

[1] 童世骏等：《当代中国人精神生活研究》，北京：经济科学出版社，2009 年，第 11 页。

[2] 童世骏等：《当代中国人精神生活研究》，北京：经济科学出版社，2009 年，第 14 页。

人们普遍认为人文精神是一种普遍的人类自我关怀，具体表现为对人的价值、尊严和命运的关切、维护和追求，是对一种全面发展的理想人格的肯定和塑造，并且要对人类遗留下来的各种精神文化和文明加以保护和传承。人文精神的集中表现是人文学科。从人的认识角度来讲，无论人的认识能力有多强，科学多么发达，总会存在未被人认识和开发的领域，总有超过现阶段人所能理解范围的现象，而“只要人们还有一些不能从思想上解释和解决的问题，就难免会有宗教信仰现象”。[1]

在这里，笔者认为，人的精神需要类型可以依据人自身的存在和属性进行划分。人是自然、社会和精神三者统一的存在物，同时具有自然、社会和精神三方面的属性，构成完整的人格。因此精神需要应该从完整的人格存在进行划分，具体来说，人的精神需要有：获得安全感的需要、得到心理情感满足的需要、为善的需要、进行认知和探究的需要、审美需要、信仰需要等六种。这六种需要层级由低到高，其内在的原始自然、心理属性在不断减弱，精神属性逐渐增强。

1. 获得安全感的需要

人的安全需要是指人对于自身安全，保护人格完整、不受侵犯，自身价值观念得到尊重等具有强烈的要求，这种安全需要源于外部威胁的存在。因为对于每个人来说，对生命本身、完整人格和整体状态、终极价值的三个层次威胁，从人出生到死亡，如影随形一直伴随着人们，使人们常常感到不安全，亟须获得安全感。

2. 得到心理情感满足的需要

心理、情感满足的需要，是人在成长发展过程中，建立在信任感、依恋感与归属感基础上的情感需要。情感是人的精神庇护所，如果人的情感需要得不到有效满足，人就会产生强烈的孤独感、异化感和疏离感，

[1]《周恩来选集》，下卷，北京；人民出版社，1984 年，第 267 页。

甚至产生深刻的痛苦体验。拥有美满的家庭、良好的人际关系和社会交往，赢得社会团体组织的认同、接受与尊重，都是克服和消解孤独感、异化感和疏离感的重要途径和方式，由此，人们获得心理、情感需要的满足。

3. 为善的需要

为善的需要，是指人在个人生活和社会生活中对道德、正义的渴望和追求。它内在于人的观念，支配和影响人的行为。行义对人来说，是一种无可违背、无可抗拒的绝对道德律令，是做人的需要。正如孟子所说，求生与取义都是人的需要，但在二者不可兼得的情况下，人会舍生而取义，这就说明“行义是人的一种需要”，而“求生并不是人的唯一需要”，“说人有行义的需要，无论从理论还是实践上看，都是可信的”。[1] 出于成德之需要的善行与出于怡情需要的乐于助人的善行是不同的，它不是以主体的自我愉悦为目的，而主要是追求自我超越和自我实现，表现为对理想人格的希望与追求。

4. 认知和探究的需要

进行认知和探究的需要，是指人类具有好奇心，始终在不断探究世界事物的终极原因。求知需要，是指人在好奇心的驱使下探索未知世界的欲求。亚里士多德说“求知是人类的本性”[2]。人类出于求知的需要，在思考之外，更多时间在学习，这种学习属于精神生活范畴。它不同于那种为了掌握某种谋生技能的功利性很强的活动，纯粹出于兴趣或爱好并能从中获得巨大的精神愉悦。在某种意义上，人类文明就是在这种好奇心基础之上建立的。各门具体科学主要是基于人的求知需要，而提供世界整体性回答

[1] 童世骏等：《当代中国人精神生活研究》，北京：经济科学出版社，2009 年，第 16 页。

[2] ［古希腊］亚里士多德著，吴寿彭译：《形而上学》，北京：商务印书馆，1995 年，第 1 页。

的哲学思考和宗教信仰则是出于人类追根溯源、刨根问底的爱好，这种爱好，就是探究终极的精神需要。

5. 审美需要

审美需要，就是对“美”的自觉追求或讲究。审美活动以感官愉悦为目的，在快感的顶峰，主体会陷入沉醉或迷狂状态，肉体、自我、他人、道德、规范等等，统统被抛在脑后。人的审美需要驱使人去从事毫无功利效果的审美活动，人的一系列审美活动构成人的审美生活，这是精神生活的一个重要层面，本身无可厚非。需要注意的是，要使它与其他生活保持平衡。

6. 信仰需要

信仰需要是指人在自身生存与发展中，总要为自己的精神找到终极安放处，为感性经验、知性认识和理性思考找到归宿，为自己在世界上的生存找到最终价值旨归。因而，信仰作为人类所独有的精神活动，是主体的人对自身有限性的一种观念上的超越方式，是对于超现实事物的追寻和景仰。信仰是主体超越现实、超越自我、追求最高价值的一种自我意识；是对具有最高价值的对象的高度信服、向往和追求，并以之统率自己的精神生活；是主体对终极目标的追求，体现了主体的一种精神寄托。

信仰是主体基于现实生活经验而对某种对象（理论、价值或人格化的神灵等）产生的极度信服的感情，甚至将之视为人生的终极价值，来寄托自己精神的强烈情感和思想倾向。从根源来看，信仰源于生活实践，又高于生活实践，是对现实的超脱，又或者说是理想主义的追求或超现实的表达。从内容和表现形式上来看，信仰是人们自认为具有最高价值的理论形式、学说或主义，甚至会以人格化的神灵等极端信服的方式来表达崇拜的一种心理状态。具体表现为“人的认识、情感、意志对真、善和自由幸福境界的无限向往和不懈追求”。[1]

[1] 黄明理：《社会主义道德信仰研究》，北京：人民出版社，2006 年，第 18 页。

信仰表现了主体对真、善、美的向往，表现了对未来美好生活的期盼。正是由于主体高度自觉的自我意识和自我超越，信仰才被既“信”之，又“仰”之，是一个人该做什么和不该做什么的根本准则和行为的最高统帅，因而也是人精神需要的最高和最纯粹形式。

人的精神需要对于人的生存发展、自我意识觉醒，以致对于整个社会，都具有十分重要的功能，意义不同寻常。

二、精神需要的特征

相对于人的物质需要来说，人的精神需要有其自身的特性。主要表现为以下几方面：

1. 强烈、鲜明的主体性

如果说人的物质需要和需求主要体现出它是一种先天的、内在于人性的客观必需的话，那么人的精神需要则带有很强的主体自觉性和选择性，也就是说，人可以有意识地对自己的精神需要进行自觉的选择和控制，对其压抑、转移或纾解引导。

人作为精神存在物，最能体现其内在个性特征的，就是他的精神需要。不同的个体，其内在的精神世界、精神情感需要差别很大，体现出鲜明的个性特点。从这一意义上说，精神需要具有强烈、鲜明的主体性。我们可以从两个角度来看：一是每个人的精神需要在提出方式与满足手段上具有鲜明的个性特征，从而体现出非常明显的主体性；二是就同一个客体而言，不同主体从中所获得的精神享受和愉悦程度不同，也表现出主体性。比如，同一件艺术品，艺术家从中获得美感和美的享受；科学家则往往从逻辑学角度出发，发现其概念原理的真理性价值，获得求证真实的快感。

2. **差异性、多样性**

从作为个体的人的角度来审视精神需要，由于主体属性的差异，每个人的精神需要不同。我们可以从两个角度来看：一是就同一需求主体而言，他们同时具有多种不同的精神需要。社会生活中的个人不仅要追求崇高的理想和信念，还要追求日常的消遣和娱乐；不仅需求知识的增长，还需求健康的心理；不仅寻求自我发展，还需求获得社会的认可等等。二是，每一社群的具体精神需要同样也各不相同。这种精神需要的差异性，是由人的历史性、主体性造成的。

差异造成多样性。从人类历史的向度上，人的精神需要总是由不同时代具体的社会环境所唤起。伴随着人类历史的发展，社会生产方式产生相应的变化，满足精神需要的具体方式也因此发生相应变化，进而被打上时代的烙印，具有历史继承性的特点。与此相对，在空间的向度上，由于不同生产方式、生活习惯和精神气质，不同的国家、地区及民族的精神需要内容及实现形式上会表现出异质性和多样性。由于每个人的精神需要在提出方式和满足手段方面都具有鲜明的个性特征，精神需要的主体性和差异性非但没有影响人们对丰富精神生活的渴求，相反，正是这种主体性和差异性才使得人类精神生活图景变得更加丰富，体现出多样性。

3. **间接性**

精神需要的间接性是相对于物质需求而言的。因为，一般来说，物质需求多是指向有形的、实物性的满足，以实物的直接占有为目标，比如，人类食用食物等。而精神的需要则并不以实物的直接占有为目标，而是更倾向于无形的、精神层面的满足。比如，审美是通过视觉的欣赏来达到感受的愉悦和满足的。从具体内容和满足方式及程度来看，精神需要虽然受制于客观对象世界，但更主要的，这些客观对象会带给人的思维及情感体验以或大或小的影响。所以说，精神需要的满足虽然以一定有形物质为中介，但又根本上不同于物质需求的直接满足。

4. 开放性、不确定性

所谓精神需要的开放性和不确定性，是指由于人的主体性，在何种情形下，人需要什么，往往和人已有的价值观、习惯爱好、审美意趣，甚至是情感、情绪紧密相关。同物质之需求相比，精神需要具有无限制性的特征。因为物质需求受到物质条件的限制，物质条件对于人们的需求又有一种恒定的有效性，从而不能无穷无尽或者永远使用。但是，相对而言，精神需要的无限发展是由“思维的至上性”所决定的。因为，从思维广度上看，任何人都不能限制人们想什么、不想什么，从而无法限制人的任何精神需要；从思维过程上看，精神需要总是一个不断反复、永无止境的发展过程。比如知识的获得在一定程度上满足了人的求知欲望，但在此基础上人们又产生了对新知识的追求。同时，精神需要还可以跨越时空，如中华经典书籍、世界名著、戏剧国粹等等，具有长久地满足人们的精神需要的特点。

5. 超现实性

精神需要的无限制的特性决定了精神需要具有超现实性。从思维内容来讲，思维的任意驰骋，往往将现实的东西加工成非现实的东西，根据已存在的事物指向和寻求尚未存在的事物；从需求的张力来看，精神需要可以不受时间、空间限制，超越任何界限，比如人们对穿越时空的宇宙太空、星球大战知识的渴求等。由于精神需要具有超现实性，因此社会对人的精神需要要加以引导，既具有可能性，也十分必要。

第三节　精神需要的功能

精神需要在人的生存和发展过程中，对维系人生存、促进人的发展和成就人自身的精神超越发挥重要作用。

一、维持人自身生存的功能

人类要生存和发展，首先要满足基本的生理需要，必须进行以解决自身衣、食、住、行等生活问题为目的的物质生产活动。这是马克思主义早就已经阐明了的常识。然而，除了物质需要之外，人还有更高级的需要，就是人的精神需要。

人并非一般动物式的生命存在物，而是有思想、有精神、有激情、有信念、有抱负的理性的综合存在物，所以追求丰富文明的精神生活是其本质所规定的。因此，在满足了一定物质条件下，人们对心理的或精神的需要的满足往往要比对物质的需要更为迫切。马克思指出：“如果从整体上来考察资产阶级社会，那么社会本身，即处于社会关系中的人本身，总是表现为社会生产过程的最终结果。具有固定形式的一切东西，例如产品等等，在这个运动中只是作为要素，作为转瞬即逝的要素出现。直接的生产过程本身在这里只是作为要素出现。生产过程的条件和物化本身也同样是它的要素，而作为它的主体出现的只是个人，不过是处于相互关系中的个人，他们既再生产这种相互关系，又新生产这种相互关系。这是他们本身不停顿的运动过程，他们在这个过程中更新他们所创造的财富世界，同样地也更新他们自身。”[1] 这也就是说，人们从事生产实践劳动不单单为了追求物质满足，同时还追求精神上的提升。

人的活动受精神的支配。与动物不同，除了基本的生存需求之外，人还有更高层次的精神需要。同样是活着，人追求活得有价值、有意义、生得光荣；同样有一死，死得其所、“重于泰山”。董仲舒说：“天之生人也，使之生义与利。利以养其体，义以养其心；心不得义不能乐，体不得利不能安。义者，心之养也；利者，体之养也。”[2] 由此可见，义养心，利养身。义与利具有不同的功能和侧重点，也就是说，义是人的精神需要，而利是人的物质需求。养心的义即精神追求要比养身的利即物质追求更为重要：“义之养生人，大于利而厚于财也。”[3] 持这种精神追求的人，往往具有伟大崇高的一面。尤其是遇到困难的时候，义气之人能够“养浩然之气”，“富贵不能淫，贫贱不能移，威武不能屈”，这也正是在一定条件下，人们的精神需要更胜于物质需求的真实反映。随着人类物质生产力的提高，人们对精神需要的追求愈来愈迫切。人们要求在精神上不断得到充实，在心理上得到慰藉和满足，希望得到社会和他人的尊重，并不断实现自身的价值等等。所以即使是“纯粹”的物质生产过程，也不可避免地渗透着“精神内涵”。诚如人们在生产物质产品时，生产使用价值的同时也在创造“美”；购买物质产品时，购买的不仅是功能，而是更加注重商品本身所蕴含的“文化”价值；消费物质产品时，则是对美的一种享受、一种感悟。由此可见，正是人们对精神需要孜孜不倦地追求，才使人不断发展，使社会生活真正成为“人的生活”。

[1]《马克思恩格斯全集》，第 46 卷下，北京：人民出版社，1979 年，第 226 页。

[2] 董仲舒：《春秋繁露 · 身之养重于义》。

[3] 董仲舒：《春秋繁露 · 身之养重于义》。

二、唤醒人的自我意识

人的精神需要是审视和确认人自身存在的内在力量，也是人发展的动力之源，是人作为能动生命体的自我创造、自我建构中的内在力量。

人是直接的自然存在物，在本质上是社会存在物，同时也是有意识的存在物。人有意识、有精神，这是每个作为人的人都能自我意识到的。而中外历史上一些思想家、哲学家，更是把人的意识、精神当作与动物区别的根本标志。那么意识、精神是从哪里来的呢？恩格斯说：“究竟什么是思维和意识，它们是从哪里来的，那么就会发现，它们都是人脑的产物。”[1]“我们的意识和思维，不论它看起来是多么超感觉的，总是物质的、肉体的器官即人脑的产物。物质不是精神的产物，而精神本身只是物质的最高产物”。[2] 现代神经生理学的研究成果也证明，人的大脑是意识、思维等人的精神现象的物质器官，是意识、思维等人的精神现象产生的物质基础和载体。

人的精神需要与作为有意识的存在物的人的意识在某种意义上可以说是同一的。其产生和实现都唤起人的自觉意识，使人成为更具自觉反思和自觉意识的人。

人的潜在的可能性在实践中逐渐转化为现实存在这一过程促成了人的发展。这一过程一方面有赖于人的先天素质和外部环境，另一方面有赖于逐渐形成的人的自我意识。精神需要凭借精神力量的感染来熏陶自我，唤醒自我自觉意识，使个体既重视认识和合理改造外部世界，又注重自身的内心体验与自立自强，追求自己的自由的实现，追求自己的主体性的实现，使自己真正成为人。

[1]《马克思恩格斯选集》，第 3 卷，北京：人民出版社，2012 年，第 410 页。

[2]《马克思恩格斯选集》，第 4 卷，北京：人民出版社，2012 年，第 234 页。

三、促使人自我更新塑造

人的发展实质上是以一种实现自我发展为内在动因的“发展”。首先，人并非可以被随意填充的容器，其可塑性来自内力和外力的相互作用。其中内力就包括了人自主自觉的能动创造。人总会对现有的自我发展状况存在不满，并对更完善的发展状态产生追求和憧憬，这种发自内心的渴望才是人的发展的可能性的根源。其次，人并非可“规定”的人，精神需要赋予人以新的时代内容。

人是有思想、有激情的能动存在物，“是一根有思想的苇草”[1]，有丰富的精神需要和精神追求是人区别于动物的重要标志。精神需要和精神追求是人的主体意识觉醒的催化剂，对人的自我发展以一种自我意识“唤醒”的方式，推动人们按照时代发展的轨迹，以“应然”为目标，在现实的社会中去不断追求“新我”，不断更新充实自我，进行自我更新和塑造，从而使人产生生存性变化，从现存的“实然”转化为超越的“应然”。在这一意义上，人的精神需要对于人的存在发展来说具有自我更新塑造的功能，使人的本质得以改变，拓展其社会性，提升其内在的精神品质。

四、提供价值导向

在人的和谐发展中，精神需要还充当着价值导向的作用。当然，这里的精神需要是指积极的、健康的、合理需求。这主要是因为：首先，人的和谐发展的三个方面包含着精神需要的基本内容。人的和谐发展指的是人与自然、人与社会、人与自身三者之间的相互协调发展，而求真、求善、

[1] ［法］帕斯卡尔著，何兆武译：《思想录：论宗教和其他主题的思想》，北京：商务印书馆，1985 年，第 157 ～ 158 页。

求美是人的精神需要的三个基本方面，它们揭示的也正是这一一对应的三种关系。由此可见，精神需要的发展影响着人的全面和谐发展。其次，精神需要的合理满足有助于形成健全的个体人格，精神需要的合理引导有助于树立个体正确的价值观、人生观和世界观。而只有使一个人有了健全的人格，有了正确的世界观、人生观和价值观，才能造就一个和谐的个体，才能合理地处理个人与自然、个人与社会的错综复杂的关系。最后，精神需要随着社会发展不断变化，从精神需要的内容到层次质量，都发生着日新月异的变化，这些新变化都引导着人们不断更新个体的精神世界，从而在变化中不断调节个体自身以求得“和谐”发展。

例如，人与自然的矛盾日益突出和尖锐，许多作品竞相反映这种冲突，呼吁人类注重生态平衡，保护自然。《寂静的春天》是美国科普作家蕾切尔·卡逊创作、出版于 1962 年的科普读物。这部作品描写了因过度使用化学药品和肥料而导致环境污染、生态破坏，最终给人类带来不堪重负的灾难的故事，阐述了农药对环境的污染，用生态学的原理分析了这些化学杀虫剂对人类赖以生存的生态系统带来的危害，指出人类用自己制造的毒药来提高农业产量，无异于饮鸩止渴，人类应该走“另外的路”。

除了科普作品，许多文学、影视剧作品也以此为创作题材。《后天》就是这样一部电影，它讲述了环境污染如何带给人类世界以毁灭。由此可见，自然环境的破坏严重影响人的和谐发展。人们的环保意识被唤醒，对环境保护知识的需求逐渐增强。环保公益广告、环保绿色行动、环保产品等的出现满足了人们环境保护的精神需要。所以提高环保的意识性和实效性有利于传播和谐发展的价值导向。

积极发展各种健康有益的文化，提高人的审美趣味，满足人们多方面多层次多样化的精神需要，增进人们的精神和谐感、幸福感和认同感，从而促进人的和谐发展。

五、促进社会主体紧密联系

有需要，就要寻求满足，精神需要也是如此。人是存在于社会联系之中的社会化的人，人们精神需要的满足与其社会交往联系得以实现是相互呼应、相互依存的。人都有寻求归属、获得认同、尊重和自我实现的愿望与需要，而这种精神需要得到满足的程度，是与主体的社会交往实现程度成正比的。比如，观众从舞台表演者的精心表演中获得精神需要的满足，而同时表演者也从观众的鼓掌声中获得了对自身价值的认可。实际上，人们的精神需要正是在将他人作为对象的时候，才有了自己的所谓“精神需要”本身。显然，没有满足的客体，也就无所谓满足的主体，“一个人的需要可以用另一个人的产品来满足”。[1] 人们之间的关系就这样建立起来。

随着社会的全面进步和发展，社会经济、政治、文化、生态等方方面面的发展促进了人们的精神需要复杂化，原有的简单的社会交往已经无法满足人们的精神需要。比如，舞台的表演者不仅仅要重视自己的表演本身，还要通过服装道具的华美逼真促进观众欣赏水的提高平等。这样一来，观众就同服装设计师、专业化妆师、舞台设计人员等建立起了广泛的社会联系。又如，计算机科学的发展、网络的发达，激发和实现了人们进行更加便利快捷的精神情感交流，使人们之间的交往更加广泛化和立体化。这些需求的日益提升使得社会成员之间的相互联系越来越密切，不断凸显出人的社会化本质。

六、推动社会发展

精神需要还推动社会的不断向前发展。首先，人的精神需要是一切

[1]《马克思恩格斯全集》，第 46 卷上，北京：人民出版社，1979 年版，第 195 页。

社会活动的内在动因。中国古代著名思想家墨子曾说："食必常饱，然后求美；衣必常暖，然后求丽；居必常安，然后求乐。"这里所指的"饱""暖""安"就是对物质的需求，而在此基础上的"美""丽""乐"的需求则属于精神方面的需要。所以，物质需求得到满足是进一步追求更高层次的精神需要的前提和基础条件。也就是说，假如人的行为活动没有精神动因，那么社会上的许多现象都会变得难以解释。比如，为何"榜样的力量是无穷的"呢？那不就是对"荣誉感"的追求激励着人们自觉地向榜样靠拢吗？同样地，为何"重赏之下必有勇夫"呢？那不就是在期待获得重赏的条件下人主动去拼搏吗？为何有人践行"不自由，毋宁死"呢？那不就是人的尊严在起作用吗？所有的这一切都说明人对于精神的需要，不仅是支配人们行动的内在强大力量，而且还是促进社会进步的不竭动力。

其次，人们的精神需要间接地促进了社会经济的发展。这是因为，提高人们的思想道德素质和科学文化素质，不断满足人民群众日益增长的精神文化需求，就必须不断扩大对教育、艺术、科学等活动的投入。比如，为了满足对世界各地风土人情和名胜古迹的了解的需求，人就需要通过广泛的知识涉猎和旅游来满足。而这种需求的满足又会引起人在经济上的投入，从而对扩大社会经济活动起到重要推动力。

最后，精神层面的需要影响和引导着经济需要和政治需要。一般而言，经济需求会激励主体获取物质上的财富。政治需求则是主体对政治权利的追求。二者都在不同程度上受到精神需要的制约和影响。当然，除了精神需要之外，法律制度也在主体追求经济需求和政治需求的过程中起到制约作用，但相对于精神方面的需求而言这是对主体的外在制约。精神需要对主体的影响体现在对健康发展的经济需要和政治需要的必要的限制上。这是其一。其二，精神需要还具有明显的引导作用。精神需要在发挥影响作用时，必须以长远的和全局的观念为重，要求主体必须能够具备高瞻远瞩和权衡利弊的素质，把眼前与长远、局部与全局结合起来，引导主体把经济需求与政治需求规范在一个合理的范围内，趋利避害，以此来求得人的无限广泛发展。

第四节　精神需要的社会表现形式

人是劳动实践和社会历史文化发展铸造的产物，由此决定了人的精神需要不是简单的单面体，而是多层面的复合体。无论是社会宏观层面还是个人微观层面，人的精神需要都表现为不同形式，具有不同的内容，形成一定层次结构。对此，我们可以从横向的社会宏观层面和纵向的个体精神需要的微观层面两个角度对精神需要进行分析。

人类的精神需要是人类社会历史发展的产物，与人类的社会生活密切相关，在人类社会的精神文化生活中得到满足，并凝聚下来，固化为一定的形式。精神需要主要表现为社会层面的道德、政治、艺术、哲学、宗教等形式，与社会意识形态是一致的。

一、道德

道德指的是以善恶为基本标准，通过内心的信念、社会的舆论以及传统的习惯来评判人的行为，调整人与人之间及个人与社会之间相互关系的行动规范的总和。道德具有认识、教育、调节及导向等功能，与政治、法律、艺术等意识形态有着密切的关系，因此不同国家公民的道德表现也不尽相同。美国著名汉学家费正清教授在《美国与中国》一书中就指出：现代中国的底层和背后隐藏着一个扎根在另一种古老文化传统中的中国社会，往往是现代中国人，也是西方人所不能了解的。

从人类社会发展的历史来说，道德是一种古老的社会意识形态。它源自人类生存和处理利益关系的需要，一经产生，就通过社会舆论、规范和要求对人的思想、行为进行约束，对人与人之间的关系进行调整，逐步内化为人的道德良心，即道德意识、道德观念，继而随着社会的发展和人的提升，变成社会普遍需要和个人寻求的必不可少的精神需要与支撑。

道德作为社会存在和发展的产物，具有一定的功能和作用。这种功能是指道德作为社会意识的特殊形式对社会发展所具有的功效与能力。其主要功能是认识功能和调节功能。作为社会普遍的意识形态，作为人的精神需要，在维系社会稳定和推进社会进步过程中，对人的思想观念、道德意识和道德精神发挥着独特的认识、调节、凝聚、引导、提升作用。道德的认识功能是指道德反映社会现实特别是反映社会经济关系的功效与能力；道德的调节功能是指通过评价等方式，指导和纠正人们的行为和实践活动，协调人们之间关系的功效与能力；道德的凝聚功能是指道德在调节人际关系的基础上，把具有相同道德认同感的人们汇集联系起来；道德的引导作用是指道德以其超越性特点，把人们的思想行为引导到某种方向和轨道上；道德的提升作用是指通过道德的理想性特点，促使人们以更高的道德要求来约束自己，不断提升自身的道德境界。此外，道德还具备其他方面的功能，如沟通功能、激励功能和辩护功能等。

道德的社会作用是道德功能在社会层面产生的社会影响和社会效果。具体地说，道德的社会作用主要体现在以下几个方面：其一，道德对经济基础的形成、巩固和发展起重要作用；其二，道德对其他社会意识形态的存在和发展有重大影响；其三，道德是促进社会生产力不断发展的重要精神力量之一；其四，道德通过调整人与人之间的关系来维护社会秩序的稳定；其五，道德是促进人的精神境界提高、促进人的自我完善进而推动人的全面发展的内在推动力。

二、政治

政治起源于人类对文明的企盼，是人类社会进化发展的重要标志，其目的是追求民主、文明的生活。而与之相关的政治文明建设则是基于人类的这种精神需要的一项兴利除弊的工程。

“政治”这个词一般多用来指政府、政党等治理国家的行为。这个词在西方，可以考证出的最早文字记载是在《荷马史诗》中，最初的含义是城堡或卫城，即现在说的城邦。因此，政治从一开始指的就是城邦中公民参与统治、管理、斗争等各种公共政治行为的总和。

中国先秦诸子也使用过“政治”一词。《尚书·毕命》有“道洽政治，泽润生民”，《周礼·地官·遂人》有“掌其政治禁令”。但在更多的情况下是将“政”与“治”分开使用。《论语·为政》曾记载孔子说：“政者，正也。为其正也，孰敢不正？”“政”主要指国家的权力、制度、秩序和法令；“治”则主要指管理人民和教化人民，也指实现安定的状态等。孙中山先生曾给“政治”一词下了这样的定义：政是大家的事，治是管理大家的事。毛泽东同志在跟秘书交谈时也对“政治”作过简明扼要的通俗解释：我们的政治，就是怎么令敌人越来越少，令同志越来越多。

政治，首先是一种行为，指的是对社会治理的行为，亦指维护统治的行为。政治是各种团体进行集体决策的一个过程，尤指对于某一政治实体的统治，例如统治一个国家，亦指对一国内外事务之监督与管制。同时，政治是牵动社会全体成员的利益并支配其行为的社会力量，由于不同阶层或阶级的社会成员利益不同，因而必然形成不同的政治力量，彼此间也结成一定的相互联系。

从一般的意义上说，政治是上层建筑领域中各种权力主体维护自身利益的特定行为以及由此结成的特定关系。政治的核心是国家权力问题，政治权力是实现经济利益的重要手段。从这一层面上讲，谈到政治就不得不涉及作为国家机关的政府和它所运用的权力。

政治的作用在于：

第一，统治阶级夺取政权、巩固政权，维护统治地位。这是任何时代、任何阶级的政治首先体现出来的。中国历史上以孔孟之道为代表的中国儒家学派，是历代封建统治者所推崇的思想，成为贯穿于整个封建社会的意识形态，发挥了极其重要的作用。伦理政治化，政治伦理化，是儒家思想之所以能够在中国漫长的封建社会为统治者所推崇并成为统治阶级意识形态的根本原因。西方国家亦如此。在漫长的历史发展过程中，在民族大迁徙，野蛮对文明的侵扰，日耳曼人迁徙和建国等混乱状态中，西欧的封建统治者，正是通过军事上的角逐、政治上的教化和影响而逐步胜出，树立和发展起来自身的权威。而政治也起着维护统治阶级统治和社会稳定的作用。对此，恩格斯在遗稿《论封建制度的瓦解和民族国家的产生》中说："在这种普遍的混乱状态中，王权是进步的因素，这一点是十分清楚的。王权在混乱中代表着秩序，代表着正在形成的民族（Nation）而与分裂成叛乱的各附庸国的状态对抗"。[1]

第二，统治阶级治理社会。政治所指向的不是少数人，不是局部，而是所有的人。政治的目的应当是创造平等的社会环境，协调社会矛盾，整合社会资源，推动社会发展。良好的政治以及政治制度应该为了大多数人的利益，将权力装进制度规范的笼子里，才能更好地维护人的诸项权利。

[1]《马克思恩格斯全集》，第 21 卷，北京：人民出版社，1965 年，第 453 页。

第三，推动社会向前发展。政治的推进即政治文明的进步。政治文明是人类文明的集成，是为人们创造幸福的大智慧，主要作用是释放人性、完善人性，而不是为了限制人性和扼杀人性。譬如我国社会主义制度建立之后，生产力飞速发展，物质资料生产水平实现了大幅度提升，在此基础之上，人民群众的自主性以及政治参与、社会参与、文化参与的诉求日益觉醒和增强。人的主体性不断增强，政治上平等、获得尊重的权利和需要不断获得实现和满足。

三、艺术

真善美是人类永恒的追求，在追求美的过程中，艺术应运而生。有人说，艺术是无聊人宣泄的玩物，试问当一个人饥肠辘辘，还有心思谈艺术吗？画饼不能充饥，但望梅却能止渴。物质食粮与精神食粮，这两者人都需要。因为人不是为活着而活着，而是有追求真善美的精神需要。屈原说："路漫漫其修远兮，吾将上下而求索。"求索是快乐，追求才有动力，在人类寻求美的历程中，留下了文学艺术的宝贵结晶。

"艺术"是人类借助特殊的物质材料与工具，运用一定的审美能力和技巧，在精神与物质材料、心灵与审美对象的相互作用下，进行的充满激情与活力的创造性劳动。可以说它是一种精神文化的创造行为，是人的意识形态和生产形态的有机结合体。维基百科把艺术分为以下种类：文学艺术（包括诗歌、戏剧、小说等等）、视觉艺术（绘画、素描、雕塑等）、图文设计、造型艺术（如雕塑、造型）、装饰艺术（如马赛克等）、表演艺术（戏剧、舞蹈、音乐等）。

早在远古时代，虽然文字还没有产生，但在先民中间已经流传着神话传说和民间歌谣等口头文学。在人类历史发展中，中国、古埃及、古希腊和古巴比伦世界四大文明古国的发展历史就可以说明这一点。中国艺术源远流长，博大精深，包罗万象，书法、绘画、戏剧、文学等领域都曾盛极一时，并且时至今日一直还在发展创新。这与艺术家们的孜孜不倦创造息息相关。中国保留在古代典籍中的文献资料表明，夸父追日、女娲补天、大禹治水等神话故事，闪耀着中华民族文明智慧的光辉。古希腊最早的神话故事也表达了当时人们的道德、审美等精神层面的内容。随着时代的发展，高雅的艺术追求已成为人们精神文化中不可或缺的重要组成部分。

艺术的特征是形象把握与理性把握的统一，情感体验与逻辑认知的统一，审美活动与意识形态的统一。

所谓形象把握与理性把握的统一，是指作为艺术活动特有的存在方式、构成艺术作品的基本要素、艺术家审美意识的结晶的审美形象，贯穿于艺术活动的每一个环节。于是，作为创作主体对于客体对象瞬间领悟式的审美创造，形象性成为艺术区别于其他社会意识形态的最基本特征，也是艺术反映社会生活的特殊形式。形象性是体验的和感性的，不是推理的和分析的。当然，艺术形象的创造也不能完全离开理性而存在，因为它不是对客观生活的随意照搬，而是经过艺术家选择、加工和融入了艺术家对社会事物的态度、对人生的独特理解，同时彰显了其理性认识。所以，艺术形象是渗透了艺术家深刻理性思考的形象外化。

情感体验与逻辑认知的统一，是指艺术活动离不开情感，贯穿着情感体验，同时又体现着理性认知。情感在艺术活动动机的生成、艺术创造与接受过程中发挥重要作用，同时，情感又是艺术创作的基本元素。艺术活动总是伴随着情感产生，这是欲望、兴趣、个性的具体的心理表现，也是对对象能否满足自身欲望的价值评判。情感主宰着艺术活动的整个过程，贯串在整个艺术创作的心理过程之中。当代著名作家巴金谈到文学创作的时候曾回忆说：“在我创作《家》的时候，我仿佛在跟一些人一同受苦，一同在魔爪下面挣扎。我陪着那些可爱的年轻生命欢笑，也陪着他们哀哭，我一个字一个字地写下去，仿佛挖开我记忆的坟墓又可以看见使我的心头激动的一切。”正是因为艺术家的心灵在创作中受到如此强烈的爱与憎的熬煎，他们的作品才能使一代又一代的读者受到感动。不仅仅是在艺术创作中，在艺术欣赏中情感也扮演着十分重要的角色，使人们在欣赏艺术作品的时候感到兴奋、满足，甚至陶醉。

艺术是真、善、美的统一。陈望衡在《审美伦理学引论》一书中指出：“艺术既是人们的一种审美活动，又是人们的一种道德活动和认识活动，既包含有审美活动的积极成果——美，也包含有道德活动的积极成果——善，还包含有认识活动的积极成果——真。”[1] 在审美以及艺术创造和艺术欣赏活动中，情感不仅与形象联系在一起，也同认知联系在一起，是伴随审美认知产生的一种特殊的心理现象，其基础是审美认知。经过了审美认知和复杂的思想活动，人们才能发现和领悟生活中的美。一个思想空虚、缺乏对社会、对人生的深刻认识的人，不可能产生丰富而强烈的审美情感，所以也就不可能成为出色的艺术家或欣赏者。在艺术活动中，思想情感和认知交织在一起。没有思想的情感不是艺术，没有情感的抽象思想和说教更不是艺术，真正的艺术活动应该是情感体验与逻辑认知的统一。

审美活动与意识形态的统一，是指艺术作品是艺术家审美理想的结晶，是美的创造的结果，它具有美学品质和审美价值即审美特性，同时艺术仍属于上层建筑中的意识形态，具有意识形态性质。它不仅以情动人，更以美感人，使人得到一种精神上的愉悦享受。艺术作品中的形象由于集中、浓缩了生活中的形象美，因此，艺术作品往往比生活中的实在事物更具有形而上的审美特性。作为一种审美活动，艺术具有审美特性，同时，艺术还属于上层建筑中的意识形态，具有意识形态的性质。总而言之，艺

[1] 陈望衡：《审美伦理学引论》，武汉大学出版社，2007 年，第 77 页。

术是主体对客观世界的精神把握方式，人们通过艺术完成对世界的认识和对人自己的认识。并且，作为艺术的最根本的本质属性，审美性揭示了人的意识形态的特征，使艺术的审美世界包含了更为深邃的内涵。因此，我们说艺术活动是审美活动与意识形态的统一。

艺术具有道德教化的特点和功能，满足人们对道德的精神和社会需要。柏拉图在《理想国》中指出："我们的教育制度应当借助音乐来开化人的心灵；最好的音乐能够使最优秀和最有教养的人快乐，特别是使那些品德与修养最为卓越的人快乐。"[1] 同样，亚里士多德也说："音乐应该学习，并不只是为着某一个目的，而是同时为着几个目的，那就是教育、净化、精神享受。"[2] 他还曾论述过悲剧的净化作用，认为悲剧带给人们一种崇高，能引导欣赏者在心理上经历主人公的遭遇，在真、善、美与假、恶、丑的激烈冲突中唤起人们的正义感，悲剧在给人以强烈的道德震撼中陶冶人的情操，激发人的意志，提升人的品格。18 世纪德国诗人、哲学家席勒在其《美育书简》（全称为《关于人的审美教育的书信》）中，第一次系统地阐述了艺术与道德的不可分性，开创性地使用了"美育"这样的说法，系统阐述了美育的教育思想。他认为，美可以使人重新获得自由、和谐、全面的发展，实现人性的复归。伟大的物理学家爱因斯坦不仅钻研科学，还热爱音乐、文学。他在《我的世界观》一文中写道："我从来就不把安逸和享受看成是生活的目标的本身，这种伦理基础，照亮我的道路，并不断给我新的勇气去愉快的正视生活的理想，……要不是全神贯注于那个艺术和科学领域，永远也达不到的对象，那么人生在我看来就是空虚

[1] ［古希腊］柏拉图著，李美静译：《理想国》，武汉：武汉大学出版社，2011 年，第 67 页。

[2] ［古希腊］亚里士多德著，吴寿彭译：《政治学》，北京：商务印书馆，2009 年，第 356 页。

的。”[1]在爱因斯坦看来，艺术和科学一样具有永久的魅力，不仅可以激发对自然科学探索的兴趣，而且具有伦理价值，可以提高人们的精神境界。中国近代教育家蔡元培先生非常重视艺术教育辅助道德、培养健全人格、促进人性的完善与发展的作用。在《以美育代宗教说》一文中，他提出：“纯粹之美育，所以陶养吾人之感情，使有高尚纯洁之习惯，而使人我之见、利己损人之思念，以渐消沮者也。”[2]

总之，无论是西方哲学家、中国古代教育家还是中国近现代的艺术家，都很重视艺术教育的道德教化作用。可以说，艺术是人的社会生活中不可缺少的组成部分，是人精神需要的社会表现形式，也是提升人的精神品质的重要途径。

四、哲学

哲学是关于自然、社会和人类思维最一般规律的概括和总结，或者说哲学是关于世界观和方法论的学问，这是人所熟知的定义。其实，哲学是与人的生活十分贴近的学科，与每个人的生活息息相关。

对人的生存来说，自古至今存在两大问题：一是生存问题，二是如何生存的问题。生存是人的动物性的问题，解决的是人与物质存在关系的问题。为了解决人的生存意义的问题，个人或组织要认识自然、认识社会，并进行各种社会生产实践活动。但人生存的目的不仅仅在于生存本身，人之所以为人就在于人能在生存的基础上，继续探究人为何而活以及应该怎样活着的问题。我国近代思想家胡适给哲学下的定义是：凡研究人生切要

[1] 许良英等编译：《爱因斯坦文集》，第3卷，北京：商务印书馆，2009年，第237～242页。

[2] 高平叔编：《蔡元培哲学论著》，石家庄：河北人民出版社，1985年，第177页。

的问题，从根本上着想，要寻一个根本的解决，这种学问，叫作哲学。[1]另一位中国现代哲学家冯友兰说：哲学就是对于人的有系统的反思的思想。[2]

人的生存绝不仅仅限于物质需要，人除了物质需要之外，还有精神需要。物质需要是人作为物的需要，只有精神需要才是人之为人的需要。哲学思维是人的精神的集中体现。哲学是人的精神属性的重要标志，它体现了人之为人的特征，是决定人之为人的本质需要。动物生存不需要哲学，它仅仅活着而已，它不需要也不能够对生存有所反思。哲学是关于人生的意义和价值问题的思考，是对于人生的自我反思，这正体现出人之为人的特征。

笛卡尔说，“我思故我在”。人的思想见证着人的存在，没有思想的人就沦为动物性的存在物了。人的最高存在在思想而不在行动，认识、精神和思维等是人的生存活动方式。这就是人生存的哲学价值。

作为一门研究整个客观世界的学科，哲学对每一个人来说都密切相关。与动物的存在的自在性、自发性不同，人是有自觉意识的存在物，人的生存状况是人自觉活动的结果。可以说，有什么样的哲学就有什么样的人生。尽人皆知的放羊娃的故事就体现了哲学对人生的指导作用。有人问放羊娃为什么要放羊，放羊娃说为了挣钱；再问挣钱做什么，他答挣钱为了盖房；又问盖房干什么，他答为了娶媳妇；那么娶媳妇干什么，答为了生孩；最后问生孩干什么，答长大放羊。这一循环往复的人生理想也是一种哲学，具备人人都有的生存特性。在人的一生当中，哲学可能无法直接解决人的物质需要，但对人生道路和个人发展的方向起着十分关键的指导作用。哲学的功能是协调人类总价值，哲学以达到人

[1] 胡适：《中国哲学史大纲》，卷上导言，北京：商务印书馆，1919 年。

[2] 冯友兰：《中国哲学简史》，北京：北京大学出版社，1996 年，第 15 页。

类各种价值的总协调为己任来指导我们的生活。所以，我们特别强调这种哲学指导作用的重要性。

关于哲学的价值和作用，中国古代哲学家有自己的看法。老子认为对具体学问的追求和对抽象规律的认知是不同的，指出“为学日益，为道日损”。宋明理学家有“见闻之知”和“德性之知”之说。所谓“见闻之知”指的是自然科学和社会科学方面的知识，这些科学存在的意义在于增加实用知识；而“为道之学”“德性之知”就在于提高人的精神境界和精神修养。冯友兰分析说，人类的知识有为学和为道之分。哲学的作用包括两个方面：一是锻炼和发展人的理论思维能力，二是丰富和提高人的精神境界。哲学充分体现了人的理论思维，作为人的基本能力，理论思维必须加强发展和锻炼。恩格斯在《自然辩证法》中说：“理论思维无非是才能方面的一种生来就有的素质。这种才能需要发展和培养，而为了进行这种培养，除了学习以往的哲学，直到现在还没有别的办法。”[1]他指出，一个民族想要站在科学的高峰，就一刻也不能没有理论思维。哲学能够给人提供安身立命之所，即哲学能提高人的精神境界，使人在这一境界下心安理得地生存。

因此，哲学以理论思维为方法，以人类精神的反思为内容，对于丰富发展人的精神境界起到重要作用。不同境界中的人对宇宙人生的自觉认识程度不同，所获得的人生意义也不同。按照人的精神发展的程度（主要指人对世界和人生的自觉认识程度），冯友兰划分出四种不同的人生境界：一是自然境界。指的是人的精神处于混沌状态，对世界和自我基本没有什么认识，以生存为生活的目标。比如在原始社会，人的精神还没有成熟，除了生存没有其他更高级的需要。当然现代社会中也存在这样的人，他们只遵循本能或其身边的风俗习惯来行事，只管做“应该做

---

[1]《马克思恩格斯选集》，第3卷，北京：人民出版社，2012年，第873页。

的事”，从来不思考和反思。二是功利境界。指的是一些人意识到自己的存在并以自我为中心来做事情。他们所做的事的后果，在客观上可能利于他人，但最初的动机是利己的。三是道德境界。有些人不但了解到自己，也了解到社会的存在。作为社会的一员，他们从社会的利益出发来做各种事，这些事一般都具有道德意义。四是天地境界。还有一部分人不但认识到自己是社会的一员，同时还是宇宙的一分子。所以在更高的层面即宇宙层面做各种有益的事情。总之，生活在道德境界的人是贤人，生活于天地境界的人则为圣人。

哲学的任务在于帮助人到达道德境界和天地境界。冯友兰认为，哲学教人以怎样成为圣人的方法："成为圣人就是达到人作为人的最高成就，这是哲学的崇高任务。"[1] 哲学为人们的生活奠定了基础，提供了指导人们生存的方法论。

一个国家和民族的指导思想主要是哲学关于社会人生根本问题的认识的凝练，直接影响该国家和民族的健康发展。当代中国，以马克思主义、毛泽东思想、邓小平理论、“三个代表”重要思想、科学发展观和习近平新时代中国特色社会主义思想为指导思想，使中国社会健康、持续、稳定发展，有了正确的思想保障。然而，20 世纪六七十年代，我国以阶级斗争为纲，将人们的精力主要集中在群众之间的斗争。这样的结果就是整个社会人人自危，经济和社会的发展处于停滞状态。十一届三中全会后，我们认识到社会主义的本质在于解放和发展生产力，将工作重心转移到社会主义建设上。此后，我国经济得到长足发展，社会面貌发生翻天覆地的变化。

在追求经济发展的过程中，我国社会出现了重物质文明建设轻精神文明建设的情况，环境污染、生态破坏、道德滑坡、社会风气下降等社

[1] 冯友兰：《中国哲学简史》，北京：北京大学出版社，1996 年，第 25 页。

会问题层出不穷，这些现象折射出人们的精神、思想层面出现了问题，亟待加强思想文化建设加以引导和解决。因此在国家指导思想、社会主义核心价值观等思想、精神层面，强调坚持以马克思主义为指导，坚持社会主义，加强以爱国主义为核心的民族精神和以改革开放为核心的时代精神，大力弘扬社会主义荣辱观，推进社会主义核心价值体系构建，同时树立以人为本，全面、协调和可持续的科学发展观，加强哲学社会科学工作，广泛开展保持共产党员先进性和纯洁性的教育活动，构建社会主义和谐社会。这些都离不开马克思主义哲学方法论的指导，也说明哲学的价值导向作用不可低估。可以说，人的思想的每一次转变都源于自身哲学思想观念的转变。

五、宗教

宗教属于社会意识形态范畴，是人类社会发展到一定历史阶段必然出现的一种文化现象。宗教学说的主要特点是相信现实世界以外存在着某些神秘力量。这种力量在冥冥之中拥有绝对权威并统摄万物，能够主宰自然的进化，决定人世的命运。所以有宗教信仰的人们对所崇拜的力量极尽敬畏，虔诚地进行信仰认知和仪式活动。

宗教是对宇宙存在的解释，最终归结到对神明的信仰与崇敬，所以一般而言，它是一套信仰，通常包括信仰与仪式的遵从。费尔巴哈在《宗教的本质》中，概述了宗教的本质，指出人的依赖感是宗教形成与存在的基础。自然是人生存的基础和依赖的最初对象，是宗教的原初对象。人依赖的自然对象各不相同，自然宗教因而也就有众多的神。而自然事物、自然现象乃至动物之所以被崇拜为神，是由于人为了实现摆脱依赖的愿望，从人的立场把所依赖的对象想象成为像人那样的东西，把自然看作是具有人性的东西，而后又崇拜它。自然宗教的本质同样是人的本质的异化，不过是用自然被人化的间接方式表现出来。自然宗教的神是人把自己的本质依附于个别的具体的自然对象，具有一定的局限性。当人由物理实体变为政治实体时，当君王占有、决定、统治、支配着人的时候，自然宗教就为精神宗教即一神教所代替。

宗教包括了信仰、符号意义和许多的叙事体故事，同时还包括原始的宗教信念、文化的传统、神圣著作和能够给予修行者生命体验的其他宗教实践等。宗教的中心意义体现在修行者通过冥思、祈祷、仪轨、音乐及其他艺术形式所表现出来的，对一神或众多神灵的真理式信仰，并且与社会政治交织在一起。

宗教的特征集中表现为特殊的超自然现象和出于宗教法则的道德要求或生活方式。宗教的发展可以从不同的文化中提取许多形态，同时形成各种文化差异。马克思对宗教的本质进行了唯物主义的剖析，他在《黑格尔法哲学批判导言》中指出：宗教是支配人们日常生活的外部力量在人们头脑中的幻想的反映。在他看来，在本质上，宗教是一种“颠倒的世界观”，“宗教是人的本质在幻想中的实现，因为人的本质不具有真正的现实性”。[1]人对神灵的信仰和崇拜支配了人们的命运。他认为，从产生根源来看，宗教是在自然压迫和社会压迫之下产生的——由于原始社会时期的生产力水平极端低下，人们普遍缺乏科学知识，对无法解释的自然现象存在恐惧和敬畏，各种形式的宗教观念应运而生。另一方面，阶级社会中的阶级压迫带给广大劳动人民无尽的苦难，在无法改变自身生存状况的情况下，人们只能暗自向神灵祈祷，于是宗教就形成了。在自然、社会不可认知和把握的因素面前，人类的态度和情感是虔敬卑微的。

马克思相信，最初的宗教源于被压迫者对现实苦难的叹息和抗议，后

[1]《马克思恩格斯选集》，第 1 卷，北京：人民出版社，2012 年，第 2 页。

来则逐渐为统治阶级所用，成了统治阶级剥削底层劳动人民的思想工具。中外历史也说明了这一点。在世界范围内有伊斯兰教的统治、天主教的统治等等。在中国，宗教的这种精神统治也并不鲜见，比方东汉末年张角的五斗米道支配下的黄巾军、明清的白莲教、近代洪秀全拜上帝教所成立的太平天国等都是通过宗教信仰来笼络人心。信仰需要迎合与满足信徒的精神心理需求，最终符合统治需要。因此马克思说宗教是精神鸦片。

宗教作为一种社会意识形态，既是人类精神生活的体现，也是人类精神生活的需要。在人类群体及个体面对未知、神秘、不可把握的世界或痛苦无助、仅凭自身力量无法战胜客观外在力量时，需要寻求精神的安全、安宁、支撑和解脱，这时，宗教所宣扬的人自身之外的神、上帝等即可满足人的这种在精神无助、无法从自身获得力量时的需要。

即便是在现代科学技术发达的今天，宗教依然有其存在的经济、政治、社会、心理、文化历史、情感等条件和原因，只要人类的自我肯定力量不足以战胜外在客观自然，宗教就不会在短时间内消亡，而将伴随着人类前行的脚步继续存在。

中国人的信仰问题与精神世界诉求有自身的历史文化特点。

在历史上，中国是一个农耕经济为主、游牧经济为补充的国家，中华民族的发展历史就是一部不同民族和不同信仰、不同文化相融合的历史。在适应农耕经济的主流文化下有着多元信仰，既有杂多的有神论观念，又有强大的无神论传统。就宗教信仰来说，多种宗教并行存在，除了有本土的道教之外，还有后来传入中国的佛教以及基督教。所以说中国在宗教信仰上是一个包容性极强的多宗教国家。但由于在漫长的历史发展中，儒家传统文化广为流行，影响深远，儒家的温良恭俭让、仁义礼智信等注重长幼尊卑和家庭伦理的观念，在人们思想中根深蒂固，已成为大部分中国人自觉或不自觉所遵行的行为准则，所以中国人信教人数的比例远远低于西方国家。维系中国社会和中国人思想观念的是注重实用、讲求现实的儒家学说，而不是像西方文化中某种特定的宗教观念，中国人长期形成的是遵从现实的社会伦理与行为规范，而不是仅尊崇和信仰超然的宗教。中国人由于其注重现实的实用主义理性，即使相信有超然无所不能的“神”，也只是从实用的目的出发，常常是“临时抱佛脚”，把信仰“神”当成是达到和实现具体目的比如保佑风调雨顺、健康、好运、胜利等的桥梁和手段。假如一旦实现了目的，往往可能把对“神”的敬畏、信仰丢之脑后，甚或有可能马上就会摒弃信仰。

一个国家、一个民族要发展，离不开作为民族精神的灵魂，所谓灵魂者，其实就是信仰。从某种意义上说，人类的历史发展过程就是通过培育信仰、改造人性而促使人走向自由全面发展的进程。当今世界，人类社会正处于百年未有之大变局，当代中国正处于社会转型期，这一转型期并非单纯的经济转型，而是涉及社会方方面面的即经济、政治、文化、社会、生态结构的转型，中华民族处于实现伟大复兴的关键节点。就经济来看，改革开放四十多年，随着社会主义市场经济的建立和完善，发展方式的转变，产业升级的不断加快，中国社会经济结构发生重大变化，社会主义现代经济体系正在建立。就文化方面而言，与之相适应的中国特色社会主义文化也繁荣发展。文化的核心是社会价值观念体系，而价值观念体系的核心则是人的信仰。也就是说，中国人的信仰问题是当前中国特色社会主义文化建设的核心问题，信仰重建和信仰体系的完善是当代中国人最高的精神诉求。

信仰的重建，在这里不是指把以往的信仰彻底推倒重来，而是指在马克思主义科学信仰的基础上，汲取传统文化和时代的精华，对中国文化传统和人类文明的再认识和再淬炼，对马克思主义人的全面发展的理想目标和实现状态的再认识和践行，是对以人为本的核心价值在实践层面深入贯彻落实状况的深层反思。信仰的重建，并非指中国人的信仰完全缺失或价值完全混乱，而是指在社会主义市场经济的建立、完善和不断发展中，需要反思和梳理中国人在从传统走向现代的过程中，究竟在何种程度上摆脱了人对人的依附和人对物的依附关系，又在多大程度上继承和发扬了效率、公平、法治、民主、正义等先进的文化理念。信仰重建，其政治意义在于巩固和加强中国共产党在社会主义现代化建设事业中的领导地位，其社会意义在于为全社会成员确立精神指针，建立全社会的价值认同，从而形成社会发展的精神动力。

马克思主义承认信仰的本质是人类对于那些迄今仍为确切知识所不能肯定的事物的思考，但它又像科学一样是诉诸人类的理性而不是非理性，并使信仰不断地向理性转变。科学的信仰是对人的本质的全面占有，是实现主体全面发展、主客体和谐统一的价值世界的重要因素。换言之，人生的最高价值不在超世脱俗的彼岸，而在现实的此岸。马克思主义给出的终极不是已经给定的客观存在，同样也不是可望而不可即的彼岸的抽象存在，而是奠定在人类理性基础上、植根于现实土壤中的对未来的信仰。马克思主义认为，个人与社会之间存在着双向互动的价值关系，社会对个人的超越关系造就了人类最根本的信仰。

马克思根据人与社会的内在联系论述了人发展的三个基本历史阶段，充分论证了社会信仰是建立在社会现实中的。其中，第一阶段是人的依赖关系形态。这一形态以个体的自主性在社会的自然群体性中的融解为存在的方式。这一存在方式既创造了辉煌的古代文明和自然和谐的社会信仰，又严重束缚着人与人之间的交往联系和创造性发展。第二阶段是以对物的依赖性为基础的人的独立性的社会形态。个人与社会的关系以个体的自主性为存在方式，这种方式一方面极大开发了人的创造力和潜能，另一方面产生了崇尚个人、崇尚金钱和追求绝对自由的社会信仰；社会创造出的巨大物质财富和资本主义文明把人从自然群体的人身依赖和等级从属的束缚中解放了出来，但同时人又为物所累，沦落成了物的奴隶。这就是近代资本主义社会走向异化的根源所在。第三阶段是马克思所描绘的，建立在共同的社会生产能力成为社会财富这一基础上的个人自由个性的全面发展，这一阶段是我们坚信的个人与社会关系和谐发展的未来社会的理想状态。这是马克思主义的终极关怀和终极价值，深深植根于现实社会的经济关系，是值得我们终身为之奋斗的伟大理想。

第五节　精神需要的个体表现形式

作为社会存在的人，其精神需要如前所述，在社会生活中有多种社会表现形式。但是作为精神存在物的人，同时也是独立的个体，因此，其精神需要也有多种个体表现形式。

一、社会交往的需要

人既有自然属性，也具有社会属性，所以人既有自然需求也有社会需求。个体的人，生存在社会中，都有社会交往的需要，即希望与他人来往，以获得他人的关心、赞许、爱护、接受、支持和合作等。因此，社会交往的需要就是个人与他人交流思想感情、沟通信息以及参加各种社会团体活动等的需要。

马克思的社会交往理论认为，社会交往是人类生存、活动、实践以及社会发展的一种重要方式，是人们为满足自身生存需要而进行物质生产的前提，是制约个人生存与发展的重要方面。社会交往主要分为不同群体的内部交往、外部交往以及世界交往等三种不同形式。[1]

受马克思社会交往理论影响，当代德国最有影响力的哲学家哈贝马斯在 20 世纪 70 年代从重建历史唯物主义的角度入手，形成了其作为社会批判理论的交往行为理论体系。他认为要克服资本主义社会的动机危机和信任危机，必须重视互动过程和沟通过程，只有通过沟通行动才有可能把人类从被统治中解放出来。

人与人的交往需要一定媒介和桥梁。被誉为信息社会、电子世界的“圣人”“先驱”和“先知”的加拿大著名传播学大师麦克卢汉（Marshall McLuhan，1911—1980）认为，媒介是社会发展的基本动力，也是区分不同社会形态的标志，每一种新媒介的产生与运用，宣告我们进入了一个新时代。微博的交流与信息传递方式，既不同于传统媒体的线性传播，也与网络媒体的网状传播有差异，它的传播方式是裂变传播。裂变传播的速度快、密度大，并且十分方便，是以往的媒介可望而不可即的。

从 2009 年年末开始，“微博”开始渗入人们日常生活的方方面面。短短一年的时间，我国微博注册人数已经突破千万大关，微博用户从最初的草根阶层、大众娱乐，到包括社会名人、实名制企业，甚至是政府相关的机构部门在内。微博以其简单、快捷、全新的沟通方式正在改变我们的生活。诞生于 2011 年的微信的使用更是广泛和迅疾。据 China Webmaster（站长之家）2020 年 1 月 9 日报道，《2019 年微信数据报告》显示，2019 年微信的月活用户数已经超过 11.5 亿，比上年同期增长 6%，捂脸成为使用人数最多表情。[2] 据南方财富网报道，Quest Mobile 发布的《2019 小程序

[1] 邓伟志主编：《社会学辞典》，上海：上海辞书出版社，2009 年，第 47 页。

[2] 2019 微信年度数据报告：http://www.chinaz.com/2020/0109/1091398.shtml。

半年洞察报告》显示，截至2019年6月，微信小程序用户总量达到7亿，大众对小程序的使用习惯已经形成。

人们不禁感慨：微博、微信和微信小程序，为何能具有如此大的渗透性和覆盖性？

从根本上说，真正让微博、微信持续火爆的原因，在于人都有了解新奇事物的好奇心和表达意愿的参与心，而网络微博、微信、抖音等自媒体的出现，恰恰以其便捷、灵活和自由、自主极大满足了人们这种参与和交换信息、感受的需要。人们足不出户，便可知晓天下事，特别是微博的技术操作简单、直观，更利于人们发表自己的观点，而不用担心没人看得到，所以我们看到了许多网络围观事件。

人类对社会交往的需要有两方面的作用：

第一，是获得实际的利益和好处。人类社会自从有了分工，物质产品到信息资源的交换便成为必然。交换促使人们联系密切而进行社会交往，通过社会交往，彼此沟通，交换物质信息，参与活动，可以使自己获得自身之外的稀缺又必需的物质信息资源，维持和促进自身的生存和发展。

第二，是满足精神上的需求。社会交往不仅使人获得实际利益和好处，也可以满足人的精神需要。人是社会性的动物，社会决定着人的一切，人是独立的，但不是孤独的。个人依赖于社会，离不开社会。社会作为一个体系，是各种交往关系的总和，具体表现为人与人、群体与群体、人与群体之间关系的集合。个人不仅依赖社会的物质供给，在精神需要方面，也需要获取社会对自身价值的认同、接受和精神上的肯定，而这种认同、接受和肯定往往成为一个人生存与发展的巨大动力。社会交往就成为满足人的这种需要的必然途径和方式。

中国第一个乒乓球世界冠军获得者容国团，为祖国争得荣誉后曾说

"我爱荣誉，胜过爱生命"，表达出他甘愿为祖国的荣誉而奉献生命的豪情。从另一个角度看，假如一个人的思想行为不能获得他人和社会的认可，其生命光彩就会黯然失色。正像球星、影星、歌星如果没有众多的球迷、影迷、歌迷对他们追捧、赞誉的话，其荣耀风光程度和个人自我认可与满足程度上也会大大下降，甚至不复存在。

生活在群体中的人，当他对社会表现出一致性、有用性、正价值时，就会得到他人的认可赞许，而当一个人与他人、群体、社会表现出疏离、背叛的态度和行为时，就会遭受到他人、群体和社会的轻视、否定，此时就他个人对群体和社会来说，也就显示出负价值，他也会见弃于群体和社会。社会中极端的例子就是罪犯和人民的公敌。此外，还存在于社会变迁中处于底层的下岗、失业、破产、贫困的人们，且不论其状况对于这些人的物质经济方面的打击，只就精神层面而言，这些人意识到自身的困顿，自责、内疚、抱怨、自我否定便会由此产生，从而在精神层面产生消极影响。因此，基于社会公正与社会和谐，保持人与人之间稳定的社会交往，发展与他人的良好关系，是一种不容忽视的精神资源。它不但可以使个人得到社会认可而获得精神满足，而且也有利于社会的和谐稳定和进一步发展。

二、获得尊重的需要

获得尊重的需要是人们在社会交往中，渴求社会和他人对自身个体人格认同的一种精神需要。它包括维护自身尊严的需要和追求他人尊重的需要，而这两者都是在人与人、人与社会的关系中才能得以实现，也就是说，尊重只有在人们社会交往的基础上才能体现出来。

获得尊重的需要又可分为获得内部尊重和获得外部尊重两种。获得内部尊重是指一个人希望在各种不同情境中有实力、能胜任、充满信心、能独立自主。总之，内部尊重就是人的自尊。获得外部尊重是指一个人希望有地位、有威信，受到别人的尊重、信赖和高度评价。

从人的社会属性考量，满足人的需要，首先要求社会创造和提供公平、公正的环境，让每个人都有平等、自由地实现自身价值的机会，人格、尊严能随着社会的发展得到维护，权利能够得到实现并获得尊重。

每个人都期望自己的社会地位是稳固的，但前提是个人的能力能够得到社会的承认和认可。在马斯洛看来，尊重需要的满足能使人对自身充满信心，对社会充满热情，从而体验到生命的价值。

人们基于人格要求和社会道德要求而具有获得尊重的精神需要。

首先是人格的内在要求。无论是为了维护自身的尊严还是获得他人的尊重，都是个体存在资格的体现。人之所以有尊严，就是个体要求在社会关系中获得其他人尊重和认可，这是对个体这个真正的人的承认。无论是伟人还是普通人，无论处于社会的哪个阶层，从事哪种职业，任何人都有人的尊严，不容践踏。“人穷志不短”就是个体维护自身尊严的有力体现，也是要求获得社会尊重的体现。人格力量由智慧力量、道德力量、意志力量三部分组成，智慧力量体现在对外来信息能进行有效加工，道德素质体现在评判善恶，意志力量体现在自我决策，都体现着作为个体的人的强烈意识，这就要求处在社会结合体中的个体要坚决地树立自我和维护自我，即维护自身尊严，要求他人尊重。

其次是道德的内在要求。道德作为一种社会的规范，非强制的社会约束力，表现为约束和规范人的言语行为。人与人无高低贵贱之分，是相互平等的，所以在交往中彼此尊重是基本的道德规范。“尊重别人也就是尊重自己”的道德标准体现了社会道德约束他人的同时，也对自己有一定的约束和规范作用。因此对尊重的需求也是社会道德的一种要求。

三、自我素质提升的需要

人活着，在获得安全保障之后，总想追求幸福美好的生活，而这又与个人的能力素质密切相关。伴随着社会的进步，人们面对迅疾变化、越来越快的工作和生活节奏，越来越有种“本领恐慌”，生怕被滚滚前进的社会车轮甩在后面。所以提高自身素质的需求越来越强烈。

中国社会主义市场经济的发展，唤醒了作为主体的人的自觉自主性，全方位调动起了人们的积极性，使人们意识到自己是社会的一部分，每个个体的充分发展才能推动整个社会的更快更好发展，而个体自身只有通过个人努力才有可能成功。因此，人们必须提高个人的综合素质。

首先，增长知识要求有对社会加深认识的求知欲。人是具有能动性的对象性存在物，不断认识现实中的感性对象，从中揭示出事物发展规律。马克思认为，这是人的天赋和内在本质。这种天赋和内在本质驱使着人们不断学习和探索，逐渐增进知识来丰富自己的精神世界。对知识的需求，是取得成功的前提。社会发展刺激了人的精神需要中知识需求的方面，从长远看也有利于人们的全部精神需要的发展和提高，人们可以获得更多的成功，从而也可获得更多的满足。

其次，加强实践，提高自身综合能力。现代科学研究表明，人的肌体蕴藏着由千百万年人类实践活动演变进化而来的极为丰富的肉体和精神力量。这种潜能由自然历史赋予，表现为社会实践中每一个个体的人的能力：主体自控能力、情感意志能力、感觉思维能力、组织领导能力和自我创造能力等。人需要尽可能发挥自己的潜在能力，使之转化为改造世界的现实力量，从中获得精神上的享受和欢乐。因此，在全球化和市场竞争的时代，面对各种挑战，人们更加渴望抓住机遇，增强个人素质，发挥才能，实现自我。

人的自我素质提高需求的前景是人的自由全面发展，这也是马克思主义的重要课题。如果整个社会关系能够全面深入地展开并且能够彻底消除异化性质，那么人的本质一定会得到完善。马克思以广阔的发展眼光，以全人类为对象，面向未来，实现了对阶级的超越，展现出马克思与其他思想家完全不同的伦理追求和价值取向。当代社会价值导向的发展强调个性的自由发挥和人与人、人与社会、人与自然三者的和谐共处，强调对人的全面自由发展终极关怀。

当代社会人文关怀的价值维度在和谐的社会环境下，同时倡导和而不同的个性发展。只有这样才能保证在一元思想的指导下实现多样文化的融合发展，才能汲取全人类社会历史发展的一切优秀文化成果，从而加快我国社会主义精神文明建设的步伐。

四、自我价值实现的需要

人的外在需要包括人对自然界的占有和对社会资源的需求；人的内在需要则是指人内在的精神诉求，这不但包括精神生活上的满足，更有人类对理想生活状态的追求。

自我价值实现的需要，是社会个体渴望自身价值获得社会认可的一种精神追求。这一精神需要的满足主要来自成就感，表现为事业的成功、对社会的贡献、理想的实现等。通过坚持不懈地追求成功，人能够获得实现自身价值的精神满足。从奋斗开始，人就渴望着能达到成功的彼岸。每当一个成功需要被满足，便渴望得到他人认同和社会尊重。事业的成功，对主体而言，其更重要的意义，不在于给个人带来物质生活上的丰盈，而在于标志着人实现了自我价值。事业的成功对人的精神鼓舞是巨大的，能令人感到长久的愉快、幸福和满足，这被马斯洛称为高峰体验。

因此，追求成功事业既是人们追求人生成功的基点，又有利于发展和提高人们的全部精神需要，进而取得更多的满足。马克思曾说："动物只是按照它所属的那个种的尺度和需要来建造，而人却懂得按照任何一个种的尺度来进行生产，而且懂得怎样处处把内在的尺度运用到对象上去。"[1]

马斯洛曾讲到，一个人的寿命长短，并非取决于当事人生理上的年龄多少，而是应该取决于当事人高峰体验的次数。高峰体验的次数越多，他实现的自身价值也就越大。因此，成功既是人们追求自我价值实现的基础，又利于发展和提高人们的全部精神需要，进而获得更多的精神满足。

人与其他动物的本质区别在于人的智慧和劳动，人能运用生产工具，从事生产活动，获得生活资料，反过来满足人的物质和精神的需求。劳动既改变了人的生存环境，又改变了人本身。因此，我们可以认为，人的价值体现在人的劳动能力上。所谓人的价值在于自身，其意义就在于此。

人的价值，包括两个方面：一方面人具有劳动的能力，也就是所谓的内在价值，这是人的自身价值；另一方面是把人的内在价值完全发挥出来，为社会和个人创造物质财富和精神财富，这是人的外在价值，也即社会价值。人的价值是内在价值与外在价值的统一，内在价值表明了人不是动物，从主体角度把人和动物区别开；外在价值表明了人与人的生活目标和理想各不相同，从客体角度把人区别开来。

对社会的贡献不仅是追求自我价值实现精神需要的一个表现，而且还是满足自我价值实现需求的一个落脚点。首先，人们不断地追求着自我价值的实现，在行为上的体现就是，经过不懈努力改变自己和周围的环境以及社会环境。经过不懈努力，个体取得的成就既是个体的成就也是社会共同作用的结果，所有成就共同促进了社会进步。例如水稻之父袁隆平，成功研发出了杂交水稻，极大地增加了我国大米产量。这既是

[1]《马克思恩格斯全集》，第 42 卷，北京：人民出版社，1979 年，第 97 页。

袁老追求自我价值实现的过程，又在客观上促进了我国农业的长足发展，推进了农业发展的进程。其次，作为个体的人，价值能够体现在其对社会的贡献上，所以自我价值的实现需要落实到社会中来。个人不论对社会贡献多少，只有对社会作出个人的贡献，人们才能真正实现自我价值。邓小平同志曾说过：为什么我们过去能在非常困难的情况下战胜千难万险夺取革命的胜利呢？那是因为我们有远大的理想，以马克思主义为终身的信仰。所以说，想要生活变得更加有意义，人就要有崇高的理想以及坚持不懈的奋斗精神。

个体最基本的需求层次是参与社会交往和获得尊重的需求，这是人的精神需要中低层的、基础的需求。在这一层次上个体还会建立提升自我素质，实现自我价值的高层次需求。人是社会中的人，那么人的价值实现也只有在社会中才能得以实现。所以，无论是自我价值的实现还是自我素质的提升，都应该围绕社会交往来实现。人们对尊重的需求也只有通过人与人之间的交往来获得。由此可见，社会交往的精神需要是人的最基本需求。在物质需求得到满足的情况下，人们追求自我素质提升和自我价值的实现需求增加，迫切要求挖掘自身的潜力。人们在全球化和市场化的社会环境下不断丰富个人的精神需要、彰显个人才力，促进人作为个体的全面发展、和谐发展，是当今人们最重要和最本质的追求。

第二章　马克思关于人的精神需要的相关理论

我们研究人的精神需要以马克思关于人的精神需要相关理论为基础和指导。在这里，马克思关于人的精神需要相关理论包含两个方面：一是关于人的本质、人的解放和全面发展理论、人的异化理论，即马克思的人学理论，这是马克思主义关于人的精神需要的理论基础，也是我们进行研究的理论基础；二是马克思关于需要及精神生产的理论、幸福观、信仰观、异化理论等，是马克思关于人的精神需要的思想观点和理论的具体体现，是我们从不同角度思考和研究人的精神需要问题的方法论指导。

第一节　马克思关于人的精神需要的理论基础

马克思关于人的本质、人的解放和全面发展理论、人的异化理论是马克思主义关于人的精神需要的理论基础。

一、马克思关于人的本质的理论

对人的本质和人的生命活动的研究，是马克思精神需要理论的前提和出发点。人的精神需要何来？为什么会有精神需要？马克思关于人的存在和本质的理论，为我们解决这一问题提供了理论基础。

人是何种存在物？其内在的本质是什么？梳理马克思对这一问题的回答和思考，我们可以看出，人是自然生命存在、社会存在和精神存在三者的统一。

马克思在他的一系列论著中，抛弃了旧唯物主义哲学的单一性、片面性、表面性和静止性，正确吸取了黑格尔的辩证方法，对人性展开了多角度、多层次、多因素、多方面的研究。他从人的活动和人的物质生活条件入手，不仅看到了人的自然性，更重要的是看到了人的社会性，抓住了人的本质。人拥有三重本质属性：

第一，人是自然的存在物。一方面，人是自然界长期发展的结果，是自然界的一部分。由此人的生存与发展是不能离开自然界的，是紧紧依赖于自然界的。“无论是在人那里还是在动物那里，类生活从肉体方面来说就在于：人（和动物一样）靠无机界生活，而人比动物越有普遍性，人赖以生活的无机界的范围就越广阔。”[1] 另一方面，之所以人能够超越自然界而成为人，是由于人的活动的外在对象是自然界所提供的。马克思说：“在实践上，人的普遍性正表现在把整个自然界——首先作为人的直接的生活资料，其次作为人的生命活动的材料、对象和工具——变成人的无机的身体。”[2]

第二，人是社会的存在物。马克思说：“人的本质不是单个人所固有的抽象物。在其现实性上，它是一切社会关系的总和。”[3] 由此可见，人不仅是自然界的动物，更是社会动物，人是不能单独存在的，必须存在于集

[1]《马克思恩格斯全集》，第 42 卷，北京：人民出版社，1979 年，第 95 页。

[2]《马克思恩格斯全集》，第 42 卷，北京：人民出版社，1995 年，第 95 页。

[3]《马克思恩格斯选集》，第 1 卷，北京：人民出版社，2012 年，第 135 页。

体之中，我们应该将人视作整个社会的一分子来考察人的本质。人和社会生活是相辅相成的，人在自己的本质中创造社会生活，又为社会生活所塑造。每一个在社会生活中的人都使自己的特点与个性对象化了，都在自身及其他人的活动中感受到自身的存在，使个人的幸福得到满足和享受，所以，所有人的生命表现都直接创造了其他人的生命表现，证实着自身、他人和社会的本质。

第三，人作为类的存在物，与动物不同，他们不与自然物具有直接的同一性，而是在劳动实践中产生、发展、实现和得到证实。人被社会生活所塑造，是一种自然的、文化的、历史的存在，人们对过往发展的所有成果进行继承和发展，使人类不断地获得前进与发展，向着全面自由、解放与幸福前进。因此，劳动不仅创造了人，而且也使人的生产活动和动物的生产活动区分开来，使人不仅保持了自然性，又具有了社会性、自觉性、能动性。总而言之，每个人不仅在人的本质确证过程中感受到自身的幸福，也在获得自身本质与幸福的过程中体现了他人与社会的本质及幸福。

马克思从人自身的存在方式和现实活动中去考察人的生命本质、现实关系和发展趋向，认为个人作为有生命的肉体存在，吃、穿、住、行是最基本需求，为此，必须进行必要的生产活动来满足基本的生存需要。一旦进入生产领域，人就不再是孤立的个人存在，而是会与他人构成一定的生产关系，成为现实的社会的人。所以人的本质在现实性上是“社会关系的总和”。但是，马克思并非抽象地只讲群体而不讲个体的人，也不是只讲社会关系而不讲人的自由，或者不讲人的精神需求与精神权利。相反，马克思肯定个人是具体的，具有相对独立意义，人有个人的情感、意志以及选择的自主权利与需求。当然这种需求与权利不是完全独立的，而是总处在一定的现实的社会关系之中的。马克思也总是在现实关系中，从考察人性和人的本质角度，思考人的生存价值和意义，并把人的自由、解放和全面发展作为历史发展的最终目标指向。

马克思认为：对于一切有生命的存在物，应根据其生命活动的性质来探究其一般的特性，因为“一个种的全部特性、种的类特性就在于生命活动的性质，而人的类特性恰恰就是自由的自觉的活动”。[1]

马克思在这里用人的“自由的自觉的活动”定义人的生命活动，这其中又有两种规定性含义：第一点，人的生命活动是有“意识”的、“自觉”的，是富有创造性的，也是有价值追求及目的的，之所以能形成与物质世界有所区别的“第二世界”，也正是因为人生命活动的有“意识”性，即精神世界，如人的意志、感情、知性、理性等等。正因为有了精神的存在，随之也就会产生精神上的需求，相伴而来的精神消费和精神生产也就随之产生。所以，人类生活就更为丰富多彩、繁缛复杂。第二点，由于人的生命活动有目的和有价值追求，所以它也就自觉地会升华为“自由”，从最根本上说就是对“自由”的追求。这表明人这种价值上的追求就内含于人的生命活动之中，并且始终是衡量人类发展的价值尺度。人们不仅要征服和改造自然，在改变人类自身生存条件中获得更多的自由，更应追求精神的自由。所以，马克思通常也将人的精神需要视为人的天然权利来对待，当然，真正的自由不能脱离人的精神权利和精神需要。“自由的自觉的活动”也还只是人的抽象性本性，它依靠人的实践来实现，然而实践的根源又来源于人的需求。作为生命个体而存在的人，不仅仅要通过劳动生产实践来解决衣、食、住、行的问题，更需要获得较高层次的精神方面的需求，解决人们精神生产及精神消费问题。这种较高层次的需求的满足必须经历一个漫长的历史过程，同时与之相适应的生产实践活动也是一个不断前进发展的历史过程。对人的生命活动自身，包括人的情感、认知、意志、价值追求等的揭示，是马克思揭示精神需要诸种规定性的途径。

[1]《马克思恩格斯全集》，第42卷，北京：人民出版社，1995年，第96页。

二、马克思关于人的解放和人的发展的理论

在马克思看来，精神需要理论的核心思想和理想目标，是对人的解放与人的自由全面发展的分析。

人的全面解放是马克思一贯主张的观点，这其中包括了人性解放和人自身的解放。人性解放指人的精神本质的解放，其中包含人类特性的解放如各种感觉、理性、知觉、情感、意志等在内的类特性的解放。人的全面解放，换而言之就是人的自由而全面的发展，这不仅仅要获得必需的外在条件，满足自身基本的生理需求、获得人的基本权利和自身发展的自由，而且也应当包括人的精神世界的全面而自由的发展。人自身的解放主要指随着人类生产力的发展，生存条件得以改善，与生产力不相适宜的社会制度及社会关系得以改变，使人在合理的社会生存环境中得到自由而全面的发展。就马克思而言，最使人向往的一个活动领域就是精神活动，精神活动作为人的全面发展的一个重要方面，是人的身心获得超越现有层次发展的最有效途径。如若人缺乏精神价值追求，人的全面发展的目标便是永远也达不到的海市蜃楼，是畸形的和虚无缥缈的。如若在“全面”中不包括人在情感、感性、知性、审美、修养、道德、知识等领域的充分发展，便完全违背了马克思本义，是与之背道而驰的；假使一个人在物质领域获得了充分的享受和满足，却没有任何精神需求，也缺少精神领域的发展，那么这个人在马克思的眼里也只不过是一个“片面的、抽象的人”，是“作为单纯的劳动人的抽象存在”。

人的自由全面发展是马克思主义关于未来社会发展目标的设想。马克思认为，未来新社会的本质特征是“建立在个人的全面发展和他们共同的社会生产能力成为他们的社会财富这一基础上的自由个性”[1]，未来社会应

[1]《马克思恩格斯全集》，第 46 卷上，北京：人民出版社，1979 年，第 104 页。

该是“以每个人的全面而自由的发展为基本原则的社会形式”[1]。必须首先要实现个人的全面发展，才能实现全人类的自由而全面的发展。由于“每个人的自由发展是一切人的自由发展的条件”[2]，所以，人的发展不是简单、被动和单一地发展，也不是片面、虚无、畸形地发展，而是全面、自由、主动、充分、和谐地发展，是完整丰富、活泼生动地发展。由此可见，马克思主义关于人的发展学说是一个科学的、全面的、有机的整体。

从个体来说，人的发展指的是由长期发展的自然与社会所赋予每个人的所有潜在能力的最全面、自由、充分、主动与和谐地调动开发。它包括了每个人的个体能力，如体力、智力（观察、注意、记忆、思维、想象力等）、感知能力、理性思维能力、交往能力等的全面协调可持续发展和人的个性与特点（个人所特有的生理、心理素质，思维方式和行为方式等等）的自由而全面地发展。总而言之，只有每个人的个性和特点得到充分、自由、全面地发展，每个社会成员显示出丰富多彩、千姿百态的个性和特点，才能实现社会的全面进步及发展。只有作为人本质力量表现的主体能力得到全面而自由地发展，全人类的发展进步才有坚实的基础和可靠的保障。

从内容上看，人的发展由人的自由发展、人的全面发展、人的充分发展和人的和谐发展构成。第一，人的自由发展，关注的是人发展的自主性，是把人作为发展的目的，它指的是人作为主体为了自身的人格完善和社会的进步发展，自愿、自觉及自主地改变和提升。随着人类社会实践劳动的广度、深度的拓展，人类逐步克服及消除各种内在制约和外部条件对自身发展的束缚，或将之置于自己的掌握控制之中，每个社会中的人都处于一种自愿、自觉、自主的状态中，从而可以以主体自身的愿望、才能和

[1]《马克思恩格斯全集》，第 23 卷，北京：人民出版社，1972 年，第 649 页。
[2]《马克思恩格斯选集》，第 1 卷，北京：人民出版社，2012 年，第 422 页。

喜好来发展自身各个方面的能力，实现真正的全面的发展。第二，人的全面发展，关注的是人的发展广泛性，它是指人的各种需要、认识、才能、素质、能力、活动和关系等的整体协调发展，是所有社会成员一切才能和力量的全面展示过程，同样也是人的本质力量的显现、发展、扩充的过程。这种发展还包括了个人的物质和精神方面的发展的全面性，为此，马克思认为“个人的全面性不是想象的或设想的全面性，而是他的现实关系和社会关系的全面性”。[1] 第三，人的充分发展，关注人的发展程度，指的是人挣脱了各种内外在的盲目力量的束缚，让自身的需求、思维、喜好、能力、活动、关系获得最大程度的发展和丰富，是在新的环境与条件下人的潜能更进一步扩充和展示。第四，人的和谐发展，关注的是人发展的内外在各种关系，是指人与自然、社会、他人以及自身内在性各方面的关系由紧张、对峙、抗争走向松弛、舒缓、和谐。

在人类自身发展进程中，各个方面关系在生产力极为低下的条件之下处于天然和谐状态之中，但随着私有制的出现，人类的各个方面关系进入一种不和谐状态，这种状态，只有随着生产力的不断发展，人从自然、社会及自身的束缚中挣脱出来，才能实现由必然王国向自由王国跃进，一步步走向协调自由全面发展，这也正是共产主义所追求的目标。

三、马克思关于异化的理论

马克思关于异化的理论，为我们分析人的精神需要困境提供了理论视角和分析方法。

在马克思的异化理论中，异化指的是主体在自身发展过程中，将自己的本质逐渐外化出去，从而产生出与自身相对的对立面，这个对立面作为

[1]《马克思恩格斯全集》，第 46 卷下，北京：人民出版社，1995 年版，第 36 页。

一种异己的、外在的、对抗的力量，又反过来对抗主体自身。

在《1844年经济学哲学手稿》中，马克思从四个方面阐述了异化劳动理论：

一是劳动者和劳动产品之间相互异化，即劳动者通过实践获得的劳动产品作为一种异己、不依于劳动者而存在的东西与劳动者相抗衡。后来，马克思在《共产党宣言》中指出："在资产阶级社会里，活的劳动只是增殖已经积累起来的劳动的一种手段。"[1] 劳动者同劳动产品的异化属于物的异化。

二是劳动者与劳动活动相异化，也属于物的异化，即劳动活动俨然成为一种与劳动者相对立的外在的、异己的东西。

三是劳动者与他的类本质相异化。由于自由自觉的活动是人的类特征，所以劳动者与他的类本质相异化，就是其自由自觉的活动这一类特征的丧失。异化劳动将人的自觉自由的自身活动贬低为仅仅是人为了维持肉体生活的手段，因此，在资产阶级社会里，资本是有个性和有自由的，而劳动者个人的活动却是不自主的和无个性的。在论述劳动者同劳动产品的异化、劳动者同他的劳动活动的异化的基础上，马克思指出这是"人的自我异化"，即是指工人自己的体力和智力，他个人的生命的异化。他说："工人自己的体力和智力，个人的生命（因为，生命如果不是活动，又是什么呢？），就是不依赖于他、不属于他、转过来反对他自身的活动。这就是自我异化，而上面所谈的是物的异化。"[2]

人类的特性在于他的自由、自主、有意识的活动，然而人的类本质的异化结果就是"把自己的生命活动，自己的本质变成仅仅维持自己生存的

---

[1]《马克思恩格斯选集》，第1卷，北京：人民出版社，2012年，第415页。

[2]《马克思恩格斯全集》，第42卷，北京：人民出版社，1979年，第95页。

手段”。[1] 马克思指出，人之所以区别于其他动物成为人，就是因为人将自身的生命活动本身变成自身的意识及意志的对象。反之，异化劳动则将这种关系颠倒过来，不是把生命活动视为人自身意志、意识的对象，而只是由于人是有意识的存在物，才将自身的生命活动即自己的本质，变成仅仅是维持自己生存的手段。人的精神需要在人的类本质发生异化的情形下，也必然与人类本质相背离。

四是人与人相异化，即劳动者生产出与自身相异化的产品及劳动活动的同时，也就生产出不生产的人对生产及其产品的支配，于是形成劳动者与资本家之间的对抗，并且只有人本身才能成为统治人的异己的力量。马克思认为，只有通过人与他人的交往才能将人的类本质表现出来，即人与人的异化。“因此，通过异化劳动，人不仅生产出他同作为异己的、敌对的力量的生产对象和生产行为的关系，而且生产出其他人同他的生产和他的产品的关系，以及他同这些人的关系。”[2]

马克思在书中写道，异化劳动使工人与自己劳动产品的关系就是一个对异己对象的关系。工人生产越多的劳动产品，他自己获得的劳动产品就越来越少。“因为根据这个前提，很明显，工人在劳动中耗费的力量越多，他亲手创造出来反对自身的、异己的对象世界的力量就越强大，他本身、他的内部世界就越贫乏，归他所有的东西就越少。”[3] 这就会创造出一种畸形的消费，当今社会，人的精神需要出现了一系列问题，正是这种畸形消费导致的。

在当代社会，消费主义盛行之下，无形的消费枷锁，使每一个盲目追求物质消费的人囚困其中。人们为了维持生活的体面及追求奢华、奢侈消

[1]《马克思恩格斯全集》，第 42 卷，北京：人民出版社，1979 年，第 96 页。
[2]《马克思恩格斯全集》，第 42 卷，北京：人民出版社，1979 年，第 99 页。
[3]《马克思恩格斯全集》，第 42 卷，北京：人民出版社，1979 年，第 91 页。

费的快感，将大量时间花费在工作上以赚取更多的金钱用于物质消费，而疏于关注精神世界的丰裕。人们越来越长的工作时间，越来越重的工作负担，越来越快的生活节奏，使一切都在高速运转。由此，一个悖论就产生了：高速的目的是节省成本、节约时间，但是事实上人们为了跟上时代和满足自己的物质消费欲望而变得更加繁忙和拥有更少的自由时间。人们毫无节制地消费和浪费物质，是为了追求被金钱物化的幸福，当快感和满足感过后，人们发现精神情感方面变得越来越狭隘、荒芜，没有闲暇的时间去丰富精神和交流感情，由此，人与人心灵的距离在拉大，情感沟通在减少，彼此之间变得越来越冷漠，真正的奢侈品变成了闲暇时光和宝贵的真情。你会发现人们拥有比以前多得多的物质享受，但获得的快乐却越来越少，正是由于人们获取真正快乐的途径被物质和金钱财富的追求所蒙蔽，人的本质在被异化的消费的怪圈中渐渐迷失。

随着科学技术的进步，人类向大自然进行探索和索取的能力在逐渐增强，物质产品的丰富让人类的物质消费欲望迅速膨胀，导致了过度的物质消费。布热津斯基在《大失控与大混乱》一书中忧虑地写道，人类的行为开始被一股追求纵欲无度的精神空虚之风主宰。对物质商品的过分强调导致规范个人行为的道德准则开始下降，两者相互结合、相互影响就产生了人们放纵自由的对物质贪婪的行为方式，过度消费则是这种贪婪的形式。由此可见，现代社会一方面物质生产规模越来越大，另一方面物质商品消费规模也越来越大，由这二者共同构成了全部现代社会发展方式相辅相成的、相互影响的两个方面。正如法国哲学家、现代社会思想大师、后现代理论家博德里亚（即让·鲍德里亚，1929—2007）指出的那样，在这个社会中，浪费式消费变成一种日常义务。[1] 在消费社会中，人的自身以及

[1] ［法］让·波德里亚著，刘成富、全志刚译：《消费社会》，南京：南京大学出版社，2000年，第29页。

其一切行为都被异化，被深深地刻上了商业社会的烙印。人不单单被视作劳动力产品，而且还表现为丰富多样的商品。德裔美籍哲学家和社会理论家、法兰克福学派重要代表马尔库塞说："人们似乎是为商品而生活。小轿车、高清晰度的传真装置、错层式家庭住宅以及厨房设备成了人们生活的灵魂。"[1]

大规模工业生产在巨大的利益推动下不断扩张，出现了过剩的物质生产，物质产品的过剩导致通货膨胀，资本家为了维持其资本的继续增值，实现经济增长的目的，维护自身的利益，将消费推动成了新的生产力，消费力水平降低经济就衰退，渐渐成共识；经济增长不断刺激消费，人的基本需要在不断地鼓励扩大消费，人们不停地将必需品向奢侈品转化，人们在高举消费主义和物质主义大旗的同时，潜在的问题终将浮出水面，甚至会带来一场威胁到人类生存的灾难。人类的异化消费和过度消费的意识被这种消费主义助长，伴随而来的是资源的浪费，这就造成了资源和能源的匮乏与生态环境的破坏，进而威胁了人类社会的可持续发展。

马克思的异化理论在今天仍具有宝贵的价值，为我们分析思考人的精神需要问题提供重要理论依据。当代社会发展进程中出现的违背人性、不利于人的全面发展的问题，以及精神生活中出现的精神空虚、心理焦虑、价值观混乱、信仰缺失等种种现象，应该从社会发展的历史进程、物质生产关系和社会生活中寻找症结所在，马克思的分析方法为此提供了思想武器和方法论指导，成为分析人的精神需要的理论依据。

---

[1] ［美］赫伯特·马尔库塞著，刘继译：《单向度的人——发达工业社会意识形态研究》，上海：上海译文出版社，2008 年，第 9 页。

第二节　马克思对需要的理解

要了解马克思关于人的精神需要理论的基本思想，就要把握他对需要范畴的理解。

马克思认为人的需要只能根据人的生活才能得到理解，他指出："需要是人对物质生活资料和精神生活条件依赖关系的自觉反映。"[1]人的需要是人对其生存、享受、发展所需要的外在客观条件的一种依赖关系。它反映的是人在现实生活中的一种贫乏状态，可以理解为是人对现实生活的一种反映形式，是人的行为发生的内在动因。

人的需要就是人的本性，这是马克思关于人的需要理论的重要观点之一。所谓人的需要，是人生命活动的内在规定性，它反映人与其生存条件的依赖关系，是人们为自身生存和发展而对客观对象的摄取和要求，因而是人生存和发展的条件。

在马克思看来，人生命活动的具体表现是需要。人之所以为人，就表现为人拥有众多的需要。"富有的人同时就是需要有完整的人的生命表现的人，在这样的人的身上，他自己的实现表现为内在的必然性、表现为需要。"[2]马克思指出，人的需要是人与生俱来的内在规定性，是人生命活动的具体表现，伴随着人的降生的是人的众多需要。马克思认为，人作为实践的存在，"他们的需要即他们的本性"，而"整个历史也无非是人类本性的不断改变而已"。[3]

[1]《马克思恩格斯全集》，第 2 卷，北京：人民出版社，1995 年，第 164 页。
[2]《马克思恩格斯全集》，第 42 卷，北京：人民出版社，1979 年，第 129 页。
[3]《马克思恩格斯选集》，第 1 卷，北京：人民出版社，2012 年，第 252 页。

马克思非常强调需要的重要性，他说："任何人如果不同时为了自己的某种需要和为了这种需要的器官而做事，他就什么也不能做。"[1] 即使是流落到孤岛上的鲁滨孙，"不管他生活怎样简朴，他终究要满足各种需要，因而要从事各种有用的劳动"[2]，"像野蛮人为了满足自己的需要，为了维持和再生产自己的生命，必须与自然进行斗争一样，文明人也必须这样做，而且在一切社会形态中，在一切可能的生产方式中，他都必须这样做"。[3] 他指出："作为确定的人，你就有规定，就有使命，就有任务，至于你是否意识到这一点那都是无所谓的。这个任务是由你的需要及其与现实世界的联系中产生的。"[4] 马克思认为生产和需要密不可分。一方面，生产创造了需要；另一方面，生产也被需要制约。他说："生产本身就创造需要"[5]，"需求本身也只是随着生产力一起发展起来的"[6]，"所谓的第一生活需要的数量和满足这些需要的方式，在很大程度上取决于社会的文明状况，也就是说，它们本身就是历史的产物"[7]。这即是说，生产不仅能生产出人需要的欲望、对象，需要的满足手段和工具，而且还推动着人的需要由简单到复杂、由低级到高级、由单一向多样不断发展。此外生产本身往往是由需要所唤起的，没有需要，也就没有生产。

在马克思看来，人的生产是多方面的，从而人的需要也是多方面的。人的需要作为一个社会及历史的范畴在个体身上的反映，具有十分丰富的内容。它以吃穿住用等直接物质需要为基础，又不局限于此。同时，人的

[1]《马克思恩格斯全集》，第 3 卷，北京：人民出版社，1995 年，第 286 页。
[2] 马克思：《资本论》，第 1 卷，北京：人民出版社，1975 年，第 93 页。
[3] 马克思：《资本论》，第 3 卷，北京：人民出版社，1975 年，第 926 ～ 927 页。
[4]《马克思恩格斯全集》，第 3 卷，北京：人民出版社，1995 年，第 329 页。
[5]《马克思恩格斯全集》，第 46 卷上，北京：人民出版社，1979 年，第 402 页。
[6]《马克思恩格斯全集》，第 46 卷下，北京：人民出版社，1980 年，第 114 页。
[7]《马克思恩格斯全集》，第 47 卷，北京：人民出版社，1979 年，第 43 页。

需要具有可控制性。马克思在《资本论》第六章曾经指出："如果说人以其需要的无限性和广泛性区别于其他一切动物，那么另一方面就可以说，没有任何一种动物能够把自己的需要缩小到这样不可想象的程度和把自己的生活条件限制到这样的最低限度，一言以蔽之，没有任何一种动物具有象爱尔兰人那样生活的本领。"[1] 人的需要超出生存意义的日益丰富性是其一个重要特征。恩格斯也曾指出："人类的生产在一定的阶段上会达到这样的高度：能够不仅生产生活必需品，而且生产奢侈品，即使最终只是为少数人生产。这样，生存斗争……就变成为享受而斗争，不再是单纯为生存资料斗争，而是为发展资料，为社会的生产发展资料而斗争。"[2]

马克思认为，人的需要不会恒定在一个固定的水平上，它是会无限发展和丰富的。他说："在文化初期，已经取得的劳动生产力很低，但是需要也很低，需要是同满足需要的手段一同发展的，并且是依靠这些手段发展的。"[3] 生产力具有无限发展的可能性，也即满足需要的方式和能力的无限性决定了人的需要的无限发展性；同时，生产力的无限发展为人的需要的永恒前进变化和无限发展创造了广阔的前景。"已经得到满足的第一个需要本身、满足需要的活动和已经获得的为满足需要用的工具又引起新的需要"。[4]

马克思认为，人必不可少的基本生存条件是满足自身的需要，但是，人的需要必须挣脱纯粹物质欲望的控制、生理需要以及单纯谋生的需要。社会烙印被人的自然性及生理需求打上了深深的烙印。例如，衣服不再仅具有简单的蔽体保暖功效，还要满足人对各种款式和风格的要求；食物不

[1]《马克思恩格斯全集》，第 49 卷，北京：人民出版社，1982 年，第 130 页。
[2]《马克思恩格斯文集》，第 10 卷，北京：人民出版社，2009 年，第 412 页。
[3]《马克思恩格斯全集》，第 23 卷，北京：人民出版社，1972 年，第 559 页。
[4]《马克思恩格斯选集》，第 1 卷，北京：人民出版社，2012 年，第 159 页。

再只是饱腹和维持生命的需求，还要满足味道和美的需求等等。马克思指出："吃、喝、性行为等等，固然也是真正人的机能。但是，如果使这些机能脱离了人的其他活动，并使它们成为最后的和唯一的终极目的，那么，在这种抽象中，它们就是动物的机能。"[1] 马克思还认为："动物只是在直接的肉体需要的支配下生产，而人甚至不受肉体需要的支配也进行生产，并且只有不受这种需要的支配时才进行真正的生产。"[2] 因而，人与其他动物需求的本质区别，是人不仅具有其他动物所具有的自然性需求和生理需求，而且拥有其他动物所不能拥有的在各种社会实践中所产生的社会需要、情感需要、物质需要和精神需要等。

在马克思看来，人的本质属性是社会性，从现实性上来说指的是社会关系的总和，而且认为人的需要（包括人的精神需要）和人本性紧密相连。人的需要是人的本质特性和与生俱来的固有特性。人的合理、合法的正当需要是每个人不可剥夺的权利。一切压抑人的合理需求的行为都是从根本上否定了人的本身，都是与人性相违背的。

因为人是自然、社会、精神存在物的统一体，因此人的需要就有自然需要、社会需要和精神需要之分。马克思在《资本论》中指出，人的社会生活是多方面的，工人除了满足吃喝住的自然需求，还必须有时间满足"精神和社会的需要"。精神需要是与基于物质生活、社会生活的精神生活紧密联系在一起的。

基于马克思的思想，我们可以这样认为，如果把人的生活需要比作一个金字塔的话，位于塔基的是物质生活需要，继而是社会生活需要，处于塔顶，也是最复杂的是精神生活需要。但人的精神需要并不限于从人的精神生活中得到满足，而是同时也从人的物质生活和社会生活中获得满足。

---

[1]《马克思恩格斯全集》，第 42 卷，北京：人民出版社，1979 年，第 94 页。

[2]《马克思恩格斯全集》，第 42 卷，北京：人民出版社，1979 年，第 97 页。

人在生产实践、社会交往活动以及家庭生活方面，都表现出精神需要并尽可能地寻求满足。

因此，人的精神需要是一个具有广泛内涵的概念。就精神需要涵盖的内容来说，它不仅包含人的精神生活领域中人对真、善、美和理想、信念、信仰的需求等，还蕴涵社会政治生活领域中人的基本权利、自由平等、公平法制、相互尊重、民主权利等，甚至还包含经济生产、家庭生活、社会交往等方面的精神需要。就精神需要的基础和来源来说，它不仅生发于人的精神生活，也源于人类的物质生活、社会生活。

第三节　马克思关于精神生产的思想

在人类思想发展史上，精神生产这一概念并非马克思最先提出。早在马克思之前，德国的古典哲学家和资产阶级的古典经济学家就对这个问题进行了系统的研究和论述。但是，由于历史的局限，他们没能得出科学的结论。他们或者从“物”的角度来研究精神生产，把精神生产直接归结为国民财富增长的手段和原因，从而忽视了精神生产“属人”的方面；或者从“抽象的人”“绝对理念”“绝对精神”等角度来理解精神生产，忽视了具体的现实的人。马克思则站在前人的肩膀上，运用唯物主义观点，分析、批判了费尔巴哈的抽象人本主义与社会实践相割裂的根本错误，并且全面、系统、科学地阐述了精神生产理论的基本原理。

马克思精神生产理论主要见之于《1844 年经济学哲学手稿》《共产党宣言》《关于费尔巴哈的提纲》《剩余价值理论》《德意志意识形态》《资本论》等著作中。

马克思在《1844年经济学哲学手稿》中，比较详尽地论述了人的需求问题。提出了肉体的需求、自然的需求、社会的需求、劳动的需求、个人的需求、交往的需求等等。他虽然没有明确提出精神需要这一概念，但在对社会的需求、交往的需求等论述中，已深深蕴含着对人的精神需要的关注。他甚至把人的精神需要当作人的精神权利来看待，而这种精神需要与精神权利得不到实现和保障也就无所谓人的解放和人的全面发展。

马克思在《德意志意识形态》中，对精神生产的产生、发展和作用等方面进行了较为详细全面的研究。他说："思想、观念、意识的生产最初是直接与人们的物质活动，与人们的物质交往，与现实生活的语言交织在一起的。观念、思维、人们的精神交往在这里还是人们物质关系的直接产物。表现在某一民族的政治、法律、道德、形而上学等的语言中的精神生产也是这样。"[1] 在马克思看来，精神生产和物质生产从一开始就紧密联系在一起，但在生产力发展水平低下的早期，精神生产仅表现为人们思想观念与意识的生产。

马克思不仅多次在不同著作中使用过"精神生产"的范畴，并对这一历史唯物主义的重要范畴作了阐述。马克思曾对其基本内涵从不同角度进行过不同层次的论述，指出精神生产是"整个世界的生产""全面生产"的一部分。他根据社会意识生产的不同层次将它分为两个部分："思想、观念、意识的生产"和"政治、法律、道德、宗教、形而上学"[2] 等的生产。从哲学范畴来看，精神生产是物质生产相对应的范畴，精神生产是一种"特殊"的生产，受生产的普遍规律的支配。

另外，马克思还曾提出了一系列关于精神生产的概念，如："精神生活""精神方式""精神生产力""精神产品""精神劳动""精神财富"和

[1]《马克思恩格斯选集》，第1卷，北京：人民出版社，2012年，第151页。

[2]《马克思恩格斯选集》，第1卷，北京：人民出版社，2012年，第151页。

“精神生产资料”等，形成了系统的精神生产理论。

在马克思看来，随着社会生产力的提高，社会分工开始明确，自我意识逐渐开始形成。但是，“分工只是从物质劳动和精神劳动分离的时候起才开始成为真正的分工”。换而言之，随着社会生产力的提高，物质产品开始丰富起来，社会中大多数人将全部物质劳动承担起来，为少数人提供了闲暇时间和物质财富，使他们能够基本摆脱物质劳动的束缚从而专心从事精神劳动，因此就形成一部分专门以从事精神劳动为职业的人，同时也使精神劳动与物质劳动相分离。由此，便将社会的生产分成了两种：一种是精神生产，另一种是物质生产。由此可见，精神生产是以物质生产为基础，并在此基础上产生分化出来，二者相辅相成相互促进，精神生产既受物质生产发展的束缚和制约，同时又有它自身的发展特点及规律。

在《共产党宣言》《资本论》《德意志意识形态》《剩余价值理论》等著作中，马克思的精神生产理论在进一步发展中得以丰富展现。

首先，马克思阐明了考察精神生产的方法。马克思认为，在不同的社会条件和历史条件下，物质生产与精神生产之间的相互关系，具有不同表现形式。由此，要想了解精神生产的性质及物质生产与精神生产之间的相互关系，并且正确地认识它们，一方面，要把它们放到一定的生产力及生产关系里去考察，另一方面还要把它们放到一定的社会历史条件下去观察。他指出：“要研究精神生产和物质生产之间的联系，首先必须把这种物质生产本身不是当作一般范畴来考察，而是从一定的历史形式来考察。例如，与资本主义生产方式相适应的精神生产，就和与中世纪生产方式相适应的精神生产不同。如果物质生产本身不从它的特殊的历史的形式来看，那就不可能理解与它相适应的精神生产的特征以及这两种生产的相互作用。从而也就不能超出庸俗的见解。”[1] 这就说明要正确理解精神生产，

[1]《马克思恩格斯全集》，第 26 卷（I），北京：人民出版社，1972 年，第 296 页。

就要着重考察其历史性、具体性和社会性。

其次，马克思集中地探究了精神生产的生产性及非生产性，主要是通过批判代表资产阶级的古典经济学家的精神生产理论。马克思认为，判别一种劳动是否具有生产性，不仅是由产品的具体形态及劳动的具体形式决定，也是由生产关系，即这种劳动借以实现的一定社会形式所决定的。马克思说："同一种劳动可以是生产劳动，也可以是非生产劳动。例如，密尔顿创作《失乐园》得到5镑，他是非生产劳动者。相反，为书商提供工厂式劳动的作家，则是生产劳动者。密尔顿出于同春蚕吐丝一样的必要而创作《失乐园》。那是他的天性的能动表现。后来，他把作品卖了5镑。但是，在书商指示下编写书籍（例如政治经济学大纲）的莱比锡的一位无产者作家却是生产劳动者，因为他的产品从一开始就从属于资本，只是为了增加资本的价值才完成的。一个自行卖唱的歌女是非生产劳动者。但是，同一个歌女，被剧院老板雇用，老板为了赚钱而让她去唱歌，她就是生产劳动者，因为她生产资本。"[1]

再次，马克思论述了物质生产和精神生产之间的不平衡性与对抗性。在人类社会发展的不同历史时期，物质生产和精神生产之间的发展具有不平衡性，有时甚至是对抗性的。主要有两个方面的表现：一方面是二者之间的发展具有不平衡性。马克思以18世纪文学的创作和力学的发展为例，"既然我们在力学等等方面已经远远超过了古代人，为什么我们不能创作出自己的史诗来呢？"[2] 另一方面是在具体的社会历史条件下，两者之间具有对抗性。如马克思所说的"资本主义生产就同某些精神生产部门如艺术和诗歌相敌对"。[3]

[1]《马克思恩格斯全集》，第26卷（I），北京：人民出版社，1972年，第432页。
[2]《马克思恩格斯全集》，第26卷（I），北京：人民出版社，1972年，第296页。
[3]《马克思恩格斯全集》，第26卷（I），北京：人民出版社，1972年，第296页。

综合以上分析可以看出，马克思通过批判资产阶级古典经济学家精神生产理论，以及考察资本主义社会精神生产特点，比较系统全面地论述了精神生产理论及其相关的一系列的基本原理，并在论述中多次提到“科学生产”与“艺术生产”。他明确地把“各种科学和艺术的生产”纳入“精神生产领域”，将“艺术”带入“精神生产部门”，从而极大程度地丰富、拓展了精神生产理论。

根据马克思论述精神生产理论形成的过程，我们可以认为，精神生产就是人运用具有思维功能的大脑，借助语言符号、工具及一些物质手段进行科学研究、理论学习和艺术创作，进而生产和制造精神产品；它是人们基于现有理论和社会实践的基础上，以脑力消耗为主的丰富、扩充及发展知识的活动过程。精神生产是自原始社会瓦解以后出现的，主要由从事脑力劳动的人进行的政治、法律、道德、科学、哲学、艺术、宗教等社会意识形式的生产。总而言之，精神生产是运用人类特有的思维能力，对自身脑海中的客观实际、过往知识及文化思想资料的加工处理，使用相应的物质手段创造出来、并将它物化在一定的客观物质载体上，进而创造出形式各样精神产品的社会实践活动。

第四节 马克思的幸福观

马克思的幸福观是马克思主义精神需要理论的重要内容之一，为我们分析人类精神需要提供方法论和理论依据。

马克思从青年时期就关注人类幸福问题。在他早年的中学毕业论文《青年在选择职业时的考虑》、后来的博士论文《德谟克利特的自然哲学和伊壁鸠鲁的自然哲学的差别》以及《1844年经济学哲学手稿》和《德意志意识形态》中都可见其关于幸福的思想。马克思在批判分析资本主义社会残酷现实的基础上，吸取了前人关于幸福的一些合理思想，将人类的幸福和解放确立为人类追求的最高目标，而这也是他全部思想学说的最高追求。在他看来，实现共产主义，就能实现人类解放，也就能实现人类的最终幸福。

一、马克思幸福观的基本思想

马克思在中学毕业论文中，把全人类的幸福当作自己的人生目的。在他看来，选择职业时应该遵循人类的幸福和自己的完美，只有为同时代的人的完美和幸福而工作，自己才能达到完美。“历史把那些为共同目标工作因而自己变得高尚的人称为最伟大的人物；经常赞美那些为大多数人带来幸福的人是最幸福的人”，“如果我们选择了最能为人类而工作的职业，那么，重担就不能把我们压倒，因为这是为大家作出的牺牲；那时我们所享受的就不是可怜的、有限的、自私的乐趣，我们的幸福将属于千百万人，我们的事业将悄然无声地存在下去，但是它会永远发挥作用，而面对我们的骨灰，高尚的人们将洒下热泪”。[1] 后来，马克思成为共产主义者之后，他关于幸福的思想主要见于他的博士论文、《1844年经济学哲学手稿》《德意志意识形态》等，这些文章大都是围绕着如何寻求人类的幸福，如何实现人类的自由和解放展开的，将每个人和一切人的自由发展看作最高的价值取向和理想社会目标。

马克思认为在私有制条件下，人类的幸福丧失和异化，其主要原因在于资本主义生产关系使人的本质异化达到了顶点。社会劳动始终是异化的

[1]《马克思恩格斯全集》，第1卷下，北京：人民出版社，1995年，第459～460页。

劳动，这不仅破灭了人追求幸福的幻想，而且使劳动者陷入悲惨的境地，承受着巨大的不幸，从而使人的幸福丧失、异化。只有废除私有制，消灭资本主义社会对抗性的生产关系，消灭社会阶级，才能掌握“人的幸福”，“人的自由全面发展”的关键。然而“现实的有生命的个人”获得幸福的手段是“感性的活动”。在《德意志意识形态》中，马克思强调理解人就要以实际的现实作为前提，指出人是通过“感性活动”将“自在的自然”逐渐变为“人化的自然”。在他看来在无产阶级通过革命而实现普遍联合阶段，人的“自主活动才同物质生活一致起来，而这又是同各个人向完全的个人的发展以及一切自发性的消除相适应的”[1]，也就是说，人的自主性与个人发展是关乎人类幸福的根本，以某种集体为存在对象而不是虚假的共同体中的人才算是有个性的人，并且要确保每个参与其中的个人的主体性都得到认可，实现自我幸福和全面发展，他说：“只有在共同体中，个人才能获得全面发展其才能的手段，也就是说，只有在共同体中才可能有个人自由。……在真正的共同体的条件下，各个人在自己的联合中并通过这种联合获得自己的自由。”[2] 由此，实现“人类幸福”的终极可能和最佳生存状态有个性的个人和“真正的共同体”。

如上所述，从总体来说，马克思幸福观的基本思想如下：

1. 追求幸福是人的类特性的表现

马克思把人看成是“自由的有意识的活动”的类存在物，认为正是因为人生命的这种“自由的有意识的活动”的类特性，才有了人类对自我发展的需求和对幸福的向往，才把人同动物的生命活动直接区别开来。他指出：“动物只生产自身，而人再生产整个自然界；动物的产品直接同它的肉体相联系，而人则自由地对待自己的产品。动物只是按照它所属的那个

[1]《马克思恩格斯选集》，第 1 卷，北京：人民出版社，2012 年，第 210 页。

[2]《马克思恩格斯选集》，第 1 卷，北京：人民出版社，2012 年，第 199 页。

种的尺度和需要来建造，而人却懂得按照任何一个种的尺度来进行生产，并且懂得怎样处处都把内在的尺度运用到对象上去；因此，人也按照美的规律来建造。”[1] 在马克思看来，自然界直接规定着动物，动物的活动是客观的外在自然过程，但人作为类的存在物，在拥有自然性的同时，又拥有了社会性、能动性、自觉性。人根据自身的意志、理性、需要、感情、知性，通过社会实践活动将现实的对象世界变成自己的意识和意志的对象，人类的自我生存和发展通过人的这一类特性实现，这说明人类可以通过“自由的有意识的活动”，去追求生活、创造幸福、实现理想。为此，每个人在确证自身的本质的过程中，不仅能享受到自身的实现，也在此过程中，同时体现着他人、社会、国家的本质与幸福。总而言之，马克思把幸福归属于人的类特性。

幸福在马克思这里，已经不是抽象概念，也不是人类乌托邦式的主观幻想，而是从外在精神返回到人自身，被赋予了人的普遍特性意义。幸福实际上也就成为人作为类存在、“类生命”的最终目的和追求。人们在长期社会实践中所体会到的主观感觉无不成为幸福的内容。

2. 追求幸福就是人的本质的确证过程

马克思从人的实践本性出发把握人的本质，以人的各种交往活动所形成的社会关系和人类的社会实践活动为依据，考察人的幸福，认为追求幸福就是人的本质的确证过程。在《关于费尔巴哈的提纲》中，马克思说：“人的本质不是单个人所固有的抽象物，在其现实性上，它是一切社会关系的总和。”[2] 这说明人不但是自然动物，更是社会动物，不能脱离他人、集体和社会而单独存在。人的本质是社会的，同时也是具体的、变化发展的。随着人类社会实践的丰富拓展、社会形态不断由低级向高级的发展变

[1]《马克思恩格斯全集》，第 42 卷，北京：人民出版社，1979 年，第 97 页。

[2]《马克思恩格斯选集》，第 1 卷，北京：人民出版社，2012 年，第 135 页。

化，不同时代、不同社会、不同阶级的人，其本质各不相同。人既由社会生活所塑造，同时又在自己本质的体现中创造社会生活。人是自然的、历史的、文化的存在，在继承人类以往发展的全部文明成果的基础上促使自身不断进步和发展，获得幸福和解放。人是社会存在，社会中的人，其个性和特点都被对象化了，都只能在自己和他人的活动中感受自己的存在，享受个人的幸福。所以每个个体的生命表现都直接创造和影响了他人的生命表现，印证着他人的本质和社会的本质。因此，人类历史进程，是人类本质发展进程的体现，也是人类对自身生活意义的探求，是人类追求幸福的过程。换言之，幸福的获得也就是对人的本质的确证过程。

3. **追求幸福是人的内在需要**

从人的需要理解人的幸福，是马克思关于幸福思想的一个极其重要的特点。在马克思看来，人的需要是人追求幸福的动力所在。由于追求幸福就是人的本质的确证过程，人的本质的展现过程也就是人的需要满足过程。假如人的需要得不到满足，幸福就无从谈起。只有当人的需要得到满足时，人才获得幸福感。所以幸福的动力源头来自需要。

不同时代、不同历史环境条件下，由于人们的需要不同，人们对幸福的把握和理解也大相径庭。在原始社会，氏族部落的利益是至高无上、神圣不可侵犯的，个人的利益必须天然地服从于它，因此，个人的愉快感和幸福感必须以集体幸福的实现为前提。在与之不同的资本主义社会，资本家以剥削和无条件地侵占其他阶级的劳动成果、获得剩余价值和利益的最大化为幸福的实现，但工人则以减少劳动为幸福，真正地幸福完全被这种畸形的关系异化了。

人类对幸福追求的过程是动态的、发展变化的。随着社会历史条件的变化和社会生产力的发展，人类追求幸福的理念、方式、手段和过程不尽相同，人的需要和满足需要的方式也在随着变化。在生产资料私有制条件下，阶级的存在使人的本质和幸福的需求都被异化了，这时人所获得的物质财富的多少是人幸福、需要的满足的依据。这种异化扭曲了人的本质、幸福的需要，只有在消灭了私有制、阶级差别，消除了人的异化的社会里，内在于人本质的幸福需要才被真正地体现，才能实现合人性的幸福。因此，以实现个人同社会的相统一，个人幸福同社会发展需要相协调为前提的幸福，才是真正符合人性、体现人内在本质的幸福。

二、马克思幸福观的特征

综上所述，马克思的幸福观，有以下特点：

1. 强调个人与社会相结合

人的幸福既包括个人幸福也包括社会整体幸福。马克思所指的幸福并非独立个体的幸福，也不是某一特定阶级的特有幸福，而是将个人与社会相结合、作为自由联合体的共同幸福。他说："只有在集体中，个人才能获得全面发展其才能的手段，也就是说，只有在集体中才可能有个人自由。在过去的种种冒充的集体中，如在国家等等中，个人自由只是对那些在统治阶级范围内发展的个人来说是存在的，他们之所以有个人自由，只是因为他们是这一阶级的个人。从前各个个人所结成的那种虚构的集体，总是作为某种独立的东西而使自己与各个个人对立起来；由于这种集体是一个阶级反对另一个阶级的联合，因此对于被支配的阶级说来，它不仅是完全虚幻的集体，而且是新的桎梏。在真实的集体的条件下，各个个人在自己的联合中并通过这种联合获得自由。"[1]

这也就是说只有在集体中个人的幸福才能实现，这个集体是"个人作为个人参加"的、每个人的主体性得到认可的"真实的集体"。因此，不

---

[1]《马克思恩格斯全集》，第 3 卷，北京：人民出版社，1995 年，第 84 页。

同于以往哲学家把幸福理解为脱离社会性的个人生活的快乐，马克思更看重个人的社会性存在的幸福。个人幸福的实现，必须建立在个人实现自由全面发展、人类共同拥有社会生产所带来的社会财富这一基础上，而这一终极价值追求过程中的个人，必须是社会中的个人。个人幸福是社会幸福的最好展示，社会幸福的实现是以人们获得个人幸福并在普遍社会交往中使他人也获得满足为内容的，每个自觉能动的个人对幸福的享受，才是对真实幸福的诠释。

2. 追求社会与自然相统一

马克思历史唯物主义认为，人是自然界长期发展的产物，即人来源于自然。自然界构成了人类一切生产和生活的基础，所以，人类最终的幸福应该是人与自然和谐相处的状态。但是，在当代资本主义生产方式支配下，资产阶级为了满足自身需求，实现自我利益最大化，积累大量财富，将自身所依存的自然界掌控在自己的手中，过度开发、破坏、浪费和掠夺自然资源，这一切都严重地破坏了生态环境，造成人与自然的相互对立。恩格斯说："我们不要过分陶醉于我们人类对自然界的胜利。对于每一次这样的胜利，自然界都对我们进行报复。"[1]人类以牺牲自然环境为代价谋取经济发展和自身的利益，不但没有获得更多的幸福感，反而对自己的生存造成严重威胁。总而言之，人类不计一切代价、以创造财富的活动来实现自我幸福，这种片面的幸福观和行为，反而使人丢失了幸福。

同时，在资本主义制度下，资本家为了扩大自己产品的消费，通常使用的手段是通过制造大量"虚假的消费"来诱导人们进行消费，这种消费其实是变了脸的强迫消费。这种虚假的消费方式，使人们错误地将精神文化的需要用物质需要的满足来替代，使整个社会陷入过度消费的怪圈，生产过剩的产品需要破坏更多的生态资源，其后果是造成生态资

[1]《马克思恩格斯选集》，第 3 卷，北京：人民出版社，2012 年，第 998 页。

源的进一步浪费和生态环境的严重破坏，从而影响人类根本的可持续发展。为此我们可以得出结论，导致生态危机的根源是资本主义制度下的“虚假的消费”。

人类的生活不能脱离生态系统，只有得到保护、符合一定要求的生态系统才能承载人类、适合人类生存，也才能使人类得到幸福。这种相辅相成的关系我们称之为生态平衡。显而易见，这里所指的生态平衡并不是就自然本身意义所说的平衡，而是就人类意义而言的平衡。生态系统是否平衡不仅关系到人类的生存及全面发展，也关系到人类幸福的实现。

3. 主张劳动创造与享受相结合

马克思主义的幸福观不仅指的是人们享受物质及精神生活，更为重要的是在于通过劳动对物质及精神生活进行创造和丰富。马克思认为，人是自由自觉的劳动者，人的最本质的需要是从事自由自觉的劳动，人的需要不只是包含物质生活和精神生活的满足条件，而且还包含了生产和创造这种条件即物质财富和精神财富的劳动本身。一方面，劳动是幸福产生的根源，不仅人们自身发展所需要的对象物需要通过劳动来创造，而且劳动可以创造新的需要、带来新的发展，实现自身幸福。劳动的需要，其实指的就是马克思所说的人“表现一切体力和智力”的需要，这个需要是人“实现”与“发展”自己，同时“发挥他的全部才能和力量”的基础。换而言之，人的本质力量的发展过程就是劳动需要满足的过程。另一方面，“劳动创造本身就是一种享受，而且这种享受较之生活中任何其它享受更丰富、更深刻、更充分、更持久”。[1] 这里有一个问题，为什么有一部分人只把自身幸福的实现归结为享受，而且将劳动视为不幸？这其中的答案根源在于资本主义私有制度。

在资本主义制度下，劳动者“自我活动表现为替他人活动和他人的

---

[1] 江海全:《论马克思主义幸福观》,《湖北行政学院学报》,2007 年第 2 期。

活动，生命过程表现为生命的牺牲，对象的生产表现为对象的丧失，即对象转归异己的力量、异己的人所有”。[1] 与此同时，“如果工人的活动对他本身来说是一种痛苦，那么，这种活动就必然给另一个人带来享受和欢乐”。[2] 所以，马克思认为，要想拉近享受与劳动之间的距离，消除劳动中的异化，就必须要“扬弃”私有制，从而保证人自身拥有人的本质，而不是其他人。只有到了这个时候，劳动才能“给每一个人提供全面发展和表现自己全部的即体力和脑力的能力的机会”。[3]“这样，生产劳动不再是奴役人的手段，而成了解放人的手段，因此，生产劳动就从一种负担变成一种快乐。”[4] 马克思主义的幸福观，不仅表达了要实现全人类的解放和为人类的幸福而奋斗的崇高理想，而且还对实现人的幸福的途径和方法进行探索，他认为要实现人的幸福就要通过无产阶级革命，彻底地变革现有的生产方式、生产关系，从而改变社会经济制度和政治制度。

4. 肯定物质与精神相统一

按照马克思的基本观点，一切人类生存的第一个前提，也就是一切历史的第一个前提是生活。为了生活，首先就需要衣食住行以及其他一些东西。“因此第一个历史活动就是生产满足这些需要的资料，即生产物质本身。”[5] 所以，只有首先满足人类的基本的物质需求，人类才能获得幸福。马克思说：“对于一个忍饥挨饿的人说来并不存在人的食物形式……忧心忡忡的穷人甚至对最美丽的景色都没有什么感觉。”[6] 在这里，物质条件、物质生活状态对人的精神生活产生影响，决定了人的精神生活状态，因此

[1]《马克思恩格斯全集》，第 42 卷，北京：人民出版社，1979 年，第 102 页。

[2]《马克思恩格斯全集》，第 42 卷，北京：人民出版社，1979 年，第 99 页。

[3]《马克思恩格斯全集》，第 20 卷，北京：人民出版社，1973 年，第 318 页。

[4]《马克思恩格斯全集》，第 20 卷，北京：人民出版社，1973 年，第 318 页。

[5]《马克思恩格斯全集》，第 4 卷，北京：人民出版社，1958 年，第 78 页。

[6]《马克思恩格斯全集》，第 42 卷，北京：人民出版社，1979 年，第 126 页。

获得幸福要以一定的物质生活条件为基础。恩格斯说过："他需要和外部世界来往，需要满足这种欲望的食物、异性、书籍、谈话、辩论、活动、消费品和操作对象。"[1] 马克思、恩格斯不仅肯定了物质利益是幸福的必要及重要条件，同时也着重强调精神生活在幸福中的地位。

虽然幸福不能离开物质生活资料，但是这种对物质生活资料的需要是有限的，不能没有节制。幸福不能简单地与物质享受画上等号，因为人类生存的基本条件是物质生活，这是客观现实，幸福是基于某种客观条件的人的主观感受。幸福与物质生活条件二者密不可分，相辅相成，但并不等同于一个东西。人与动物不同，不是仅仅需要满足生存所必备的物质条件，人的幸福需求不能简单地来自物质享受，还应该在长期的社会实践中深刻体会到国家的命运、人类的伟大事业、崇高的梦想、远大的理想抱负、高尚的道德情操、纯真的友情、真挚的爱情、渊博的知识、温暖的亲情、文化艺术修养以及健康的文体娱乐活动等这些精神的东西。幸福的内容是由物质生活享受和精神生活享受共同构成的。我们可以想象如果一个没有精神需求只知道追求物质享受的人，即使目标实现了，他的幸福感也转瞬即逝；如果一个社会物质生活非常丰富，精神生活却非常匮乏，那么，这个社会也难以维持和发展巩固，因为它无法满足人的精神生活。正是在此意义上，物质生活与精神生活、物质和精神是相统一的。

三、马克思幸福观是分析精神需要的理论依据

通过以上分析，我们将马克思的幸福观作如下理解：要使幸福成为真正的幸福，就必须消灭私有制、消灭阶级、消除人的异化，在自由、平等、公正、和谐的社会中，在人的创造性实践活动中追求幸福和享受幸

[1]《马克思恩格斯全集》，第 21 卷，北京：人民出版社，1965 年，第 331 页。

福，才是人类的真实幸福。而这也为我们分析理解人的精神需要提供了理论依据。

第一，马克思的幸福观是无产阶级在人与自身、人与人、人与社会的关系中，通过实践进行自由自觉的活动，确证其本质，满足其生存、发展和享受的需要，最终以实现人的自由、全面、幸福和解放。所以，从某个角度说，对幸福的追求是满足人的精神需要的内在驱动力之一。

第二，劳动的异化造成人的能力的片面发展，人及其活动的贫乏化，人的个性、幸福被异化等等现象，只有克服劳动异化，才能为享受幸福提供可能性。

第三，只有在基于整个社会和全世界的全面而丰富的关系中，人才得以摆脱个人的个体局限性，从而获得自由全面发展，获得自身幸福。由此我们可以得到启发，人的精神需要的满足需要一定的物质条件，需要一定的社会制度做保证。

第四，人们所追求的幸福，绝不只是满足一己私利，也应是社会大众的幸福。人们生活在社会中必然与其他人产生联系，也只有在这种相互关系中，才能使自身与自身所在的集体追求幸福具有合理性和现实可能性。人们也只有在真实的集体中通过人际交往和劳动实践，才能为追求幸福奠定基础。总而言之，人的精神需要的满足，不是为了个人满足而满足，而是有其内在实质性目的、内容和落脚点，也就是说以追求大众幸福为最终旨归，追求幸福是人追求精神需要满足的当然内容。

第五节　马克思主义的信仰观

信仰是人类在生产劳动和社会生活中逐渐产生、独立出来的一种精神活动和精神现象，同时它也是人类寻求生存发展、精神安宁的永恒的需要。当今社会，人类依然需要信仰。马克思主义信仰观为我们思考人类精神需要提供借鉴。

一、信仰是人类永恒的精神需要

据学者研究考证，信仰一词，与佛教有关，源于古印度的梵语。佛教强调，在修行伊始，便要树立起坚定不可动摇的信心。唐代佛书《法苑珠林》将其译为“信仰”。[1]《现代汉语词典》把信仰解释为“对某人或某种主张、主义、宗教极度相信和尊敬，拿来作为自己行动的指南或榜样”。据《辞海》解释，信仰是“对某种宗教，或对某种主义极度信服和尊重，并以之为行动的准则”。

从哲学的意义上来说，信仰是人类生存发展过程中最基本、最深刻的精神现象，是人类精神领域的核心和灵魂，涉及人类的终极精神追求，是人类精神需要的最高层次。在社会现实层面上，信仰是人们对认定的具有最高价值的对象稳定、持久而排他的执着追求与坚定信赖。

从人类精神现象的产生来说，信仰来自人类对未知和死亡恐惧而产生的崇拜，是人类在进入智人阶段后，从生产劳动和社会生活中逐渐产生、独立出来的一种精神活动和精神现象。早期人类的信仰是对生命的信仰。

[1] 高占祥、王青青：《信仰力》，北京：北京大学出版社，2012 年，第 1 页。

正像有学者指出“人类首先就是从崇拜自身生命开始的”[1]，当人类在解决了生存问题之后，从与自然浑然一体的本然状态中脱胎、提升出来，成为与自然相对立的有自觉意识的生命存在时，便具有了反观自身生命和外物存在的能力，从而提出人生存意义的问题。于是，“人应该怎样活着”和“人为什么活着”便成为萦绕在人们心头的两个挥之不去的问题，这是对人类的生存价值与意义的思考，而“人为什么活着”相对于“人应该怎样活着”具有更高、更根本的地位和意义，这是一个灵魂的问题，具有终极关怀性。回答这一问题就必须诉之于信仰。

因为人生命有限，存在死亡的威胁，所以才使生命更显可贵。人如果永生不死，人生的意义和价值问题也就不存在。人会死，这已使人感到可怕。但更为可怕、可悲的境遇是人不仅意识到生与死，而且意识到生之短暂和死亡之不可避免，人是向死而生的存在者。人“用以与死相对抗的东西就是他对生命的坚固性、生命的不可征服性、不可毁灭的统一性的坚定信念”[2]。早期人类精神世界的最根本信念、追求就是“活下去”，当人类能够清醒地将自身从自然界分离出来，有了物我两判、主客二分的时候，也就把信仰和崇拜投射到了自身之外。人类在感到大自然对自己恩惠的同时，还感受到了大自然对自身生存的威胁，进而产生恐惧心理，不敢相信和信仰自身的力量，而把自己的生命和灵魂的主宰权主动交付给大自然。于是先后经历了对自然的崇拜、对动植物的崇拜、图腾崇拜等等。就是在这样的人与自然对立统一的关系中，信仰走出了人的生命自身，走向人之外的事物。

信仰是人类永恒的需要。恩格斯说：“即使是最荒谬的迷信，其根基

[1] 荆学民：《当代中国社会信仰论》，北京：人民出版社，2008 年，第 71 页。

[2] ［德］恩斯特·卡西尔著，甘阳译：《人论》，上海：上海译文出版社，1985 年，第 110 页。

也是反映了人类本质的永恒本性。”[1] 从人类学的角度来讲，人类需要信仰是基于人想要自我超越和战胜死亡的本性，当代人对信仰的需要也是基于人类本质的永恒本性。人对大自然产生的崇拜、感激和恐惧是与生俱来的，人对生命的意义的追问需要得到信仰的解答、安抚和满足。人是需要性的存在，信仰正是内在于人本性的最深层的需要。人总是希望能够不断超越现实的存在，但这种超越是有层次差别的，因而人有着现世的世俗关怀，亦需有指向未来的终极关怀。

当今社会，无论人通过改造自然、改造社会和改造人显得自身怎样强大，其存在状态怎样改变，但作为人类本性最内在、最深层的需要，信仰依然存在，依然为人类所需。在现代社会，人们基于生命存在、延续、拓展的要求而信仰，这使得信仰在社会层面上日趋多样化，具有多层次性。但归根结底，无一不是人的精神需要安顿和寻找寄托所致。“从古到今，人类哪里有一种信仰所昭示的目标、所蕴含的境界是不真（可以是信念之真）不善不美呢？上帝、耶稣、安拉、真主，乃至共产主义，哪一个不是真善美的化身呢？”[2] 生命需要信仰，这无论对谁来讲都是一样的。当今时代，人们对信仰的需要依然强烈，区别也只在于信仰什么和如何信仰。

在生活过程中，人首先要满足维持生存的基本物质需求，而后更高层次的需求就产生了。衣食足而知荣辱，这个时候人们内心深处对人生价值的渴望便显示出了清晰的轮廓。“即使是那些沉溺于声色犬马之中的人们，也会在不经意中感受到生存意义问题的折磨，会在夜深人静之时，扣问自己的生活意义，掂量自己生命的分量。”[3]

---

[1]《马克思恩格斯全集》，第 1 卷，北京：人民出版社，1960 年，第 651 页。

[2] 荆学民：《当代中国社会信仰论》，北京：人民出版社，2008 年，第 78 ～ 79 页。

[3] 高清海、胡海波、贺来：《人的“类生命”与“类哲学”》，吉林人民出版社，1998 年，第 83 页。

作为精神活动，信仰为人提供一个完整的精神导向，成为人的精神活动的核心，并使主体调动一切精神因素为之服务。信仰使人不断努力追求人生境界的深沉和高远，实现个体生命的丰盈和完满。作为人的文化生命中理想和价值目的的表达形式，信仰体现了人向文而化、实现精神超越的期待和愿望，在这个意义上，信仰也就为人提供了精神家园和终极归宿。

二、马克思主义信仰的基本内涵

从历史和人类思想发展史这两个角度来说，马克思主义本身就是一种崭新的信仰，这种对未来社会的共产主义信仰是由马克思和恩格斯共同创立的。在那个时代，“理想”和“信仰”是有着特定含义和内容的流行术语，它们分别是空想主义者的专利和神学家的口头禅，因此较少为马克思和恩格斯所用，他们有时甚至有意避免甚至反对使用这样的词来阐述自己的思想主张。直到列宁首次明确使用“共产主义信仰”和“马克思主义信仰”这两个词。[1]

马克思、恩格斯并不主张把共产主义说成是一种与当时社会现实相对应的“理想”。他们指出：“共产主义对我们人类说来，并非应当确立的状况，并非现实应当与之相适应的理想。我们所说的共产主义即消灭现存状况的现实运动。而这个运动的条件是在现有的前提基础上产生的。”[2]很显然，马恩并未从根本上否认共产主义理想，只是突出强调其现实运动的特性，或者说他们所认为的理想并非人们在头脑中构造出来的虚幻理想而是建立在现实基础上的科学理想，他们是在有意强调共产主义理想与空想社

[1] 刘建军：《论马克思主义信仰》，《马克思主义研究》，1997 年第 2 期。

[2]《马克思恩格斯全集》，第 3 卷，北京：人民出版社，1995 年，第 40 页。

会主义理想的不同。[1]

列宁、毛泽东、邓小平等对“马克思主义信仰”“共产主义信仰”这些提法也都是肯定和理解一致的。列宁在为《马克思恩格斯通信集》写的介绍文章中首次使用了“共产主义信仰”这样的概念：“恩格斯当时还不满24岁。家庭环境使他厌倦，因此他急于要离开。他父亲是个专横的、信教的工厂主，对儿子四处参加政治集会，对他的共产主义信仰很生气。”[2]

中国的马克思主义者在建设新中国的过程中，既坚定不移地坚持马克思主义信仰，同时也结合中国实际阐发了这一信仰。毛泽东和邓小平都明确讲述过马克思主义信仰。毛泽东明确指出：信仰马克思主义是因为“马克思列宁主义是科学”；“马克思列宁主义是从客观实际产生出来又在客观实际中获得了证明的最正确最科学最革命的真理”。[3] 毛泽东说过：“我一旦接受了马克思主义是对历史的正确解释以后，我对其的信仰就再没有动摇过。”[4] 建党初期，那些共产主义先驱者们正是怀着共产主义必胜的信仰，才在黑暗中点燃星星之火，并使之成燎原之势；怀揣这种信仰，战争时期的共产党人们冒着敌人的枪林弹雨奋勇前行，从而迎来了革命的胜利；也正是老一辈的无产阶级革命家和大批的优秀党员对这一崇高信念的不懈坚持，才使得中国共产党走过了从新中国成立之初贫穷落后、经济社会千疮百孔的局面，到改革开放后2010年成为世界第二大经济体那段艰苦奋斗的岁月。

邓小平对马克思主义信仰或共产主义信仰的提法很多。他说：“我是个马克思主义者。我一直遵循马克思主义的基本原则。马克思主义，另一个词叫共产主义。我们过去干革命，打天下，建立中华人民共和国，就因

[1] 刘建军：《论马克思主义信仰》，《马克思主义研究》，1997年第2期。

[2] 刘建军：《论马克思主义信仰》，《马克思主义研究》，1997年第2期。

[3]《毛泽东选集》，第3卷，北京：人民出版社，1991年，第817页。

[4]［美］埃德加·斯诺：《西行漫记》，北京：生活·读书·新知三联书店，1979年，第131页。

为有这个信念和理想。我们之所以能够取得胜利，就是因为我们有崇高的理想，我们能够把马克思主义原理与中国实际相结合。”[1]他曾多次明确指出：“对马克思主义的信仰，是中国革命胜利的一种精神动力。”[2]“我们党过去无论怎样弱小，无论遇到任何困难，我们一直都有强大的战斗力，这就是因为我们心中深深地坚信马克思主义和共产主义。有了这一共同理想，也就成就了我们了铁一般的纪律。无论过去、现在和将来，这都是我们真正的优势。”[3]他说，我们马克思主义者过去闹革命，就是为社会主义、共产主义理想而奋斗。现在我们搞经济改革，仍然要坚持社会主义道路，坚持共产主义的远大理想。“我们多年坚持不懈的奋斗就是为了实现共产主义，我们的理想就是要实现共产主义。在最困难的时期，共产主义理想就是我们共产党人的精神支柱。”[4]

在邓小平的论述中，无论是作为独立使用的“信念”“信仰”，抑或是与“马克思主义”“共产主义”相连接而使用的“信念”“信仰”，其含义都是明确的，即都是指对共产主义的信仰。改革开放以来，邓小平等同志对于共产主义信仰的极力坚持，保证了中国在改革中的社会主义方向，保证了在社会稳定中经济的持续高速发展。

信仰的实质是指向未来的、主体对自身终极价值的关切，也即终极关怀。信仰对人的精神生活质量的提升起着非常重要的激励和引导作用。当信仰与马克思主义联系起来时，社会主义国家的繁荣发展就看到了光明。对于每一个共产党人而言，坚定的马克思主义信仰和共产主义理想都是他们的立身之本和前进动力。也就是说马克思主义信仰具有终极理想性，它

[1]《邓小平文选》，第 3 卷，北京：人民出版社，1993 年，第 173 页。

[2]《邓小平文选》，第 3 卷，北京：人民出版社，1993 年，第 63 页。

[3]《邓小平文选》，第 3 卷，北京：人民出版社，1993 年，第 144 页。

[4]《邓小平文选》，第 3 卷，北京：人民出版社，1993 年，第 173 页。

不仅是一种现实的运动，更是一种崇高的精神武器。坚定的马克思主义信仰和共产主义理想信念是共产党先进性的中心内容，也是共产党人英勇向前、奋斗不止的精神支柱和动力。

三、马克思主义信仰的作用

信仰是人生奋斗的重要精神动力。信仰的力量不容小觑，马克思主义者深谙这个道理。马克思、恩格斯以自身的革命实践和强烈的社会理想以及为人类谋求幸福的信仰，激励着当时以及后来的马克思主义者。

马克思主义信仰即共产主义信仰，其重大作用在于引导和推动了世界各国无产阶级的革命斗争，把空想社会主义变为现实。

马克思从不同角度多次论述了这一宏伟信仰。他说："共产党人的最近目的是和其他一切无产阶级政党的最近目的一样的：使无产阶级形成为阶级，推翻资产阶级的统治，由无产阶级夺取政权"[1]，"无产阶级只有废除自己的现存的占有方式，从而废除全部现存的占有方式，才能取得社会生产力"。"无产阶级，现今社会的最下层，如果不炸毁构成官方社会的整个上层，就不能抬起头来，挺起胸来。"[2]

马克思、恩格斯通过分析共产党人和其他无产者的不同，指出其所追求利益跨越民族的狭隘性，始终代表整个无产阶级运动的利益，从而说明共产主义信仰在价值取向上的科学性、超越性。马克思、恩格斯指出："共产党人同其他无产阶级政党不同的地方只是：一方面，在无产者不同的民族的斗争中，共产党人强调和坚持整个无产阶级共同的不分民族的利

[1]《马克思恩格斯选集》，第1卷，北京：人民出版社，2012年，第413页。

[2]《马克思恩格斯选集》，第1卷，北京：人民出版社，2012年，第411～412页。

益；另一方面，在无产阶级和资产阶级的斗争所经历的各个发展阶段上，共产党人始终代表整个运动的利益。”[1]

信仰对于民族而言，是其精神支柱，是凝聚整个民族思想的内在动力；信仰对于国家而言，是构成其政治意识形态的核心，是执政党团结民心的心理基石；信仰对于个人而言，是指引其生存的明灯，也是终身奋斗的目标。

虽然基于人不断战胜死亡和自我超越的本性，人类需要一种信仰，但是信仰并非与生俱来；虽然信仰不能被强迫，但是更不能放任自流，所以信仰是可以通过合理引导和教育来实现的。一个人确立什么样的信仰，将什么样的信仰作为自己的追求，决定了这个人精神世界的层次，也直接或间接决定了这个人的行为、思维方式以及精神风貌。

总之，信仰是一种巨大的力量，任何信仰，哪怕是最虚幻、最不切实际，甚至是荒谬的信仰，也会对人和社会产生极大影响。任何信仰要想发挥其巨大作用，必须要被人掌握，尤其是被青年人掌握。历史和现实也证明，青年是各种信仰力量争夺的对象。如果马克思主义信仰不去占领青年人的思想，那么非马克思主义信仰就会先行一步占领。而在当前复杂多变的国际环境和转型革新的国内环境下，研究马克思主义信仰和人的精神需要问题，是中国特色社会主义建设的重大现实要求，它既对于中国社会和我们个人都有着重大的现实意义，也是国家、民族未来发展的需要。

四、马克思主义信仰的特征

信仰所具有的一般特性是超越性、专一性和坚定持久性。由于信仰是人类的最高或最根本的生命关怀和终极关怀，体现并代表着人生的最高

[1]《马克思恩格斯选集》，第1卷，北京：人民出版社，2012年，第413页。

价值，因而它超越了具体实际利益关系，具有超越性。对于特定历史背景下的特定信仰主体来说，信仰由于是精神的终极归宿，所以不可能是多元的，而是排斥他种信仰，具有专一性和排他性。信仰的确立也就是人自身本质力量和人的未来生命发展方向的确立，体现出强烈的生命发展愿望和指向，拒绝怀疑，并在确立之后具有一以贯之、长期稳定且持久不变的性质，支持生命个体完成和实现自我，所以具有坚定性和持久性。

马克思主义以广阔的视野和全人类的胸怀，把人类未来幸福和社会发展作为奋斗和追求的目标，因此这一信仰具有以下特点。

1. **科学性**

信仰作为一种精神现象，是由信仰主体、信仰客体和信仰实践三部分构成的。

信仰主体是信仰形成和发展的主体条件，它由信仰者、信仰情感以及信仰态度三要素构成。信仰者既包括单个的信仰个体，也包括信仰组织（即在共同信仰感召下由信仰个体所结成的用以进行信仰活动的机构或团体）。信仰情感是指信仰主体对信仰对象的趋近、喜好等心理情感特点，信仰态度是信仰主体对信仰对象的虔诚、敬仰、崇拜等行为特点。

信仰客体又称为信仰对象，主要包括语言、教义、信条和理论等系统的价值观念体系，亦即信仰观念，也包括被信奉的信仰偶像及组织。信仰对象是整个信仰系统的核心，其科学与否是对复杂的信仰形态进行分类及评价的最主要依据。

信仰实践即信仰主体的行为，指的是信仰主体在信仰观念指导下进行的活动，这是信仰存在的现实状态。不同的信仰客体是区分不同信仰的主要标志。具体的信仰对象则往往是观念形态和物象形态的有机统一，观念形态表现为命题或理论，物象形态则往往表现为形象图景或现实性的人或物。

由此可知，信仰有科学和非科学之分。科学信仰即指人类运用逻辑理性或观察实验等方法对自然、社会和人类思维中的本质规律进行系统和精确的认知分析，从而形成以概念、判断和推理为基础的信仰体系。这是人们追求的一种求实求真的信仰。科学信仰又分为人文科学信仰和自然科学信仰，因其具体信仰的对象不同，又可细分为科学理论信仰、日常生活信仰以及职业信仰等多种类型。反之，非科学信仰则是不以科学为依据的非理性的、盲目的信仰，包括宗教信仰、迷信等。

马克思主义信仰的科学性在于，它立足于人类社会发展历史，在对实践活动科学分析总结的基础上，以理性、逻辑的和辩证的思考对自然、社会和人类思维中存在的本质规律进行系统精确的认知、分析，形成知识和信仰体系，从而体现了科学性。

2. 无私性

从本质上讲，信仰是一个具有文化意义的价值概念，它是在人的自我反思、追求之后所形成的主体文化生命的价值指向。对社会而言，通常表现为对某一社会、民族所采取的并一以贯之的价值理想和最终目标，有着鲜明的社会意识形态特性。对个体而言，则表现为某一特殊的成熟个体在其所处的生活实践中所选择并坚信的主导价值观，对其言其行有着支配性和决定性的影响。

马克思主义信仰是建立在人类未来解放和全面发展为目标的基础上，这一信仰不是以一己私利或某个群体的利益为目标，而是把整个人类的未来福祉作为自身奋斗追求和理想信仰，因此这种信仰相对于其他思想家的思想追求来说，具有无私性。

五、马克思主义信仰的功能

信仰能够为人提供强大的思想动力和心理暗示，引导人们向着信仰所指示的目标不懈地努力，因而具有明显的指向性。马克思主义信仰由于其科学性和无私性，因此在引导社会改造和个人崇高精神追求方面，展现出强大的感召力和影响力。

1. 信仰是国家、民族、个人的重要精神支柱

信仰能够建构人的精神家园。一个国家、一个民族、一个社会乃至一个人，在自身发展和成长过程中，都离不开精神信仰的强大支撑作用。信仰为国家繁荣、民族强盛、社会发展、个人成长提供人心凝聚、精神支撑、理想追求和方向引领作用。信仰由于其稳定性、专一性可以保证社会在动荡不安和价值多元的条件下，让人们内心寻找到稳定的心理支持、价值认同与归属感，也由其超越性和理想进取性而在社会稳定甚至趋于保守不前时，引导人们进行创新和超越。从个人来说，每个人都追寻梦想和成功，但每个实现了个人理想的人无一不具有坚定的信仰。古今中外历史上的杰出人物，无论是政治家、军事家、科学家，还是思想家、艺术家，其成功实现自身的理想，都是基于不变的信念和信仰，从内心把信仰化为动力而执着坚持，百折不挠。中国历史上的伟大思想家教育家孔子，有“朝闻道，夕死可矣”的精神，孟子有“富贵不能淫，贫贱不能移，威武不能屈”的气概，体现了内在信仰的力量。现代历史中的詹天佑、钱学森等著名科学家、工程师之所以有巨大成就，源自对祖国的热爱和报效国家的执着信仰。

马克思主义信仰引导人正确看待个人和社会的关系，把个人价值和社会发展紧密联系在一起，追求人类更美好的社会和人的自由全面发展，为中国社会的发展提供了强大的精神支撑。中华民族几千年以来历经沧桑，百折不挠，创造出了灿烂的中华文明，铸就了伟大的民族精神。每当重大的历史关头，正是在高尚精神的鼓舞和伟大信仰的激励下，中华民族才能战胜艰难险阻走向新的胜利。当代中国要全面建成小康社会，实现中华民族伟大复兴的梦想，尤其需要弘扬民族精神，牢牢构筑马克思主义信仰这一精神支柱。

2. 信仰有助于强化文化认同和促进文化进步

在社会发展的精神动力系统中，作为意识形态，信仰对社会文化的影响是最直接的，直接关乎文化体系的构成、文化创新和人类精神家园构建取向。

人怎样看待自身和外物存在，拥有何种信仰，直接影响着社会的文化形式和文化进步。这一点无论在东西方都是如此。中国古代，将人看作是自然的产物抑或神灵的造化。先秦以降，中国历史上“性善论”占据主导地位，“德”被视为社会生活中十分重要的内容；而在西方，古希腊哲学家苏格拉底提出人要“认识你自己”，奠定了人要不断追寻存在本真的理性主义传统，从而使得东西方文化样态和发展进步具有不同的特点。

按照马克思主义基本观点，人的生命是自然存在，同时也是社会存在和精神存在。社会中的人对于自身和社会、自然、宇宙具有怎样的信仰和认知，反映出某个时代独有的精神气质和品格，直接体现和决定了这个社会独有的文化特点。如中国古代社会所形成的“天人合一”“知行合一”的传统思维，把对客观世界的认知与社会政治、伦理教化融为一体，从而使中国文化的发展打上了这一信仰的烙印，呈现出注重实用的特点。时至今日，我国更多地倡导和坚持在实现社会价值的同时实现个体的自我价值。回顾人类文化的发展历程，我们可以清楚地看到信仰对于强化文化认同、传承文化传统和促进文化进步发挥重要作用。在某种意义上，也可以说信仰推动了人类文化的传承和创新发展。

3. 信仰为经济、社会发展提供精神动力

信仰是社会和个人内在的精神支柱，它作为一种精神力量，在经济、社会发展过程中发挥着重要作用，是经济、社会发展的精神动力。当信仰内化为个人信念时，人的主体性充分显露，人的主动性、积极性和创造性就会被激发出来。在古今中外历史上，无论是个人还是群体，无论是在思想文化领域还是在经济、科技、政治、军事领域，之所以有伟大创造，离不开对真、善、美的信仰和追求。马克思、恩格斯撰写鸿篇巨制，正是基于对未来美好社会和人类解放的坚定信仰，揭示社会发展规律，为人类思想宝库增添了精神财富。中国近代以来的仁人志士，在追求民族进步解放的信仰的支持下，投身于民族独立解放、推翻封建统治的伟大事业中，不惜牺牲生命，才推动了社会前进。在中国革命和社会主义建设过程中，井冈山精神、长征精神、延安精神、铁人精神、雷锋精神，以及改革开放以来的创新进取精神，都为国家经济、社会发展起到重大推动作用。

信仰不仅是经济、社会发展的内在精神动力，也对经济发展直接起到导向作用。在社会生活中，信仰可以辅助社会成员协调、解决社会矛盾，也可以指导人们解决自然生态与社会发展之间的矛盾，促进社会协调、可持续发展，避免生态遭受进一步的破坏，使经济良性发展。

4. 信仰有助于提高国家、民族、社会的凝聚力

信仰在国家的政治生活中具有非常重要的作用。

信仰可以促进政治稳定。政治稳定一般是指一个国家政权体系、权力结构的稳定和政治过程的有序状态。这种稳定、有序状态除了客观条件之外，也与社会成员的政治、文化信仰密切相关。“政治稳定是经济稳定发展和社会稳定进步的重要条件。政治稳定是以人心稳定为前提的。人心思安，人心稳定，则政治稳定；人心动荡，人心不稳，则政治不稳。”[1] 人心稳不稳不但取决于经济、政治的发展状况，还取决于社会成员的信仰。国家、民族、社会具有凝聚力的表现就是社会成员有着强烈的政治、文化价值认同，有共同统一的信仰。

信仰具有政治统合、凝聚作用。由于信仰具有超越性、专一性和坚定

[1] 骆郁廷：《精神动力论》，武汉：武汉大学出版社，2003 年，第 130 页。

持久性，所以在社会生活中，一种信仰或核心价值一旦形成，就对于不同社会阶层的人们，在政治上起到统合、凝聚作用。政治生活中存在诸多阶级、阶层的利益差别和矛盾，社会成员割裂分化，容易导致社会动荡。作为意识形态的政治信仰、文化观念则起到统合、凝聚作用。追求全人类共同利益的共产主义信仰有助于人们树立正确的世界观、人生观、价值观，提高国家、民族、社会的凝聚力。

信仰具有政治导向作用。政治是经济的集中体现，为经济发展提供保障。在阶级社会中，信仰具有很强的阶级性。统治阶级为了维护自身的利益，必然会运用政治统治权力，传播有利于统治的信仰，以实现政治导向。正如我国推翻帝国主义、封建主义、官僚资本主义三座大山，建立新中国的政治诉求和理想，是由于中国共产党坚定不移地坚持为人民服务的政治信仰，带领人民努力奋斗才得以最终实现。在当代中国，建立、倡导并大力弘扬社会主义核心价值观，对于中国国家富强、民族团结、社会和谐、人民幸福将发挥至关重要的作用。

5. 信仰为人的精神提供终极归宿

信仰作为人的最高、最根本精神追求，是人的精神的终极归宿。社会、人要健康发展，就要有引导人拥有正常心态和健康社会生活的思想价值体系。这也就是说，信仰应是理性、科学和崇高的。一种信仰，一种世界观，如果排斥和违背科学，必定背离理性，如若诉诸非理性，走上反文化、反社会、反进步的道路，必然会阻碍社会前进，成为人发展的绊脚石，它就是不可信的。因此人应该具有理性的态度，把自己的信仰建立在理性与科学的基础上。

信仰必须以知识为载体，科学知识作为人类文明成果不仅为信仰注入新的活力，还能增强信仰本身的说服力、影响力。共产主义作为人类最美好的科学理论，是科学理论和科学信仰的统一。它确立了一种统一了理性与信仰的思维方式，这一思维方式以实践为核心，通过正确地抽象和科学地升华，将人类的科学文明成果凝聚成关于人和社会存在及发展的根本观点和理论。所以说，它一方面是科学的、规律性的知识，另一方面又是能够提供终极关怀的科学信仰。共产主义的崇高源于其本身的科学性和实践性的结合，不但塑造了全人类最美好的理想，还为实现共产主义远大目标指明了现实途径，那就是无产阶级伟大和富有创造性的社会实践。它褒赏了实践的巨大能量，激励和发扬了人的巨大潜能，具有十分重要的物质价值，将会给人带来巨大的物质利益。同时它还摒弃了宗教特有的自我安慰、自我麻醉，以高歌进取的姿态和主体精神超越了道德和法律的现实关怀，塑造完美高尚的新人格，鼓舞人努力提升自我境界，从而进入最高的精神境界，具有最崇高的精神价值。因此，信仰为人类自身完善发展、精神追求提供了终极归宿。

基于以上论述、分析，本书认为：

第一，科学的人性观和人的本质理论是马克思精神需要理论的前提和出发点。

个体的人是马克思研究人的出发点，同时马克思又从人的现实生活和存在方式中去探究人生命的本质、发展方向及现实关系。人是有生命的肉体存在，衣、食、住、行等生理需要是首要解决的问题。因此，人必须进行劳动实践，生产出产品来满足这种生存需要。人一旦进入生产领域，就会与他人构成一定的社会生产关系，这时的人也就不再是孤立的个人存在，而成为社会关系中的社会性存在。从这一角度，马克思将人的本质定义为“社会关系的总和”。然而，个人是具体的具有相对独立意义的人，他们有个人的情感、思维、喜好和意志以及自主选择权利和各种需求。当然这种权利和需求总是存在于一定的现实社会关系之中，但这种社会关系并不是纯粹的抽象概念，它是具体的人和他人之间的关系。换而言之，马克思并不是只抽象地讨论群体的人而不关注个体的人，并不是只关注社会关系而不去讨论人的自由和精神需要与权利。反而言之，马克思总是在现实关系中，用科学人性观去指导人类思考生存的意义，他肯定个人的价值，同时将社会历史发展的最终目标指向每个人和一切人的解放及自由的全面的发展。

第二，马克思对人的需要及生产消费的理解，对人的精神需要的产生、本质内涵规定性和特点提供了方法，做出了回答。

马克思从人的生命活动自身揭示了人的价值和权利等精神需要诸种规定性。他认为：对于一切有生命的存在物，应根据其生命活动的性质来探究其一般特性，因为“一个种的全部特性、种的类特性就在于生命活动的性质，而人的类特性恰恰就是自由的自觉的活动。……有意识的生命活动把人同动物的生命活动直接区别开来。正是由于这一点，人才是类存在物”。[1]

这里，马克思把人的生命活动定义为“人的自觉自由的活动”，这其中包括了两种规定性含义：其一，人的生命活动本身是“自觉”的、有“意识”的，有自身的目的和价值追求，同时也富于创造性。正是因为人的“有意识”性，区别于物质世界的“第二世界”，即精神世界，人的理性、情感、意志等等得以形成。精神的存在直接导致了精神需求的产生，与之相应的精神生产及消费也就应运而生。至此，人类生活就变得更加复杂和丰富了。其二，人的生命活动会自觉地升华为“自由”，它是人的生命活动的目的和价值追求。这表明，这种价值追求隐含于人的生命活动本身，并一直作为人类发展的价值尺度而存在。在征服自然和改造自然的过程中，人们也在改变自身生存条件并追求更多的精神自由。所以，马克思常常把人的精神需要看作人的天然权利，那么，脱离了人的精神需要和精神权利的人也就无所谓能获得真正的自由了。当然，“自觉自由的活动”还只是人的抽象性本性，它通过人的实践而实现，而人的实践的基础在于

---

[1]《马克思恩格斯全集》，第 42 卷，北京：人民出版社，1979 年，第 96 页。

人的需求。作为生命个体存在的人，不仅需要通过生产实践活动来满足基本的衣、食、住、行的问题，更要有较高层次的精神方面的需求以及精神生产和消费。这种较高层次的需求的满足是一个漫长的历史过程，与其相适应的实践活动就形成了不断发展的历史过程。

第三，马克思的幸福观揭示了人的精神需要、追求及满足的内涵。

马克思精神需要理论的崇高理想与核心思想是人自身的解放和自由而全面的发展。马克思始终主张人自身的解放和人性的解放，即人的全面发展。人自身的解放主要指人类生产力的发展，生存条件得到改善，不合理的、落后的社会制度及生产关系被改变，从而人在合理的生存条件及社会环境中得到全面自由发展。人性解放指的是人精神本质的解放，指的是人类特性如各类感觉、知性、感情、理性、意志等的解放。人的全面解放也就意味着人的自由而全面的发展，这要求我们不能仅局限于获得必要的外在物质条件，也不能只获得人的自我发展的自由和自身最基本的权利，还应该包括全面而自由的发展的精神世界。在马克思看来，人类最向往的一个活动领域是精神领域，精神活动是人获得身心更高层次发展的最有效、最合理途径，同时也是实现人的全面发展的一个主要方面。倘若一个人的精神价值追求是匮乏的，那么他的全面发展就是一个永远不可能实现的海市蜃楼，是畸形的、残缺的和虚无缥缈的。如若人的全面发展不包含人在情感、修养、艺术、教育、知识、审美、道德等领域的丰富，那么这个人的发展是与马克思本义所指完全相违背的；假如人缺乏了精神领域的发展，完全没有精神需要，即使他有丰富的财富和较为充足的物质基础，在马克思的眼里也只不过是“片面的、抽象的个人”及“作为单纯的劳动人的抽象存在”。

人的真实幸福就是实现自身的自由全面发展，这是共产主义的最终追求目标，也是共产主义最本质的特征。在实现人的自由全面发展的过程中，正是通过个人对人的社会特性的重新占有而实现人对幸福的追求，换而言之，两者是相辅相成、相互促进的。人的幸福要想实现，只有实现整个社会的全面进步，而人的自由全面发展的实现及对幸福的不断追求则会推动整个社会的全面进步。

第四，马克思的异化理论揭示了人的精神需要的异化及克服途径。

在人类发展的漫长途程中，人的精神需要是随着社会物质生产力发展、社会制度条件、文化发展以及人类自我觉醒、认知的变化而变化的。在资本主义生产方式下，人类自身受到外在条件的制约和限制，被束缚在片面追求物质利益和资本主义生产关系之网中，伴随着劳动的异化、生产关系的异化、劳动产品的异化、人的异化，人自身的真正内在客观、正当的精神需要被扭曲、压抑和遮蔽，因而也出现异化。马克思主义理论告诉我们，只有在制度上消灭资本主义生产关系，消除异化，回归到人的本质，实现人的自由全面发展，人的正当精神需要才能实现。

第五，马克思的信仰观指出了人的精神需要、追求的终极形式。

人的精神需要有其不同的表现形式，由浅至深、由外到内，从心理情感、认知判断、个人价值实现、获得社会认可，到求善、求美、求幸福，以至追求至信，有不同的层级。而最根本、最纯粹、最极致的形式是信仰，它具有终极性。马克思的信仰观为我们分析人的精神需要的终极形式和表现，提供了重要思想方法。这一点前文已有阐述，此处不再赘述。

第三章　当代中国人精神需要的困境及其原因

第一节　当代中国人精神需要的困境

人的精神需要与人的社会生活，尤其是与人的精神生活密切相关，是由人的社会生活、精神生活之“客观”所影响和决定的。

在我国进行社会主义现代化建设和推进社会主义市场经济体制改革过程中，经济迅猛发展，科技飞速进步，但社会建设、精神文化建设，特别是人的发展速度远远滞后，与之并不相匹配。人的身体跑得太快，灵魂被甩在了后面，人的精神世界和精神生活领域出现了诸多问题。社会生活中物欲横流、金钱至上、奢靡消费等现象喧嚣尘上，优秀的传统道德观遭到贬弃，高尚道德和讲求奉献的价值观念受到冲击和挑战，物质至上、拜金主义、享乐主义在一定程度上成为一些人的新的价值取向。人们总在渴求拥有更多的物质财富和金钱，把它看成是幸福和成功所在，但是却忽略自身的精神生活，人的精神需要得不到满足，从而陷入困境。具体表现为重物质轻精神，重功利轻承诺，重享乐轻奉献，重现实轻理想，重迷信轻科学等共性，这些问题十分突出明显，已经成为人的全面和谐发展的严重阻碍和制约。

当代中国人精神需要的困境，可以从我们身边的现象和一些调查数据，以小见大反映出来。据《人民论坛》2010年第16期调查统计，73.6％受调查者认为主流文化缺乏现实关怀。[1]《人民论坛》2014年第9期（上）发布的问卷调查显示（调查样本8015人，随机问卷1530人，占权重30%，网友6485人，占权重70%），当前我国存在十大社会病症，具体来说依次是：第一，信仰缺失：价值多元化存在修养与道德有关的精神危机，道德赤字与坏账凸显；第二，看客心态：阿Q式的冷漠、麻木与围观，崇尚事不关己、高高挂起的处世哲学；第三，社会焦虑症：因工作、生病、养老及未来无法预期而长期紧张不安；第四，习惯性怀疑：社会诚信危机导致人与人之间缺乏信任和安全感，从而怀疑一切；第五，炫富心态：展示、炫耀财富，虚荣心作怪，自卑心理的另一种反映，炫耀是为了获得满足感；第六，审丑心理：丑闻成为丑闻制造者的通行证，假恶丑盛行、越骂越红；第七，娱乐至死：崇尚个人享乐主义，心甘情愿地成为娱乐的附庸；第八，暴戾狂躁症：粗暴野蛮、乖张残暴，易怒且好走极端甚至危害社会；第九，网络依赖症：对网络与移动媒介上瘾，产生依赖，沉湎在虚拟世界中不能自拔；第十，自虐心态：骂共产党、恨体制，甚至获得体制内好处越多的人骂得越凶。[2] 以上调查结果，说明我们的社会出现了严重的精神问题和精神危机。

一、重物质轻精神

改革开放和社会主义市场经济的发展，极大地促进了我国经济社会繁荣，国家综合国力大大增强。但与此同时也不可避免地带来了许多社会

[1] 人民论坛问卷调查中心：《谁“绑架”了主流——“主流文化怎么了”问卷调查分析报告》，《人民论坛》，2010年第16期。

[2] 人民论坛问卷调查中心：《当前社会病态调查分析报告》，《人民论坛》，2014年第9期。

问题。如市场经济的发展加剧了社会竞争、拉大了不同群体收入差距和城乡、地区、行业差距，引发社会成员思想观念随之改变，社会原有的共同价值观受到冲击，产生分化，从而呈现多样化趋势。同时，个别群体的价值观出现不同程度的混乱和困惑，其典型表现是金钱至上，拜金主义盛行，金钱成为衡量一切事物的价值尺度和标准，精神价值跌落而被弃之一边，从而使人们陷入精神生活贫乏、精神需要被忽视的困境之中。而社会生活节奏的加快，工作压力的增大，也加重了人们的精神负担，直接影响人的精神生活和精神心理健康。

具体来说，市场经济条件下，劳动产品交换的实现，体现了个人能力和个人关系，而这恰恰在一定程度上把人变成了物的附属品，使人对物（货币、商品）产生盲目崇拜，出现人的物化现象，人与人的关系乃至人自己就演变成了商品，人也就畸变为只显现物质属性而缺少精神因素的单向度的人。

以个人为中心的唯利是图备受追捧，社会中经常出现劣币驱逐良币的现象。当人们屡屡为遵守道德付出更大代价，而投机取巧、金钱开路大行其道之时，便逐步导致整个社会高尚道德、精神信仰丧失，价值观变成功利主义、拜金主义的代名词。受到社会整体环境的影响，高尚的信仰一旦丧失，便很难在短期内重建。在优秀道德缺失、急功近利盛行、物质利益至上的社会，与其指责社会成员的浅薄，不如反思主流文化建设一味追求高大上所形成的价值认同“空场”和与现实百姓生活的脱节，只有以人民为中心，尊重群众，真正从时代建设者和奋斗者之中挖掘和弘扬中华民族宝贵的精神血脉，避免形式主义，才能引领时代精神，树立信仰的风向标。

无须怀疑，随着互联网的普及，真理和良知在开放的舆论环境中，必将战胜谬论与邪恶。当社会形成普遍的健康、正确的价值认同，社会价值观才能得到自我修复。科学信仰经由主流文化建设的加强、上层建筑的引导并最终为社会公众发自内心地接受才能确立，社会的信仰危机也才最终会被战胜。

随着文化产业的发展，文化产品被推向市场。在商业化运作模式下，片面追求文化产品的市场效应，而忽略其内在的精神价值和社会效应，成为当今社会文化发展的新态势。文化产品的内容肤浅，导致了人的精神世界、精神追求的庸俗化。据统计，在过去一段时间里，全国电视台播放娱乐类栏目的就超过了百家之多，这还是仅就电视这个大众传媒媒介而言的。在社会成员的日常生活中，看电视是最常见的娱乐方式，不论什么时候打开电视，都能看到许多频道在播出娱乐节目，电视观众一时间会产生置身于“娱乐轰炸”之中。除了娱乐节目之外，很多出品的电视剧不是在“戏说”历史，就是在畅谈“言情”，为了吸引观众而歪曲史实，向大众传播了一种不负责任的态度。这说明，一些节目制作者为了追求金钱和效益，提高收视率，迎合某些低级庸俗趣味，把广大人民群众的根本文化利益抛之脑后，不惜把大量低级庸俗的东西渗透到大众文化中进行传播。文化艺术也正是在市场竞争中变得更加商业化、庸俗化，丧失了淬炼精神的审美艺术价值，影响着人们精神需要的合理满足，也给人们的精神世界带来消极影响。

一个社会，什么东西越彰显，也就意味着越匮乏，人们对它的需要程度也就越高。人在精神上越是缺少什么，社会也就越是展现什么。社会中出现的“文化热”，恰恰说明精神需要的匮乏。但是每个时代的文化热都有不同的特点。比如20世纪80年代的改革开放之初，出现了介绍西方文化的“文化热”，继而是中西方文化的交流对话。90年代以后随着社会主义市场经济的推进，社会上出现了层出不穷、花样繁多的各色文化节，如武术文化节、茶文化节、酒文化节、服装文化节等。这些文化节往往与商业利益紧密相连，生活的方方面面也都被商家贴上了文化的标签，实则是商业推销打着文化的幌子进行招揽，文化更多地代表了商标，浸染了商业气息，明显呈现出商业化和庸俗化的趋势。

中国社会的“文化热”良莠不一，低劣的商业“文化热”实质是庸俗文化的泛滥。商业推销通过大众传媒这一媒介造就了一种关于文化的极为肤浅的舆论，导致人们理解上的偏差。文化的品位与内涵被不同程度地消解，文化成为人们日常生活消费与地区经济发展的附庸，逐渐走向了低俗化、庸俗化。这种倾向严重影响了社会健康的文化秩序和文化发展，贬低了文化本身的价值，扰乱了人们对主流文化的认识，尤其是对青少年一代的影响更加明显。由于客观条件限制了人们分辨健康、优秀文化真伪的能力，潜移默化之中，畸形的文化熏陶导致了他们内在精神世界的迷茫。

另外，全球化体现在文化领域意味着文化开放和交流，文化的多元化趋势也因此成为事实。西方发达资本主义国家的价值观念和生活方式伴随着开放汹涌进入国门，文化的精华与糟粕混杂，一时间难以分辨。由于我国文化市场缺乏有效的管理，社会舆论也在一定程度上不够规范，所以传统文化中的糟粕经过粉饰，以所谓的“传统文化”名义而大行其道。与此同时，受我国文化教育发展所限，人民群众没有形成自己的文化鉴赏力与鉴别力，面对眼花缭乱的多元文化，由于困惑和无法分辨，容易产生无所适从的心态，进而表现出市场经济条件下的浮躁与盲目性，再加上对新鲜事物的好奇心理是人之常情，西方新鲜事物的传入引起人们的猎奇心理，跟风从众成了一股强大的社会潮流。此外，进入消费主义时代，在相当一部分年轻人眼里，外国的东西总是好的，国外的名牌成为竞相追逐的目标。在教育领域，英语成为从幼儿园起就热门的课程，而大学生用中文写的文章却经常错别字连篇；年轻学生说起国外走红的歌星、影星、球星如数家珍、娓娓道来，却对中国传统的历史文化知之甚少；年轻人热衷追剧追星，欣赏涂脂抹粉、容貌精致柔美的阴柔“美男”和“小鲜肉”，却对为国家作出巨大贡献的知名科学家知之甚少甚至不屑一顾；每年报考影视艺术类的考生往往爆满，报考人数与招收比远远高于普通高校……林林总总，这些现象都折射出物质主义、金钱至上在价值观层面的影响。

在整个社会重物质轻精神的大背景下，亟待加强文化建设和社会主义核心价值观建设。习近平在2013年全国宣传思想工作会议上强调：“要加强社会主义核心价值体系建设，积极培育和践行社会主义核心价值观，全民提高公民道德素质，培育知荣辱、讲正气、作奉献、促和谐的良好风尚。”[1] 这一论述充分体现了对提高公民道德素质问题的高度重视。公民道德素质的提高不仅是建设现代文明的重要条件，更是人生幸福的重要内容。全社会要弘扬中华传统美德，弘扬时代新风，引导人们自觉履行法定义务、社会责任、家庭责任，营造劳动光荣、创造伟大的社会氛围，不断强化道德修养、职业操守，力争使社会道德状况明显好转，才能为全面建成小康社会、推进现代化建设、实现社会进步提供强大精神动力和道德支撑。

二、重功利轻责任

责任是个体分内应做的事，指的是个体对事对人对社会应尽的义务，来自对他人的承诺和社会道德法律规范。承诺是基于义务、责任和道德自觉的自我约束，也可以说是一种关涉责任、诚信的契约。公民的社会责任是关系社会发展与进步的一个重要因素，是保证现代社会实现市场经济健康发展、社会安定团结、人民生活质量不断提高的重要一环，是构建社会

---

[1] 王燕文：《提高公民道德素质，提振社会精气神》，《人民日报》，2013年10月18日，第7版。

主义和谐社会不可或缺的重要组成部分。公民自觉自愿地承担自己应尽的社会责任和社会义务的前提是社会责任感，具备了社会责任感才能在经济发展、民主政治建设、和谐社会建设等各方面发挥自己应有的作用，贡献自己的力量，在服务他人、奉献社会的过程中体验人生，实现自己的人生价值。

但是在当代社会生活中，存在着重功利轻责任、轻承诺的现象。所谓重功利轻责任，指的是人们在处理个人利益和社会利益关系时，更注重社会对个人的回报，而忽视个人对社会、他人的义务责任和承诺。在计划经济体制下，社会价值体系高度政治化、道德化。然而，随着改革进程的加快，市场经济唤醒了人们的利益意识，人们开始反思个人利益与社会责任的关系。由于种种原因，社会不仅批判和反省过去关于个人义务的观念，而且在实践上，也不自觉地抛弃了个人必须承担的义务，转而更加重视个人利益。

重功利轻责任的原因具体表现在以下几个方面：

第一，家庭教育中道德教育被忽视。

21 世纪是信息社会，知识与能力在社会发展中的作用尤为重要。在家庭教育中，孩子的知识能力教育也往往更为家长注重。为了不让自己的孩子输在起跑线上，家长们不惜重金为孩子择精英学校、周末假期还要连着上补习班，全部家庭活动都围绕着孩子的学习展开，学习成绩成了衡量孩子优劣的唯一标准。最基本的情感教育与道德教育在家庭中被忽视。在孩子们看来，父母对自己的付出都是为了实现他们自己未曾实现的梦想，或者是为了在亲戚朋友面前为父母赢得面子。这就使原本令人感动的父母恩情被披上了“功利化”的外衣，孩子们理所当然地将父母的所有付出都视为理所应当，从而漠视了父母的养育之恩，淡化了自己应该承担的赡养父母的责任，造成潜意识里重功利轻责任的倾向。

俗话说身教重于言教。父母的身体力行、以身作则远比简单的说教影响深远。由于缺乏承诺意识，个别家长不能履行赡养父母的承诺，甚至为了一己私利不惜对父母恶语相向、拳脚相加、对簿公堂。父母的这些不知感恩的行为给孩子树立的不是积极履行对社会、国家、父母、他人的良好榜样，而是对社会的仇视、亲情的忽视、友情的冷漠，辜负了自身应承担的承诺。

第二，学校教育的“脱节”与偏差。

市场经济存在很强的功利性，而与市场经济相适应的新的道德体系又尚未完全确立。如今，公众选择和评判大学的一个重要指标是毕业生的考研率与就业率，因此，为了提高本学校毕业生的就业率和考研成功率，学校往往会片面地强调专业知识与职业技能，从而忽视了对学生的道德教育以及心理健康教育，尤其是责任感教育。新闻报道显示，有部分高校为了提高毕业生的就业率以便提升招生率，对学生三令五申，提出各种各样的不合情合理的要求。比如没与用人单位签约的学生不得参加毕业论文答辩或者扣发其毕业证书、学位证书等，使得一部分学生为了如期参加论文答辩顺利拿到学位证明而不得不弄虚作假。这一举措一方面冲淡了学生对学校的承诺、对老师的承诺和对社会的职业承诺；另一方面使学生产生对自己原有责任感的质疑，强化了学生内在的功利化意识。

第三，社会环境物质化。

社会环境物质化是指在以等价交换为最基本原则的市场经济条件下，在社会人际交往中，原本应该具有的法律、道德、情义等因素和准则，被单纯的物质利益因素所取代，社会中充斥着赤裸裸的金钱、物欲关系，等价交换被当作衡量一切社会活动、处理一切社会关系的唯一准则，社会被资本的力量物质化。如 2009 年 11 月发生在湖北省荆州市大学生救人落水身亡后的“天价捞尸案”，打捞公司为打捞费而与死者家属讨价还价，数度停止打捞，就是典型事例。2019 年被爆出的当红电影演员范冰冰签阴阳合同，偷漏税高达数亿元人民币！随后几百名影视圈演艺人员被查出不同程度偷漏税。这些触目惊心的现象背后，实际上涌动着只顾自己权利而抛弃社会责任和义务的滚滚恶流。

在资本逻辑主导的市场经济环境中，充斥着赤裸裸的经济利益关系的交往使人们心灵沟通和情感交流日益减少，“功利”“实用”在物质化的社会环境中成了衡量人际交往的标准，人际交往呈现出功利化的趋势。人际关系的功利化趋势每时每刻都在冲击着传统的感恩教育和责任感教育，使社会成员的功利意识和权利意识不断加强，进而将关注的目光更多地聚集在自身的发展和现实的利益上，表现为注重现实功利而轻视责任承诺。

三、重享乐轻奉献

社会经济发展带来物质生活产品的极大丰富，大大促进了社会消费。发达国家率先进入消费时代之际，中国经济随着迅速发展，国内生产总值在 2010 年迅速超过日本列居世界第二以后，很快在社会上刮起一股享乐之风，似乎也宣告着享乐主义、消费主义时代的到来。

作为一种伦理学说的享乐主义，最早产生于古希腊哲学家伊壁鸠鲁。这种学说认为享乐是人生最大的幸福，追求享乐是行动的原则。在文艺复兴时期得到了进一步发展，它宣布人有满足其自然的、天生的需求和爱好的权利，在当时对于反对封建教会的禁欲主义，产生了积极影响。

当今时代的享乐主义，指的是把享受快乐（包括肉体感官的快乐）当作人生唯一目的，并以此作为判断是非、善恶、美丑标准的人生观和价值观。享乐主义的兴起，有客观和主观两方面原因。一方面，与变化了的社会环境有关。经济的快速发展，社会的繁荣昌盛，把人们从过去物质短缺的艰苦条件下解放出来，不少人认为勤俭节约、乐于奉献被奉为祖训太久，时代发展了，是时候该给享乐松绑了，于是“今日有酒今日醉”的快意人生开始为人们所推崇。一篇题为《享乐主义者宣言》的短文更是以宣言书的面目为享乐主义张目，堂而皇之地把享乐主义作为一种价值取向和人生目的加以宣扬。另一方面，与人自身思想迷茫形成的价值观“空场”有关。社会发展变化的速度惊人，面对日新月异复杂化的社会环境，人们一时难以找到和坚持新的正确的信念和信仰体系来填补内心空白，出现信仰“真空”，价值观混乱。没有了精神支柱、行动指南和崇高理想信念的追求，人们便会感到生命和生活意义的空虚。于是在价值体验方面，许多人开始一味追求享受，重视物质生活享受和感官刺激，有意规避或轻视自己的精神需要。一时间，“人生苦短，享乐为先”“今朝有酒今朝醉”“宁在宝马车里哭，不在自行车后笑”的言论、想法占据了很多人尤其是年轻群体的思想。例如，一些人表现出对“权”“钱”的极度崇拜，同时又淡化奉献意识、躲避崇高思想、模糊共产主义信仰等等。享乐主义不仅是道德问题，同时也是关系我国经济社会发展能否良性运行的政治大问题。

总体而言，享乐主义社会的风气是物质、心理、文化诸多因素共同作用的结果。在我国现阶段，享乐主义的抬头主要是由以下因素促成：

其一，社会主义市场经济的发展，在客观上为享乐主义的产生提供了物质条件。近年来，随着我国社会主义市场经济的发展，社会生产力发展水平得以较大提高，综合国力不断增强，这为人们满足享乐提供了物质保证和现实可能。另外，市场经济从诞生之日就带有天然强烈的功利性，只要人存在多种多样的欲望，市场经济的发展就有条件，就是必然。市场经济就是在不断满足旧欲望和刺激新欲望的过程中蓬勃发展的。可以说，市场经济本身就存在着诱发享乐主义的诸多因素。

其二，人们价值观念的变化，为享乐主义盛行提供了思想基础。曾经在一段时间里，我们片面强调集体的普遍利益而忽视个人的特殊利益和要求，把个人的正当合理利益也当作资产阶级的“私心”加以批判，加上中华民族重义轻利的传统价值观念，导致人们在这种思想背景下耻于表达对金钱和物质的欲望。这种“禁欲”心理在“文革”时期更是达到了极致。改革开放以来，国家和社会开始重视个人正当利益，以期达到社会利益与个人利益的均衡发展。但是，人的个性一旦得以张扬，各种欲望不再被看作洪水猛兽加以遏制时，“个性解放”“个人价值”“自我实现”等观念就迅速被人们普遍认同。再加上对外开放之后，人们不可避免地将西方世界的生活方式、价值观奉为圭臬，怀着急于融入世界的浮躁、焦躁心态晕头转向地追赶潮流。于是，“禁欲”走向了纵欲的相反极端，纵欲不再被视为羞耻，享乐成为时尚。更有甚者将鼓励正当消费或致富的理论、政策当作是对享乐的宽容乃至提倡，因而暗合了个体追求享乐的心理。

其三，大众文化的负面影响成为享乐主义的文化根源。大众文化是指以大众传媒为载体，以文化商品生产和交换为特征，以人民大众为受众的标准化、复制化、批量化、类型化的日常流行文化。诸如电影、电视剧、商业广告、流行歌曲、畅销书籍等等。大众文化在当代中国的发展是文化进步的表现，尤其在促进社会现代化建设和人的全面和谐发展方面颇有建树。但是它所带来的消极影响也同样不可小觑。当前大众文化的社会功能明显不同于主流文化和传统文化，它所强调和突出的是形式上的感官刺激、休闲娱乐功能以及游戏功能等。大众文化的消费者常常在一种迷失自我意识或丧失自我判断的状态下享受高科技手段带来的刺激和便利，大众文化中的审美水平、道德理性、政治标准、思想深度等教育内涵在人们单纯追求感官刺激的条件下，被不断地淡化和削弱。继而在人们的价值观中出现了实用主义和功利主义等倾向而更加重物质轻奉献，由大众文化塑造出的巨大消费市场诱导着人们盲目跟风，追求衣、食、住、行的高档消费，追求“我消费我存在”的生活方式，牺牲小我，奉献社会的理想信念风吹云散。

由以上分析可以看出：

首先，享乐主义的实质是一种物质主义。因为享乐主义就是将人生快乐简单地等同于物质快乐，把对包含了精神文化内容的幸福地追求，简化、演化为对物质享乐地追求。在享乐主义者们看来，最神圣的东西正是那些能够满足人们感官欲求和物质需求的东西，所以他们将这些列为毕生追求。当然，享乐主义者在标榜自己的地位，凸现自己的价值的同时也讲所谓的精神需求，但他们所强调的是“恣肆横溢的精神自由”和“精神的放纵、情感的按摩”[1]，这些绝不是要追求崇高的精神信仰，而是靠物欲的满足才能达到的感官刺激。帕斯卡尔曾经说过，人的全部尊严就在于他的思想。罗曼·罗兰说：“气质之美与其说是来自内心的修养，不如说它是来自一种对美好事物的欣赏能力。这份欣赏力使一个人的言谈举止不同流俗。”[2]追求精神层次的满足，就会使人脱离低级庸俗的趣味。正如毛泽东所指出的那样，要像白求恩一样，做“一个高尚的人，一个纯粹的人，一个有道德的人，一个脱离了低级趣味的人，一个有益于人民的人”。[3]与之相反的是，享乐主义者投入了无限的狂热去追求有限的物。在他们看来，物的占有与生命的价值呈正相关性，一个人占有的物越多，其生命就越有价值。殊不知鲜活的生命其实就在单纯追求物欲的过程中慢慢消逝。因为人对于物的疯狂追求并不意味着对物的真正占有，只能在思想中无限接近。享乐主义者并没有占有物，反而是物占有了他们，以致于他们沦落为物欲的奴隶，终生为物所累。

---

[1]《享乐主义者宣言》，《羊城晚报新闻周刊：新闻专题》，2003 年 1 月 14 日。

[2] 高占祥、王青青：《信仰力》，北京：北京大学出版社，2012 年，第 188 页。

[3] 毛泽东：《纪念白求恩》，《毛泽东选集》，第 2 卷，北京：人民出版社，1991 年，第 660 页。

其次，享乐主义归根结底就是一种剥削阶级的人生观，是彻底的利己主义。享乐主义者公开宣称："享乐就是我们的目的。"[1]因此，为了享受，享乐主义者只关注自己，只关心自己的感官是否得到了满足，绝不会顾及他人，因为那是与己无关的他人的事。所以，一个享乐主义者也必然是彻底的利己主义者。当然，享乐主义者也有自己的道德观，只不过他们讲的不是行善道德观而是娱乐道德观；为了追求快乐而放浪形骸，他们甚至可以置自己的灵魂于不顾。所以说，在这种道德观的支配下，他们是没有什么事情做不出来的。

归根结底，享乐主义是一种剥削阶级人生观，就在于它根源于私有制经济关系。剥削阶级的享乐是建立在劳动人民的劳苦之上的，为了尽情享乐，他们可以不择手段地剥削和压迫劳动人民。马克思深刻地剖析道："享乐哲学一直只是享有享乐特权的社会知名人士的巧妙说法。"[2]不同于资本主义保护极个别人纵欲享乐的剥削制度，社会主义所追求的是全体人民的幸福快乐。由于我们还处在社会主义初级阶段，现阶段的社会背景下还存在着享乐主义的现实土壤，但享乐主义本质上是与社会主义制度和宗旨格格不入的。随着社会进一步发展进步，它终将会被历史的车轮碾碎。

四、重现实轻理想

现实和理想是生活中的一对矛盾。现实是人们在生活中全部客观条件和状况的总和，是全部生活的当下境遇；理想，指的是人在实际生活所处的境遇中，要超越现实条件和境遇的憧憬与追求。

所谓重现实轻理想，指的是人们在进行人生选择时，由过去注重追求

---

[1]《享乐主义者宣言》，《羊城晚报新闻周刊：新闻专题》，2003 年 1 月 14 日。

[2]《马克思恩格斯全集》，第 3 卷，北京：人民出版社，1995 年，第 489 页。

崇高理想转为更加注重现实的倾向。人生活在现实世界中，必须从现实出发。但是人作为人的存在意义，不仅在于活着，更在于拥有超越现实的理想。当代中国社会，人的思想道德受到中国传统文化、马克思主义，尤其是中国革命、建设和改革开放实践中新的思想道德因素的影响，在社会变迁、市场经济发展、人的生存方式和思想意识都发生改变的新的条件下，高扬的理想主义逐步被物质利益至上的现实主义所冲击影响，甚至被边缘化和取代。

中国传统文化所坚持的“君子喻于义，小人喻于利”“富贵不能淫，贫贱不能移，威武不能屈”的重道德气节、轻物欲功利的理想信念，随着市场经济的发展而逐渐淡化，人们自我评价的重心从注重道德理想转向重视“能力”，把追求现实物质利益满足视为“真实”的人生，其实质是现实主义。

例如，社会上曾经把规矩做人、老实做事、本分处世作为人生道德信条，而如今，“规矩”“老实”“本分”这样的词语不但不再占据主流，反而带上了贬义的色彩，被视为“傻”，不会来事。与之相反，所谓的“精明”“灵活”“活份”被人们普遍认同和接受。甚至有的人生哲理书，直接把“做人不能太老实”当作书名，教人圆滑处世、投机取巧。又如，在文化市场中，通俗、媚俗的消遣文化快速增加，甚至在一个时期很大程度上取代了高雅、严肃主流文化的地位。这说明理想的因素在精神需要中的地位被弱化，而享受型需求的地位不断上升。由此可见在生活价值取向上，人们重现实轻理想的趋势已经具有普遍性。

以大学生群体为例，当代大学生成长在深入推进改革开放的新时期，是国家发展和民族振兴事业在 21 世纪的建设者和接班人。大多数人能够把国家繁荣、民族兴盛的社会责任和个人理想结合起来，合理处理二者之间的关系。但是，受到市场经济负面作用的消极影响，部分人在理想信念上表现得更加务实，更加注重追求个人眼前利益而忽视远大理想，注重实现自我价值成为他们普遍认同的观念。也有一些人在认识上基本正确，拥有社会责任感和远大理想，但是在实际生活中却不能一以贯之地坚持，受到现实利益的羁绊，认识和行动相脱节，陷入物欲世界而丧失自我，在做出行为选择时表现出重现实轻理想的特点。

事实上，社会的健康发展离不开健康的理想信念，它要求每个独立个体具有真正经过理性思考、自主选择的并有助于社会进步的理想信念，这种理想信念只有成为人生命的内在要求，才会汇聚成社会前进的巨大动力。每个人内在的理想信念不应是独尊独断，而应是开放的。这就是说，人在坚守自己理想信念的同时，也应秉持自由、平等的精神，尊重他人的理想信念。理想信念的实现是一个过程，不是一帆风顺的，总会遭遇挫折与坎坷。一般而言，理想越远大，实现的过程就越复杂艰难，遇到的困难也就越多，需要的时间也就越长，在这一过程中，不能因关注眼前现实而抛弃远大理想。要想将理想变为现实就必须具有坚定不移的信心和坚韧不拔的毅力，正确看待理想实现过程中的逆境与顺境，理性地认识理想与现实的关系，明确地认识到崇高理想是实现人生价值的基础。

五、重迷信轻科学

迷信是由于人对客观实在无知、不理解而产生迷惑，相信有某种人所不知、不可把握的力量起支配作用，从而对之产生盲目崇拜。从相信的角度来说，迷信也是一种信仰，但它与信仰有本质区别。信仰是指人对某个人、某种思想、某种宗教或某物的信奉敬仰，而迷信则是相对于科学而言的，往往与人的非理性认知联系在一起，属于低层次的和落后消极的社会意识。但是，迷信作为一种社会存在的反映，同样具有历史继承性，与社会物质文明发展具有不同步性。一些古老的迷信信仰之所以延续至今，是因为有它存在的社会文化土壤和自身的历史继承性。

当今中国，由于社会发展变化剧烈，节奏加快，社会成员思想道德认识和价值观多元化，引发了群体信仰的改变。虽然科学知识的教育和普及使人们逐步树立了科学观念，但是市场经济竞争带来的风险性、偶然性和不确定性，又给各种迷信的滋生、蔓延提供了土壤。社会成员的信仰呈现出混乱状态，科学信仰匮乏，宗教信仰和宗教迷信升温。[1] 神秘文化沉渣泛起，迷信思想与迷信活动在民众中盛行，信奉宗教迷信、烧香拜佛、卜卦算命、占卜风水已成为一种风气。据报道：南岳衡山，每年春节前后，前往烧香的香客络绎不绝，而且抢烧“头炷香”成为一大景观。一些人对于死亡抱有神秘主义认识，认为每个人活着时都有阴阳两气，死后肉体消失，阴阳两气却没有消失，人死气仍活。死者下葬后，真气会与穴气结合形成生气，通过阴阳交流成的途径，在冥冥中影响、左右在世亲人的气运。如果能找到一个有生气的阴宅（风水宝地），使不死的阴阳之气和生气结合，就可以形成强大的力量，以保护后代升官、发财。因此，现实中，一些人总是想强占风水宝地，以高额酬金寻找“高手”点穴。尤其是一些党员干部，利用职权，占地修坟、毁坏良田。另外在部分民众中治病、驱魔、求巫医成风，部分农村地区，医疗条件有限，巫婆、神汉非常活跃，在一定程度上已取代了本地区的医生。

中国自 20 世纪 80 年代以来，封建迷信呈现渐增态势。据重庆市委重大调研课题组在关于信仰问题的调查报告，设计了“您认为请神、驱鬼、算命、烧香等可信吗？”的问题，了解社会成员对看相算卦、求神占卜等迷信现象的态度，结果显示，对请神、驱鬼、算命、烧香等迷信活动持完

[1] 贾建梅、高宁：《价值多元背景下中国人的信仰问题》，《职业时空》，2014 年第 10 卷第 12 期。

全可信或部分可信态度的群众达到 24.1%。并且，当问及迷信活动的作用时，8.8% 的人认为求神、算命等迷信活动对个人和家庭有好处。[1]

由此可见，缺乏正确世界观者大有人在，对社会稳定是一种潜在危害。

在人类社会发展中，迷信的出现有其社会历史根源。但在现代社会迷信重新抬头则有其特定原因，它是病态文化的延续，是社会成员文化素质偏低的恶果，也是社会转型、剧烈变动时出现的负效应。当代迷信的特征表现为人为的操纵性，过程上的突发性，内容的复杂多样性，它弱化理性主义信仰，加剧社会成员的心理失衡，破坏了正常社会生活，甚至被人所蓄意利用危害国家安全，对社会稳定形成破坏作用。为控制迷信活动，除了应注意提高国民的文化素质外，还应注意消除引发迷信的其他社会根源并做好心理调节工作。

从人的身份和受教育程度来说，文化层次最低、生活尚不富裕的农民迷信者比重最大，占该类总数的 33.3%；机关干部相信迷信者最少，只占该类的 1.0%；而当代大学生则介乎这两者之间，有 4.1% 的人相信迷信。三类社会群体中不管信仰与否，农民中参加过迷信活动的有 46.2%，机关干部中有 25.2%，大学生中有 40.2%，其比例大大高于信仰迷信的比例，说明他们中许多人或迫于社会压力（如亲朋好友故去，做道场等）或逢场作戏（百无聊赖时）参加过迷信活动。从上述调查结果可以看出，迷信之风正在蔓延，冲击着我们构筑了几十年的意识形态防线，对社会稳定造成威胁，成了一个令人忧虑的社会问题。

当代封建迷信与其他社会因素相结合，形成了有别于其他时代的特点：

第一，人为操纵性。过去的迷信常常与原始宗教混杂在一起，认为万物有灵，崇拜自然、灵魂、死者。迷信的主持者与信奉者对神灵十分虔

---

[1] 重庆市委重大调研课题组：《关于“信仰问题”调研情况的报告》，《马克思主义研究》，2009 年第 12 期。

诚，时时刻刻都要遵循迷信指令，反省和检查自己的行为。当代的迷信者则不然，他们大多数并非虔诚信徒，比如，身患痼疾者、生意亏本者、高考落榜者、失恋者、无生育者等等，只是在偶然遇到外界困境或身体内部某种干扰且无计可施时，在他人（迷信操纵者）的迷惑下，投向鬼神，乞求神灵庇佑自己或家人。

第二，传播的迅疾性和隐蔽性。卜卦、算命、看相等形式多样的迷信活动，过去曾在城乡公开摆摊设点招徕人群。迷信书籍公开出版，迷信用品公开销售，迷信帮派公开活动，从乡村到城市、从南方到北方、从车站到码头、从内地到沿海，从生活区到旅游点，到处都有迷信人员的踪迹，迷信活动已成为一种公开的职业。现代网络的迅猛发展，卜卦、算命、看相等形式的迷信活动从线下更多地转移到线上，蔓延传播速度快，也更加具有隐蔽性。

第三，迷信内容的复杂多样性。不同于传统迷信，当代迷信也与时俱进，不断变化内容和形式，从而更具复杂性。现代迷信既有传统的驱鬼治病、算命相面、求神问卦、焚香还供、营造阴宅、易经新解等手段，又利用网络，在手机、电脑上出现了许多新花样，诸如通过生日、姓名、属相、星座等所谓“科学”看相算命、测婚姻之类。很多人深陷迷信漩涡，出口皆鬼神，并凭借现代科学的新发现、新见解进行传播，诓骗赚钱。

正是由于这些特点，当代迷信对社会产生了明显负面作用：

第一，加剧社会成员心理失衡。首先，对于在生活中受到挫折和失败的人来说，迷信是心理自我防御需要，甚至可以看作是安慰他们的精神鸦片。不可否认，在一定时期内这对人们恢复自我心理平衡可以起到一定的帮助作用，但从长远来看，这种做法没有解决事物的根本矛盾，只治标不治本。其次，对于信心不足打算用封建迷信来增强信心的人来说，这种“曲线救国”的做法是对其自卑心理的一种消极补偿，同样是不可取的。

最后，对那些具有恐惧或不劳而获心理的人，将自己对未来的期许寄托在封建迷信行为上，以期能够满足自己的需求，如健康长寿、升官发财、婚姻美满、摆脱险境等。这种行为只是一种短期的心理满足，一旦结果与期望不符，个人不满心理外化，也会对社会稳定产生负面影响。

第二，弱化理性主义信仰。中国传统文化自古以来以儒家兼济天下的入世精神为主，强调人要积极谋事，知其不可为而为之，以此达到人格的升华，故其特点是强调世俗理性，重世俗义利，重集体主义，这样一来就对迷信形成了有力遏制。当今社会中国传统文化逐渐被淡化，迷信冲淡了人们的理性主义，更为严重的是迷信现象还影响了人们对马克思主义的信仰，不得不引起我们的高度重视。

第三，破坏人们的正常社会生活。人类的活动首先是物质生产活动。所有物质生产活动都必须尊重客观规律，违背客观规律则难以成事。但迷信者们忽略或否定规律的客观性，往往相信有某种主观意志的“天”在支配一切，他们坚信人在做天在看，人的灾祸都是从天而降的，因此只要通过一定的仪式和求告，就可以乞求上天改变天意，免降灾祸；同样，人能否成功也是上天注定的，只要做好祈福仪式，潜心乞求神鬼赐福就可以了。因而个人的一切行动必须在实施之前求得神鬼同意和保佑，并且按照神鬼指示办事。试想，当一个社会谶纬迷信盛行，人们普遍沉溺于迷信，贬斥正常的理性，懒于实干，这个社会就不会有什么发展。20 世纪 90 年代法轮功的出现以及部分社会成员的迷信，导致的结果是对生命的残害，对家庭和对社会稳定的破坏。

第二节 当代中国人精神需要困境的原因探析

马克思主义唯物史观告诉我们，社会存在决定社会意识。作为社会主体的人，自身的思想观念、意识、心理、情感等出现问题，要从社会存在即社会结构和社会物质生活条件、客观文化氛围中去寻找原因。当代中国人精神需要的种种困境的形成，既有社会外在的客观原因，也有人自身内在的主观原因。从根本上说，是在社会变革转型的大背景下所形成的。

一、社会环境的急剧变化

当今中国面临的国际局势和国内环境直接或间接影响人的精神需要。世界风云变幻，伴随全球化的跌宕起伏，世界各国在竞争中谋和平、求合作、求发展，力量对比不断发生变化，世界局势正处在大变革大调整时期，人类面临百年未有之大变局。中国经过改革开放40年，社会主义市场经济体制建立并逐步完善，彻底打破了计划经济时代形成的统一封闭、铁板一块的生产、生活方式，传统以家庭为生活中心、以单位为工作中心的封闭的社会组织形式已经改变，社会结构发生深刻而重大变化，中国从传统农业社会转变为现代工业社会、信息社会，进入21世纪，中国经济社会飞速发展，科技创新能力和综合国力显著增强，改革开放进一步深入发展，中国特色社会主义进入新时代。尽管依然处于社会主义初级阶段，但是中国已前所未有地走近世界舞台的中央，中华民族复兴的前景已然可期。正是国际局势和国内社会环境的剧变，造成人们的思想认识、价值观念、心理情感发生巨大变化和落差，从而形成人的精神生活、精神需要一系列困境。

就像瑞士心理学家荣格（1875—1961）所说，每个历史时期都有它自己的倾向，它的特殊偏见和精神疾患。当代中国人在精神生活、精神需要方面出现的种种困境，尤其是社会成员个体出现的情感和心理扭曲等种种社会病，其重要原因是社会急速发展、物质生活条件急剧变化而导致的社会物质结构和精神结构严重失衡。

事物的发展不是一帆风顺的，都要付出相应的代价，社会发展也如是。中国社会经济飞速发展，市场取向的改革推进了发展速度，提高了效率，但是也使社会竞争加剧，将社会、家庭、个人过度拉伸，超越了其内在发展规律和尺度，打破平衡，导致断裂。这是现代化发展过程中的现代病。在社会现实层面上，表现为城乡差距、贫富差距明显拉大，生态环境遭到严重破坏，传统生活方式被打破，社会资源分配和公共服务不均衡而存在一系列社会问题；在个人观念和心理层面上，表现为人们的思维方式、思想观念、价值取向、精神情感、心理方面等产生混乱而走向偏颇极端。对于成长在这个时代的年轻人来说，原有的社会关系正在或者已经被打破，而新的社会价值还未占据社会主导地位，年轻人自身的认识能力尚未成熟，无法甄别各种道德理念。生活环境的日益复杂，新旧思想之间产生激烈的冲突和碰撞，无疑使人们的生活态度发生明显变化，甚至在价值观念上产生混乱，陷入困惑。

以我国大中城市为例，城镇化的不断推进造成房价居高不下，由此引发的连锁性社会问题令人十分担忧。社会保障制度还不完善，人们难免有后顾之忧，焦虑感油然而生。现代社会讲求竞争、效率、创造、发展，这一方面激发了人的生机与活力，为社会发展和个人价值的实现提供了机遇，但另一方面精神心理健康风险也与之增加。面对快节奏的社会生活和充满变化的世界，人们每天疲于奔命，不知明天和意外哪个先来临，缺少心理放松，压力伴随着焦虑浮躁，自我认同通常支离破碎，许多人日复一日地追赶生活的节奏，常常在“生活的目的究竟是什么？”“生命的意义何在？”这些问题上变得不知所措，精神心灵无法安顿，精神需要无法得到满足，从而导致情感和心理扭曲，陷入困境，心理疾病频发，造成抑郁症患病率上升。据世界卫生组织（WHO）披露数据显示，全球有超过3.5亿人罹患抑郁症，近十年来患者增速约18%。2019年，北京大学第六医院黄悦勤教授等在《柳叶刀·精神病学》发表研究文章，对中国精神卫生调查（CMHS）的患病率数据作了报告。在中国，抑郁症的终身患病率为6.9%，12个月患病率为3.6%。根据这个数据估算，到目前为止，中国有超过9500万的抑郁症患者。

二、价值取向的多元化

当代中国人精神需要出现的问题，除了社会层面的客观原因之外，也与社会开放变化带来的社会成员价值取向和价值追求的多元化有关。价值取向和价值追求的多元化，是指人们在价值目标的认定、实现价值目标的途径和方式选择上表现出多样性。

在社会生活丰富多样、开放、变化频繁的背景下和在西方思想的影响下，人们对许多事物的看法和实际追求，不再拘泥于传统一成不变的价值判定和行为规范，而是有了更大的弹性和选择空间，呈现出多元态势。在人们看来，价值目标可以借助不同资源，通过多种方法和渠道实现。

正是在多元化价值取向和追求相互交织的背景下，不同的价值追求相互冲突、矛盾，进一步造成了人们思想和价值认同的混乱，影响了人际关系和谐。同时人的精神虚无感普遍增强，也是导致社会群体性精神困惑的内在根源。

价值观念的转变，多元价值观念的并行，在客观上造成了社会多元化的发展指向。一方面体现了不同主体的价值诉求，另一方面也为社会带来了价值观念的冲突与矛盾，使得个人利益、集体利益和国家利益三者之间的关系变得模糊不清。比如，社会上贪污腐败、以权谋私、知法犯法、损人利己等现象依然存在，与秉公执法、无私奉献、舍己为人等美好行为形成鲜明对比。在对立两极之间往往存在巨大的模糊空间和中间地带，这种后果首先是让人感到无所适从，继而形成一种巨大的精神压力，在精神上陷入一种无所依归的状态。加拿大哲学家查尔斯·泰勒（1931— ）曾以独到见解对自由主义进行批评。在他看来，由于不再受制于单一的基督教文化的约束，在现代文化与价值观多元社会中，人们获得了自由。但是，同时人们也失去了一种与他人共享的自我认同感。人在道德上完全是自我决定和自我选择的，自我成了现代社会的中心。人们几乎不愿承认对他人的严肃的义务承诺和外在的道德要求。这种无所依归的个人主义最终会导致了个人的精神层面的无根状态，从而造成生活意义的失落。

因为缺少敬畏之心，所以神圣价值信仰在社会人群中普遍缺失。

中国社会很多年轻人热衷追星，在网络上对影视明星的花边新闻趋之若鹜，点击量巨大，而对为国家作出贡献巨大的科学家、医生以及普通劳动者等却充耳不闻、视之不见。这正是价值观错位、神圣价值信仰缺失的表现。直至2020年之初突如其来的新型冠状病毒肺炎在武汉的爆发才使这一切有所改变。抗击疫情让人们不仅记住了两个伟大的名字：迎“南”而上84岁的钟南山，提出“硬核”封城的73岁的李兰娟。也记住了为大众拉起警报的李文亮、张继先医生；记住了争分夺秒研究人体抗病毒疫苗的军中英雄陈薇等众多科研人员；更记住了面对武汉封城，逆行而上、甘于奉献的白衣天使，建设火神山、雷神山医院的众多建设者，保证物流供应的快递小哥、守护人民安全的人民警察、基层社区工作者以及众多挺身而出的志愿者。他们是社会大众在迷茫恐慌之时的定心丸，在脆弱无助之时的守护担当者。这样平凡而伟大的人物才是英雄，才是我们这个时代的脊梁。

人之所以为人，就在于人既有动物性又有神性。人的神性是人所能及的神圣和超越，它并非灭绝了人的动物性所产生的，而是由动物性升华而来。所谓人性，就是由动物性向神性的升华。世界上并不存在毫无动物性的神人，相反，却依然存在几乎没有一丝一毫神性、只剩动物性的“兽人”。这种人的心目中没有任何神圣的价值，百无禁忌。他们为了满足自己的欲望，可以做出践踏底线、伤天害理甚至残杀无辜的事情。造成这种情形的原因很复杂，其中最重要原因当属神圣价值信仰的彻底丧失。无论是个人还是民族，都应该有所敬畏，应该相信这世上仍存在不可亵渎的神圣价值，否则必将面对的是自我毁灭。

20 世纪 50 年代影响较大的美国伦理学家蒂利希（1886—1965）提出，信仰的现代形态正是怀疑乃至绝望。盲目信仰与冷漠一样，都属于精神上的自弃行为，同样是没有信仰的表现。一个人为无意义的事物而焦虑，他灵魂的渴望并不会因为丧失了神界的支持而平息，反而会更加炽热。这只能说明，世上存在某种力量，这种力量比上帝神学的观念更加强大。这是因为上帝观念的解体不是导致动摇的原因，而是那种力量支配着他。蒂利希的观点最发人深省之处在于，把信仰解释为灵魂的一种状态，而非头脑里的一种观念。

事实上，信仰的实质其实在于人们对精神价值本身的尊重。无须找出其他理由，精神价值本身就是值得尊重的。对于一个有信仰的人来说，这个道理不言自明，甚至这都算不上是一个道理，而是发自内心的一种朴素的感情。人们真正感觉到的人之为人的尊严之所在，也是人类生存的崇高性质之所在。

以对待民族文化遗产的态度为例，是精心保护，还是肆意破坏，其中根本的原因并不在于是否爱国，而在于是否尊重凝结在其中的人类文明价值。一个人的信仰越是纯粹，他就越是尊重精神价值本身，必然也就越能摆脱一切民族的、教别的、宗派的狭隘眼光，呈现出博大气度。在这个意义上，信仰与文明相一致。在信仰问题上，任何狭隘性的根源都在于利益的入侵。对利益的欲望，取代和扰乱了人们真正的精神追求。当然，就一般人的精神信仰而言，人的信仰生活永远不可能统一于某一种特定的宗教，相反，只能统一于对社会最基本价值的广泛尊重。

精神生活有两个显著特点：第一是非功利性，第二是超验性。人通过两条途径走向超越，一个是给自己的灵魂生活寻找根源，另一个是给宇宙的永恒存在寻找一种意义。这两个途径也就是康德所说的心中的道德律令和头上的星空，这也就是要在人的尺度和物的尺度两方面把握好张力，处理好二者之间的关系。

在道德方面，在传统的一元化社会，由一元化的道德价值体系所决定的道德评价标准是确定的，道德价值目标也是确定的。当今社会是价值观多元的社会，诸多方面的基本准则呈现出多元化的趋势，这对于相当一部分人来说，其实也就是没有基本准则可言。因为同一准则对某个人或某一群体来说是基本准则，对他人却不一定是；同样地，某个人或某一群体认为是原则的东西，别人却可能不屑一顾。这样一来，一旦由于基本准则不同而发生冲突，这种冲突基本上就是不可调和的。所以在价值观多元的社会，宽松的社会环境固然给了人们选择的自由，但同时社会大众又不得不承受人和人之间的关系更加紧张、冲突更加激烈的后果。那么，在价值观多元的社会中，如何生活才能合乎道德呢？面对这样一个问题，人们通常会陷入道德困惑之中。这种道德冲突和道德困惑增强了人们生活的不确定性，使得人们处于空虚无聊、不知所措乃至痛苦的煎熬之中。

从心理学的角度来说，一旦人长期处于情感上的空虚痛苦煎熬之中，这种情感状态就会成为一种有侵犯危险的心理条件。为了摆脱这种种痛苦的情感困境，人们往往主动采取一些手段来宣泄内心，而这种宣泄如若没有明确的价值观引导，则既有可能成为针对自身的伤害，使自身陷入消沉、沉沦之中，如酗酒、吸毒等消极行为；也可能成为针对外部世界的攻击性行为，从而对他人和社会造成危害。

三、主流文化遭受冲击

主流文化指的是在社会中起主导作用、占据统治地位的文化。在我国指的就是以社会主义先进文化为主体，包含了被赋予时代内涵的优秀传统文化，中国共产党领导革命、建设、改革过程中形成的红色文化，西方文化中科学、先进、可以为我所用的部分，以及大众文化中的正当合理、积极健康的文化，也即优秀的、进步的文化。我国主流文化的主体部分与国家意识形态密切相关，有明确内涵和所指，它不以个人意志为转移，是民族的、科学的、大众的社会主义文化，以培养有理想、有道德、有文化、有纪律的“四有”新人和促进人的全面发展为终极目标和价值追求。

非主流文化则指起着非主导作用、在社会中处于次要地位的文化。在非主流文化中，根据其与主流文化的相容相辅程度和对社会的影响作用，又区分为亚文化与反文化。亚文化不占据主导地位，具有自身特色，如企业文化、社区文化、民俗文化、校园文化等，与主流文化相互补充、不相冲突。反文化是与主流文化相对立的文化，如当前我国在一定程度上存在着的腐朽落后的封建主义文化和资本主义文化等，不利于主流文化及亚文化的发展，应该逐步消除。

我国作为社会主义国家，以马克思主义为指导思想，马克思主义信仰和共产主义理想在思想精神领域被当作社会的最高价值理想广为倡导宣传和坚持，社会的先进分子中国共产党员自觉为实现共产主义理想而奋斗。因此，在思想文化领域，马克思主义、中国特色社会主义理论是主流文化，占主导地位。

但随着全球化进程的推进，我国社会的开放程度加深，不同文化的交流碰撞更加频繁，各种西方思潮涌入，宗教迷信泛起，形成了多种文化并存的局面。除了主流文化之外，带有迷信、愚昧色彩的封建思想残余和资产阶级极端个人主义、拜金主义以及享乐主义等腐朽思想依然存在，新生的现代迷信和低俗、庸俗文化以及西方解构主义、文化虚无主义时有泛起，这些都与社会主义的主流文化争夺阵地，从而使主流文化面临前所未有的严峻挑战。

社会价值观念多元化，文化的选择也呈现多样化的态势。价值多元的前提是思想解放，思想解放往往被人们误解为思想上的绝对自由，这种“自由”没有任何约束，进而被视同于“自我”。于是信仰就变成了可以随意捏造和改变的东西，没有了标准和内涵，甚至没有了存在的必要。原本应该是居于人们精神层次中最高地位的信仰，就这样被现实中的所谓的“自由”“自我”所取代，社会信仰迷失在人们精神生活的失序之中。

在我国现代化建设的进程中，人们的精神文化生活层次并没有随着物质生活水平的提高而得到相应的提升，社会上出现了许多泛文化的现象，文化成为经济的附庸，走向庸俗化和低俗化。虽然社会上不时会出现多种文化热潮，但一些流行的文化思潮并不完全可取。其中存在着模糊、偏激、错误的认识，对主流文化、传统文化、大众文化以及外来文化之间的关系没有真正地梳理清楚，并且在一定程度上冲击着主流意识形态，客观上对马克思主义、社会主义文化的基础地位和主导作用造成了冲击和挑战，在某些方面存在主流文化缺位和无声现象，这种缺位与无声致使社会丧失温馨和谐的精神家园，形成正确价值、主流文化的精神空场。

四、人治对法治的消解

在民主制度方面，中国传统社会是一元社会，也就是人治的社会。讲究的是礼法，主要依靠人们的自觉性即内在道德律来约束和规范自己的行为。发展到今天，我国当代社会逐渐成为价值观念多元的社会，讲究的是法治，依靠明确的法律制度来制约社会成员，也即通过外界力量来使社会成员遵守规范。就现实而言，我国的法治建设路远且长，尚处于发展和完善阶段，法治本身面临着诸多困境，法律制度的完备，法律执行的效力，法律对社会的约束力等等问题亟待解决。

价值观念多元的社会环境已经将社会的道德标准严重破坏了，法律作为唯一为社会成员普遍承认的具有强制力的规范和标准，却还没有真正地深入人们的内心，人们的法律意识依然淡薄。换言之，法律只剩下了僵硬的外壳，而缺少了本来应该具备的内在的威慑力。在法律生活中，触犯了法律的当事人通常只有在东窗事发之后，依据法律条文被定罪时，法律才起到惩治的作用。在利益的驱动之下，由于缺少对法律的敬畏，加上中国人传统的“事不关己高高挂起”的习惯，导致人们认为只要自己不受到伤害，又能够满足自己的利益，即便是犯了法，也若无其事。于是人们普遍存在着侥幸心理，钻法律的空子。以腐败现象为例，这是世界各国普遍存在的现象，我国社会也十分严重。中国社会在传统文化的滋养下，是一个重人际关系的“人情”社会。不按规则办事，托关系、走后门的现象在日常生活中很常见。“关系”一词有着十分复杂而特殊的含义，甚至形成了一整套系统的人际“关系”学。法律本是客观的，但解读的标准却存在很多的人为因素，执行起来更是充满了各种人际“关系”。在这样的情况下，普通的人民群众对法律失去了信任，更多的是怀揣躲避的心态，公正、公平、正义成了符号。

五、人际关系紧张

在社会生活中人与人之间的关系纷繁复杂，每一个社会成员的生存和发展都以他人的生存发展为中介，并通过这一中介的生存发展实现自身的生存发展。正如马克思所说：“一个人的发展取决于和他直接或间接进行交往的其他一切人的发展。”[1] 所以，人际关系在某种程度上，直接决定和影响人的生存质量，包括人的精神状态。

人际关系紧张是社会个体的精神需要困境出现的重要原因。20 世纪最重要的心理分析学家之一，美国心理学家和精神病学家、新弗洛伊德主义的主要代表人物、社会心理学先驱卡伦·霍妮（1885—1952）认为，社会和人际关系的困扰与挫折会令人们产生不被喜爱感、不安全感以及不受重视感，从而进一步导致基本焦虑和神经症冲突的产生。现代社会人们生活和工作的节奏都比传统社会加快了许多，生活方式的改变，竞争的增强，生存压力的增大，使得人们不得不加快劳动的节奏，以更加辛勤的努力维持自身的生存，寻求发展。对于城市中漂泊着大批的“蚁族”而言，城市中的生存环境是冷漠而严酷的，他们的生活孤立又单调。闲适的生活对他们而言成了奢望，与过去那种人际间和谐、亲密的友情和交流全然不同，人际关系淡漠而疏远。

功利主义和实用主义破坏着良好的人际交往。伴随着个人利益追求的

---

[1]《马克思恩格斯全集》，第 3 卷，北京：人民出版社，1995 年，第 515 页。

普遍化，人们的物欲膨胀起来，导致了人与人之间情感的冷漠。社会制度的不完善也加剧了社会的不和谐，分配不公造成的贫富差距拉大导致了巨大的心理落差，腐败堕落和欺诈受贿等非法的致富手段使人产生的心态失衡，这些都导致良好的人际关系受到侵蚀。人们常常感到孤独，似乎没有可以进行真诚沟通的人，内心深处的困惑感和挫败感挥之不去，发自内心地感到活着很累、很难。情感的冷漠导致社会丧失了诚信友爱，取而代之的是走向偏执极端的自卑心理和仇恨心理。

前些年，就连原本被认为清纯无染、与世无争的大学校园里也出现了许多因利益关系冲突导致人精神、心理失衡而出现的刑事案件，如1995年清华大学朱令铊中毒致残案，2004年云南大学马加爵杀人碎尸案，2013年复旦大学黄洋遭同学林森浩投毒致死案等，令人十分痛心。家庭是社会中最小的集体，也是社会个体人际关系的最基本层面，家庭是个人的庇护所。中国社会的历史文化传统，向来重视家风家教、倡导孝道、追求家庭和谐，但伴随着社会变化发展，社会生活方式的改变和人的思想观念的变化，传统家庭遭受巨大冲击，家庭人际关系被拉伸、扭曲和撕裂。具体表现为我国离婚率逐步上升，家庭破裂、重组的比例显著增加，父母不和，父母与子女缺少沟通，家庭成员之间关系紧张，更有甚者，为了一己私欲互不相让甚至大打出手，忽视和挑战法律，从而造成了无数的社会悲剧。

六、思想道德约束的严重弱化

思想道德对人的约束，不同于法律的刚性、强制性，是柔性、非强制性的。它之所以能够起作用，一是来自外在合理制度的客观保障，二是来自个人内心道德意识的主观自律。

在社会发展稳定阶段，业已形成的道德十分稳定有力地维护着既有的各种社会人伦关系。但当社会发生重大的变革之际，一方面原有思想道德已不能适应变化了的现实，对于人们的行为缺乏约束；另一方面，新的道德规范虽然出现但尚未确立，对人们的行为的规范约束缺乏稳定性，更是缺乏前瞻指导性，因此在这样相对“道德真空”的条件下，思想道德对人们的行为制约就尤其乏力，整体而言严重弱化。

新中国建立后，马克思主义在理论和实践上取得了巨大胜利。在社会主义建设过程中，在马克思主义理论指导下，对中国传统文化和西方文化进行批判吸收，民族的、科学的、大众的社会主义文化逐步成为中国的主流文化，这种与政治和经济领域的革命同步构筑起来的主流文化，包括当时大力倡导的共产主义道德，在相当长的一段时期都发挥了强大的引导力量。随着改革开放的深入，西方各种思想观念、理论流派传入我国，影响年轻人的思想。同时我国改革过程中深层次问题凸显，各种矛盾与危机开始显露。比如法制建设不健全导致社会弱势群体的合理利益没有得到有效保障，而某些社会闲散分子却钻空盈利，打法律的擦边球；居民的收入差距拉大引起对社会公平的强烈诉求；社会保障制度的不完善使得没有能力谋生的社会群体的生活质量远远低于社会平均水平等。这一切现实问题的存在，冲击着我国的主流文化，原有思想道德对人们的约束力受到冲击和挑战。作为主流文化阵地上的思想宣传界，不能根据受众的心理特点和变化的现实，运用新型话语形式开展有效的思想政治教育和宣传，再加上人们对思想政治教育存在逆反心理，受西方“价值中立主义”的影响，就使思想政治教育和宣传效果大打折扣。

缺少了主导价值观的规范和引导，人们在各种文化价值之间摇摆不定。久而久之就会觉得，是非对错的标准只在一念之间，一切的准则都是自己设想的，这世上并没有什么值得信赖的价值标准。人们不关心是否能够得到他人和社会的认可，社会底线变就得无力和模糊。例如，凤姐的走红就是社会舆论对一些庸俗现象的轻松调侃，表现出的就是一种荒诞不经的生活态度。这种无责任感、无意义感的社会舆论意识如若不加以抑制和引导提升，人民大众的文化判断与鉴赏能力必然会日益下降，最终会对社会文化以及其他方面的进一步发展造成严重阻碍，社会和个人的和谐发展更是无从谈起。因此，通过大力宣传教育，引导广大人民群众接受、认同、弘扬主流文化就显得极为迫切和必要。

七、互联网带来挑战

进入21世纪以来，互联网迅猛发展。就拿短视频用户的使用数据来说，2013年移动短视频初入市场，2016年迅速攀升，出现了众多短视频App。根据中国互联网络信息中心（CNNIC）2020年4月28日发布的第45次《中国互联网络发展状况统计报告》显示，截至2020年3月，我国网民规模为9.04亿，互联网普及率达64.5%；手机网民规模达8.97亿，网民使用手机上网的比例达99.3%。互联网的发展给社会生活带来极大变化。庞大的网民构成了中国蓬勃发展的消费市场，为数字经济发展打下了坚实的用户基础，使数字经济成为经济增长的新动能。互联网应用带动了自媒体的兴盛，与群众生活结合日趋紧密，人们通过微信、短视频、直播等方式，使思想情感获得更丰富自由的表达，从而不断丰富了文化娱乐生活，满足了精神情感需要，提高了生活的获得感。

互联网所产生的影响如同一把双刃剑，在推动着社会和人的思想观念朝着开放、自由的积极方向迈进的同时，也给人的思想、行为带来消极影响。社会上出现虚假信息、网络欺诈、病毒与恶意软件、色情与暴力、网瘾、数据丢失、网络爆红炒作、过于公开、过于商业化、黑客攻击等等现象。它使传统权威受到冲击挑战，甚至丧失其独有的地位而使社会扁平化；社会成员很容易在多元杂驳信息的汪洋大海中难辨真伪而丧失独立性、主体性。互联网在精神层面带给人们的冲击主要表现在以下两个方面。

首先，互联网给人们提供了各种便捷，带来快捷便利的社会生活，但也带来了信息爆炸时代独有的信息选择困难和无所适从。每天进入人们视野的是丰富多样的信息资讯、光怪陆离的现象、闻所未闻的奇闻逸事。通过互联网人固然可以迅速获取各类信息，基于互联网的虚拟世界带给人前所未有的体验。人在互联网的虚拟生活场景中，一方面获得了前所未有的自由，另一方面也由于对大量信息难以甄别筛选而在信息海洋中丧失了自我判断，失去了人的主体性，变成被信息决定，甚至被信息“操控”的人。

其次，互联网使信息交互频繁便捷，极大地拓展了人的视野，延伸和发展了人的认知、情感体验，但另一方面也提供了各种垃圾信息和低俗内容。如：违反法律法规的宣扬血腥暴力、凶杀、恶意谩骂、侮辱诽谤他人、恶意传播他人隐私的信息；违背正确婚恋观和家庭伦理道德的内容；直播平台里低俗无聊的表演、各种自制的真人秀节目，云里雾里的玄幻修真小说……形形色色的垃圾内容，直接侵害腐蚀人的精神思想。

第三节　精神需要困境的反思：当代中国社会转型的精神代价

中国社会发展中，为什么会出现前面所述的一系列精神需要的问题而陷入困境，需要进行深刻反思。任何社会前进和进步都会付出代价。

当代中国社会，通过改革开放带来的进步是巨大的，但同时也付出了诸多代价。精神需要困境的出现，从某一角度说，就是中国社会转型所付出的代价。

关于什么是改革的代价，我国学术界对这个问题的理解不尽相同。诚然，人们为了改革而作出的奉献和牺牲是改革应该付出的代价，但分析出当代社会精神代价，将之降至最低、实现个人和社会的全面和谐发展是我们应该研究的课题。事物的发展总是迂回曲折、充满矛盾的，有利则有弊，有收获自然也会有付出。同样社会改革转型也要付出相应的代价。从宏观的角度来看，当今社会在和谐发展中所面临的精神层面的制约因素，特别是社会群体所面临的精神焦虑，道德耻感下降、行为失范，对法律的怀疑不信任，精神信仰缺失等等诸多困惑，正是在改革开放以来社会发生剧烈变革的大环境下所产生的，是改革过程中社会付出的代价。

任何一个社会阶段产生的社会问题都应该从当时的社会背景去探索，要深入分析我国社会当前普遍存在的群体性的精神困境，就必须要从当今时代的社会环境去挖掘探究。改革开放以来，在不断解放和发展生产力的同时，我国政治、经济、文化、思想等各个领域都在经历着巨大的转变。正如邓小平同志所讲："这场革命既要大幅度地改变目前落后的生产力，就必然要多方面地改变生产关系，改变上层建筑。"[1]

当下中国人出现种种精神焦虑，其社会客观原因在于社会不公平、高房价、贫富差距、特权横行、物价太高、就业困难、食品安全问题、教育焦虑、环境污染等。

社会历史条件总是存在一定限制，由于资源的有限性，改革不可能同时满足所有个体的所有需要。为了优先实现改革的价值目标，人们不得不

[1]《邓小平文选》，第 2 卷，北京：人民出版社，1994 年版，第 135 ～ 136 页。

牺牲或舍弃一些本来对自身有益的价值追求和价值目标，优先满足当时最为迫切的需要，追求占主导地位的发展目标。比如，在效率和公平之间，我国在改革开放之初，优先考虑效率，同时尽量强调兼顾公平。在实际的选择中，相对于效率而言，我们舍弃了一定程度的绝对公平。再如，在一段时间内，我国过于强调经济建设的中心地位，以经济建设为中心，大力发展生产力，这不可避免地在客观上忽略了精神文明和人的全面和谐发展，或者说忽视了精神文明建设的同步性。几十年来的发展结果证明，虽然经济实力得到了极大提高，但社会精神领域却相对滞后，而这种滞后是根本没法用发展物质生产的方法在短期内补齐的。如随着时间的流逝，人们行为中那些传统精神闪光点若无法很好地传承下去，逐渐只会成为某一代人所特有的历史品格而无法再现。

毛泽东曾指出："对立统一规律是宇宙的根本规律。不论在自然界、人类社会还是人们的头脑中，这个规律都是普遍存在的。矛盾着的对立面既统一又斗争，由此来推动事物的运动和变化。"[1] 在追求和实现改革的价值目标时，社会不得不承受改革目标本身所带来的消极后果和不良影响。

我国选择了社会主义市场经济作为经济体制改革的发展方向，就意味着我们不得不面对市场经济的弊端和负面影响。从经济学角度来讲，市场经济需要不断地通过利润刺激、利益驱动、市场竞争、商品交换来促进生产力的进步。当然高效的经济效益也正是市场经济的优势之所在。一方面利益驱动、利润刺激虽然调动了劳动者的积极性，另一方面却极大地滋生了功利主义，这使得企业和劳动者只注重经济效益而忽视了社会效益。换言之，市场竞争虽然加速了社会的新陈代谢，但是必然会牺牲一部分弱者的利益；商品交换虽然改善了人们的物质生活，但却拉大了贫富差距，使

[1]《毛泽东文集》，第 7 卷，北京：人民出版社，1999 年，第 213 页。

得一部分人利欲熏心从而抛弃了道义。将这种消极后果和负面影响控制在最小的限度内具有现实的可行性，但若将其完全消除，在短时间内是不现实的。所以这引发的一系列连锁社会效应使得社会风气在短短几年间充满了浓浓的铜臭味，社会的改革转型在物质领域虽然取得了巨大的成就，但是社会上功利主义、实用主义、个人主义、享乐主义盛行，从而在精神领域使社会付出了巨大代价。

第四章　人的精神需要的合理引导

人的精神需要的合理引导，是指从人类社会健康发展的角度，对人的精神需要进行有利于个人和社会整体的方向加以引导和规范。人的精神需要的合理引导之所以可能，就在于人的精神需要具有特殊性。它与人的客观物质性需要不同，表现出较强的主体差异性、受制约性和不确定性等特点，因此在社会层面考虑人的精神需要满足时，社会便可以依照一定的价值取向加以引导。本章分析人的精神需要的合理引导，目的就是要在上一章考察当代中国人精神需要的困境及其原因的基础上，寻找摆脱困境的出路。

第一节　人的精神需要满足的制约因素

人的精神需要出现困境，是因为精神需要偏离了人的存在和发展的正确合理轨道而走上畸形扭曲的发展道路。要合理引导人的精神需要，摆脱困境，就要弄清并消除造成精神需要困境的因素。

人的精神需要来自人类社会文明的进步，它不是通过虚无缥缈的幻想自发地内在得到满足的，而是必须依赖一定的条件，通过社会交往和各类精神文化产品的消费等才得到满足。这些条件也就成为人在追求精神需要满足过程中的制约性因素，它主要包括外在客观物质性因素和内在主观精神性因素两大类。外在客观物质性因素主要是物质生产力发展水平和政治民主、文化繁荣、社会发展程度；内在主观精神性因素主要包括个人的世界观、价值观、人生观、习惯、审美趣味等。

一、经济制约因素

社会经济的发展状况，决定着人的生存、发展状况。社会经济的发展，对于人的精神需要及其满足来说，具有双重性作用。一方面它为人的精神需要的满足提供物质条件和基础，另一方面又规定和制约着人的精神需要的满足程度。

在当代中国，市场经济打破了单一的计划经济，自由交换的经济活动使人具有活力，给人以巨大的发展空间，使人从原有的“规定”和束缚中解放出来，个人的主体性、创造性得以空前体现。但市场经济同时是一柄双刃剑，资本逻辑占据主导地位，导致另一极端的出现，即人被经济关系、被资本所奴役、支配，主体性因此丧失。西方马克思主义者马尔库塞所讲的“单面人”就是在这样的情境中产生的。就中国现实经济条件看，物质财富仍不够丰富且分布不均，劳动依然是谋生手段，并且在改革和社会转型过程中，一部分人丧失了劳动机会。在竞争激烈的市场经济这个振荡器中，被边缘化的人群由于被甩出社会生活的主流圈，其就业生存方面存在巨大压力，在个人温饱问题无法得到保障时，其更高层次的精神需要必然受到限制。此外，当代互联网经济发展日益迅猛，但是在城乡、不同区域间的发展存在差异，从而影响和制约个人全面、自由、和谐发展和幸福生活的实现。

二、政治制约因素

人在一定的社会结构中生存，必然面临一定的社会政治关系和政治结构。社会政治越文明，人所获得的政治权利、尊重和公平就越充分。就理论而言，民主与法治国家的建立意味着人在政治上逐步解放，人的各种政治权利得到体现，但它并非人类最完美的存在形式。因为国家的实质是阶级统治和阶级压迫的工具，就整个人类而言，依然具有片面性。所以，国家本身的实质就决定了它对于人类来说，不具有永恒终极的意义。它只是人类历史发展特定阶段（阶级社会）的产物，从历史发展的长河来看，必然对人自身的发展形成羁绊和制约。

我国的人民民主专政政权，保证了人民的民主权利。但由于建立在中国历史文化土壤之上，受中国长达两千多年的封建社会政治观念的影响，又由于新中国成立以来长期实施计划经济体制，加之十年“文革”所走的弯路，所以民主法治各项制度不完善，官僚主义、政治上的形式主义和权钱交易的腐败现象，以及政治资源分配的不平衡，人的参与权、知情权不同，同时又得不到有效的法律束缚和保障，造成少数人恣意横行，践踏正义、良知、法律，因而普通人民群众的利益和权力得不到充分保障和体现，也成为制约人精神需要满足的重要因素。中国共产党十八届三中全会提出“推进国家治理体系和治理能力现代化”任务和目标，十九届四中全会专门作出《关于坚持和完善中国特色社会主义制度，推进国家治理体系和治理能力现代化若干重大问题的决定》，概括了我国“坚持人民当家作主，发展人民民主，密切联系群众，紧紧依靠人民推动国家发展的显著优势；坚持全面依法治国，建设社会主义法治国家，切实保障社会公平正义和人民权利的显著优势”等十三个方面的制度优势，制约人的权利和精神需要满足的政治因素将会越来越被克服和消除。

国家治理现代化主要是指国家治理的民主化、法治化、科学化和文明化，主要趋势表现为从传统管制型管理向现代公众参与的公共治理转化进程，其核心是以人为本。推进国家治理现代必然和必须重视人性和人的需要，在国家治理活动中，需要高度重视、尊重人民所思、所想、所愿，实现“人民的梦”。只有这样才能克服和消解制约人的精神需要满足的政治因素。

三、文化制约因素

人是文化的产物，是一种文化生成。文化的繁荣、发展程度，与人的内在精神需要直接相关。文化理念先进与否，文化产业是否发达，文化精神产品是否丰富多样，文化服务是否细致贴心，不仅影响着人的精神生活品质，也决定着人的精神状态。

由于地区经济发展差异明显，我国的文化事业繁荣发展程度有限且不均衡，文化产业尚不发达，精神产品的数量和质量，相对于广大人民的多样性需要来说，远远不能适应。社会不同地域、不同人群以及不同个人的生活经历、文化背景、受教育程度、接受传统文化观念影响程度等差别很大，其精神文化需要、欣赏趣味和习惯明显不同，在较为匮乏和单调的文化产品中，无法选择文化产品的消费，人的精神需要无法得到充分释放和满足，表现为“精神饥渴”。一旦有不健康、不科学的文化观念或文化产品出现，便会迅速占领人的精神世界，为人所接受。越是在文化教育、科学技术发展落后地区，传统文化及落后文化的消极影响越是明显，人的思想观念、精神风貌也就越保守、封闭和僵化。

同时问题的另一极端是，少数在经济上先富裕起来，被称为“土豪”“暴发户”，以及被称为“高富帅”“白富美”的“富二代”们，走上富足道路之时，却出现“精神荒芜”，即在精神生活方面表现出盲目、空虚、颓废、迷茫的现象，在行为上表现为消费主义、享乐主义、拜金主义，用物质上的奢侈消费来填补精神空白和空虚。在文化娱乐领域，在某些演艺公司包装和媒体的宣传下，一批缺少精神、文化内涵、外表显现阴柔之美的“小鲜肉”占据演艺界，引得年轻人追捧，社会审美被引向歧途。2018 年 9 月，中央电视台教育频道推出的开学第一课“创造向未来”，推出的演艺界年轻“小鲜肉”“娘炮”为形象代言人，遭到社会公众和广大家长的批评抵制，认为这些人较少体现民族内在奋斗向上精神，不大可能从正向起到积极作用。

从社会和人的健康、可持续发展角度来看，社会需要大力发展文化事业和文化产业，加强思想道德和理想信念教育，用符合人发展需要的情操高尚、健康活泼、积极向上的价值观引导人，才可以超越制约人精神需要满足的文化因素。

四、个人观念和思维因素

人的行为总是受一定思想观念的支配，通过认知进行比较鉴别，从而作出判断和选择。人在追求自身精神需要满足的过程中，也同样受到已有观念和认知水平等思维因素的影响和制约。

制约人精神需要的个人观念和认知水平等思维因素，在这里主要是指人的思想意识、观念和定势思维。既然人的精神需要是人对自身发展条件的自觉意识和追求，因而往往受到人的自身主观观念和思维方式影响，表现为每个个体对自身精神需要有不同的自觉意识程度。

一个人对社会和他人的认识越丰富客观，思想水平和觉悟程度越高，其个人自身修养也就越高，在追求和满足自身精神需要时也就会更多摆脱世俗偏见，而越显理性。相反，人的认知水平越低，原有思维习惯也就越具有支配性，其作为人的自觉性、主体性显现程度就相对越低，因而其行为更多表现为生命的直接性。其对物质的依赖也就越强，从而影响到人的精神生活和精神需要的满足。具体来说表现为行为方式的积极或消极、思想认识上的激进或保守，从而反过来影响（促进或限制、约束）人的精神追求。而社会多元化的文化思潮，如拜金主义、利己主义、消费主义等等，来自经济、社会的结构性变化和发展，它一方面使人性丰富多样化，另一方面反过来使人们在诸多价值选择面前，由于价值立场的缺失而无所适从，从而表现出精神迷茫、信仰空位，限制了人自身的进一步发展。

第二节　构筑精神需要合理引导的三大保障

对精神需要的合理引导，需要针对现实中精神需要所出现的困境，摸清精神需要发展规律，塑造和构筑引导精神需要的基础与保障。

一、精神需要合理引导的物质保证

生产力高度发展是促进和达到人的全面和谐发展的物质基础，也为引导人的精神需要合理满足提供物质条件和保障。马克思关于满足人的精神需要的理想目标，就是要实现人的全面和谐发展。他曾明确指出："当人们还不能使自己的吃、喝、住、穿在质和量方面得到充分供应的时候，人们就根本不能获得解放。"[1] 恩格斯也说："只有在生产力高度发展的水平上，社会全体成员同样的合乎人所应有的发展才有可能，每个人全面发挥他们各个方面的才能才有可能，为使每个人都有充分的闲暇时间从历史上遗留下来的文化科学、艺术、交际方式等等中间承受一切真正有价值的东

[1]《马克思恩格斯全集》，第42卷，北京：人民出版社，1979年，第368页。

西，把一切从统治阶级的独占品变成社会的共同财富并促使它进一步发展创造了可能性。人们首先必须吃、喝、住、穿，然后才能从事政治、科学、艺术、宗教等等活动。”[1] 所以说，社会生产力的发展，使得社会物质产品极大丰富，人们的物质生活需求得到了满足，生活质量也变得越来越高。人的自由度和社会性不断增长，创造性也随着物质生活的提高不断增强，人的精神世界和生活领域也随之变得丰富，人不再是物的异己力量，而是有了自己的支配力量，这时具有自由个性的人才随之形成。

只有大力发展生产力，创造出与人自身全面、和谐发展相适应的物质文明，才能促进人的和谐发展。也即按解决问题的先后顺序来看，人的生存问题是摆在人的发展问题之前需要解决的问题。作为最革命、最活跃的因素，生产力是决定社会发展和人的发展程度的最终力量。社会物质文明的不断发展，生产水平的不断提高使人们的物质生活得到日益改善，这为满足人的精神需求和进一步促进人的全面发展打下了坚实的物质基础。也正是由于这个原因，中国共产党才强调要始终代表先进生产力的发展要求，通过改革等手段不断促进和推进社会生产力的发展，要尽快地使全国人民过上小康生活，并不断地向更高水平迈进。

改革开放至今的40多年，是中国民众得到物质实惠最多、精神生活变化最大的时期。从整体上看，社会基本安定团结，政通人和，国家的综合国力大幅度提升，尤其是社会经济面貌方面发生了翻天覆地的变化，人民生活从不足温饱到总体小康，再到全面建成小康社会，农村贫困人口从2亿5000万减少到2020年初的600多万，贫困县由800多个减少到52个，经过脱贫攻坚努力，不久就会全部摘掉贫困帽子。我国开始稳步走上富裕安康、建设现代化强国的道路。所有这些成就不仅丰富了人们的物质生活，而且为满足和创造积极健康的精神需要提供了坚实的物质基础。

[1]《马克思恩格斯全集》，第19卷，北京：人民出版社，1963年，第374页。

但是我们也必须清醒地意识到：从总体上说，我国还处于并将长期处于社会主义初级阶段。从宏观角度看，从温饱到小康只是整个社会主义初级阶段中的阶段性发展。现在所达到的小康，还是低水平、不全面、发展很不平衡的小康，我国社会主义初级阶段的经济文化落后的基本国情并没有改变。因此，要想实现人的和谐全面发展，充分地满足人民群众日益增长的物质文化需求，尤其是精神方面的需求，就必须始终坚持以经济建设为中心不动摇，大力发展生产力，加快社会主义现代化建设的进程。同时，加大对人的精神需求的研究和探讨，在建设物质文明的同时，推进政治、文化、社会乃至生态文明不放松，才能满足人的精神需要，全面提高人民幸福生活的指数。

提高全国人民的生活水平和生活质量是全面建设小康社会的出发点和最终落脚点。在人民的基本生存资料得到满足和生活水平初步达到小康以后，要逐步扩大到其他各个消费领域，不断优化消费结构，提高大众的精神文化生活需求，引导人们向发展性消费迈进。同时，为了充分尊重和保障人民的政治、经济和文化权益，维持良好的社会秩序，从而保证人民安居乐业，我们还要积极建设和完善社会保障体系、教育体系和医疗卫生体系等。以此来提高和改善全国人民的物质生活、精神生活、政治权利和生存环境，最终促进人的自由而全面的发展。

二、精神需要合理引导的政治保证

马克思主义认为，社会就是经济、政治和文化三者有机结合、不可分割的统一整体。在现代社会发展中，我们已认识到，经济、政治、文化、社会、生态五大方面建设是一个整体。物质文明、政治文明和精神文明，包括社会文明、生态文明是人们在认识世界、改造世界的过程中取得的成果。其中，物质文明是人类生存发展的基础和保障，政治文明对其他文明的发展起支撑的作用，生态文明是人类存续的条件和前提，精神文明则为整个社会的发展提供价值导向、思想武器和智力支持。

除了起基础作用的物质文明之外，要进一步促进人的和谐发展还必须具备高度的政治文明。政治文明是社会政治生活的进步状态和成果，建立在一定的物质文明、精神文明、社会文明、生态文明的基础之上，既能体现物质文明、精神文明、社会文明、生态文明的发展状态，同时还从宏观上对其他文明起到强有力的指导作用，保证其他建设的性质和方向的文明。在当代中国，推进社会主义政治文明建设既是发展中国特色社会主义事业的需要，也是建设社会主义现代化国家、实现中华民族伟大复兴的需要，还是提升现代化国家治理能力与治理水平的需要。因为对于任何一个国家而言，不论是先进生产力的发展要求，先进文化的发展诉求，还是最广大人民根本利益的实现，都需要一个符合本国国情的、历史文化的政治体制作为保障和支撑。

政治文明的核心是民主，大力推进政治文明建设就是推进社会主义民主建设，保障和维护人民权利，激发全体人民建设美好家园的积极性和创造性。这将为人精神文化生活的进一步丰富和实现人的全面发展提供政治上、制度上的保证，保证发展的内在活力和持续动力。所以发展社会主义民主政治，建设社会主义政治文明既是社会主义建设的重要目标，也是人的全面和谐发展的重要组成部分。

社会主义政治文明，就是要使社会主义民主更加完善，社会主义法治更加完备，依法治国方略得到全面落实，人民的政治、经济和文化权益得到切实尊重和保障。政治清明，才能有更加良好的社会秩序，人民才能安居乐业，人的精神需要和权利的实现也将会得到充分的保证，才能达到毛泽东所倡导的那样：“造成一个又有集中又有民主，又有纪律又有自由，又有统一意志，又有个人心情舒畅、生动活泼，那样一种政治局面。”[1]

我国社会主义政治文明区别于资本主义政治文明的本质特征，集中体现在推进政治文明建设所遵循的基本方针上。建设社会主义民主政治文明，最根本的一点就是把坚持中国共产党的领导、坚持人民当家作主和坚持依法治国有机结合起来。党的领导是核心，是保证人民当家作主地位和实现依法治国的根本保证。目前我国还处于并将长期处于社会主义初级阶段，这一阶段的国际背景和我国经济与社会结构的特征决定了我国社会还存在着阶层差别，还存在出于追求不同利益要求而可能引发的潜在矛盾。在当代中国，中国共产党作为唯一的执政党和领导党的这一地位，决定她必须为全社会作出表率。如何改革和完善党的领导方式与执政方式，提高国家治理的现代化水平，对于推动社会主义政治文明有着全局性的影响。人民群众的利益具有广泛性和实现的复杂艰巨性，这就要求必须由一个能够代表最广大人民根本利益的坚强的政治核心来领导人民行使国家权力、处理国家事务，适当协调社会利益关系，处理好各种社会矛盾，把全国各族人民的力量和意志凝聚起来，投入到社会主义现代化建设中去。

三、精神需要合理引导的文化保证

从广义上讲，文化即是人化，实质上是人类认识世界改造世界的积极成果，涵盖了一切非物质性的社会价值，带有明显的人为痕迹。文化不仅全面反映了人的精神生活，而且是人的全面和谐发展的重要精神条件，同时还是社会进步发展的重要依托。具体地说，文化能够反映人的精神发展的外在环境，是人全面和谐发展状况的晴雨表。精神领域常见的负面消极的问题，

[1] 毛泽东：《一九五七年夏季的形势》，《毛泽东选集》，第 5 卷，北京：人民出版社，1977 年，第 456 页。

比如社会个体心理和情感的扭曲，社会群体性的精神困惑等这些制约人全面和谐发展的精神因素，都集中地反映在文化领域。恩格斯在《反杜林论》中曾指出："最初的、从动物界分离出来的人，在一切本质方面是和动物本身一样不自由的；但是文化上的每一个进步，都是迈向自由的一步。"[1] 促进人的全面和谐发展，最主要途径是不断进行文化创造和文化创新，提升人类的精神文明程度，这样才能为满足和合理引导人的精神需要提供必要的人文环境，从而全面提高人的思想道德素质和科学文化素质。

反映一个人、一个民族素质的最基本标志是思想道德素质和科学文化素质。在当代知识经济迅猛发展的环境下，一个人的思想道德素质和科学文化素质决定了其竞争力和可持续发展的后劲，只有不断提高自身素质，才能获得更加自由而全面的发展。

符合当代中国发展需要的先进文化指的是面向现代化、面向世界、面向未来，民族的、科学的、大众的社会主义文化。在当代中国，用社会主义核心价值观和实现中华民族伟大复兴的"中国梦"这一共同理念来引领社会主义文化建设，坚持马克思列宁主义、毛泽东思想、邓小平理论、"三个代表"重要思想和科学发展观的指导地位，牢牢把握住中国先进文化的前进方向和发展趋势。以社会主义先进文化丰富人们的精神世界，增强人们的精神力量，提高全民族的思想道德素质和科学文化素质。

立足于建设中国特色社会主义的实践，着眼于世界科学文化发展的前沿，不断发展健康向上、丰富多样、具有中国特色的社会主义先进文化，引导广大人民群众从思想上、精神上武装起来，逐步满足人民日益增长的精神文化需求。坚持以科学的理论武装人，以正确的舆论引导人，以高尚的精神塑造人，以优秀的作品鼓舞人。一方面要继承和发扬中华民族文化的优良传统，在内容上和形式上积极创新；另一方面还要积极汲取世界其

[1]《马克思恩格斯选集》，第 3 卷，北京：人民出版社，2012 年，第 492 页。

他民族文化的长处，形成中国特色社会主义文化体系，不断增强文化的吸引力和感召力，在全党和全国人民中形成凝聚人心、统一意志的正确的指导思想和共同理想。

马克思说，教育“不仅是提高社会生产的一种方法，而且是造就全面发展的人的唯一方法”[1]。在现代化的建设中，教育起着先导性和全局性的作用，所以必须摆在优先发展的战略地位。保证人人都享有受教育的机会和充分享受文化成果的权利，确保人人都能紧跟时代发展的要求，掌握先进的科学技术，从而获得发展。

第一，加强科学与教育事业。一是贯彻党的教育方针，全面推进文化教育事业的发展。坚持以为人民服务的宗旨普及义务教育，宣传和普及科学知识，弘扬科学探索精神，加强科教基础设施的建设，将科学知识与生产劳动和社会实践结合起来。同时还要坚持深化教育领域的改革，推进教育体制创新，合理配置教育资源，优化教育结构，提高教育质量和管理水平。二是全面推进素质教育，提升国民文化素质。充分发挥科技和教育在经济和社会发展中的强大推动力，培养大批高素质的专门人才和拔尖的创新型人才，不断把科学技术转化为现实的生产力。三是加强职业教育和培训，发展继续教育，构建终身教育的体系。号召人民群众崇尚科学、鼓励创新、反对迷信和伪科学，在全社会范围内形成崇尚知识、尊师重教的良好氛围。文化软实力的体现，归根结底是一个国家国民的文化素质的体现。被称为“强国”的西方发达国家，其优势不仅是因为经济领域的发达，而且是其普遍较高的国民素质，这是一个国家强大的标志。我国推行的科教兴国战略，虽然使国民的思想道德素质和科学文化素质有了普遍提高，但从现实情况来看，提升国民文化素质仍然任重而道远，特别是在经济落后地区，国民文化程度差异较大，因此必须要大力发展教育事业，提

[1]《马克思恩格斯全集》，第 23 卷，北京：人民出版社，1972 年，第 530 页。

高全民族的综合素质，宣传主流文化，普及法律知识，倡导科学文明，扫除愚昧落后的思想观念。

第二，积极发展文化事业和文化产业。加强配套的文化基础设施建设，提升城乡文化品位，建设一批高标准的城乡文化设施，整合文化资源，不断增强城乡文化的影响力和辐射力。要创作大量的积极向上的文化产品，繁荣和发展社会主义文化，以满足人民群众精神文化需求。习近平指出："优秀文艺作品反映着一个国家、一个民族的文化创造能力和水平。吸引、引导、启迪人们必须有好的作品，推动中华文化走出去也必须有好的作品。所以，我们必须把创作生产优秀作品作为文艺工作的中心环节，努力创作生产更多传播当代中国价值观念、体现中华文化精神、反映中国人审美追求，思想性、艺术性、观赏性有机统一的优秀作品，形成'龙文百斛鼎，笔力可独扛'之势。优秀作品并不拘于一格、不形于一态、不定于一尊，既要有阳春白雪、也要有下里巴人，既要顶天立地、也要铺天盖地。只要有正能量、有感染力，能够温润心灵、启迪心智，传得开、留得下，为人民群众所喜爱，这就是优秀作品。"[1]

与科教文化事业相配合，还要积极推进卫生体育事业的改革和发展，开展全民健身运动，提高国民健康水平。

第三，弘扬传统文化，加强文化交流。文化的核心是价值观。在当代中国，必须弘扬社会主义核心价值观，弘扬中国精神。习近平总书记在十二届人大一次会议闭幕会上指出："实现中国梦必须弘扬中国精神。这就是以爱国主义为核心的民族精神，以改革创新为核心的时代精神。这种精神是凝心聚力的兴国之魂、强国之魂。"[2]这是在继提出实现中华民族伟

[1] 习近平：《在文艺工作座谈会上的讲话》（2014年10月15日），《十八大以来重要文献选编》（中），北京：中央文献出版社，2016年，第123页。

[2] 习近平：《在第十二届全国人民代表大会第一次会议上的讲话》（2013年3月17日），《习近平谈治国理政》，北京：外文出版社，2014年，第40页。

大复兴的中国梦之后，概括的中国精神的基本内涵，阐述了实现中国梦的过程中精神力量的重要作用。

中华文化博大精深，源远流长，是中华民族生生不息、团结奋进的不竭动力，是我国文化软实力的首要资源和重要基础。中国在新民主主义革命、社会主义建设时期和改革开放时期，形成了诸如井冈山精神、延安精神、铁人精神、雷锋精神、改革开放精神、载人航天精神等一系列伟大精神，丰富和拓展了中国精神的内涵。作为世界上唯一没有中断的古老文明，中华文化之所以能够历经五千年的悠久历史而长盛不衰，拥有勃勃生机，就在于它的开放性和包容性。中华民族自古以来就善于学习和汲取不同民族文化的优点和长处，具有海纳百川的广阔胸襟。同时，还具备与时俱进的创新精神，能够在发展历程中不断地吐故纳新，紧随时代潮流。就弘扬传统文化而言，我们必须深入挖掘传统文化的精髓，重视文物和非物质文化遗产保护，摒弃腐朽落后的糟粕，树立国民自尊心和自信心，加强与世界的文化交流，吸收其他进步文化中可以为其所用的部分，增强我国社会主义先进文化的生命力。

第三节　合理引导人的精神需要的原则

人的精神需要是产生于客观物质需要满足及物质条件基础上的，有其客观性。但是在社会生活中，面对人的精神需要出现的种种困境和问题，使其合理、健康地得到满足，而非畸形地发展，就要对其进行引导和规范。

一、尊重规律分层引导

人的精神需要及其满足有其自身的表现特点、发展规律和作用。一般而言，人的精神需要是在一定物质需要满足的基础上才产生的，中国古代哲学家管子所说的“仓廪实而知礼节，衣食足则知荣辱”就体现了这一点。对于人的精神需要的多种形式来说，由心理到情感，再到求真、求善、求美，以至于内心信仰，是一个从表层到内在深层的过程。把握和尊重其内在规律，对于合理引导人的精神需要至关重要。

我国精神领域的许多问题伴随着我国现代化进程的推进一直存在，也十分复杂，对人的自由全面和谐发展的影响极大。要解决这些问题就必须从全社会、全方位的角度来考量，全社会各方长久地通力合作、相互协调。马克思曾明确指出：“既然人是从感性世界和感性世界中的经验汲取自己的一切知识、感觉等等，那就必须这样安排周围的世界，使人在其中能认识和领会真正合乎人性的东西，使他能认识到自己是人。”[1] 引导人的精神需要合理发展，既要把历史前提、现实条件和长远发展结合起来，也要从不同地域、城乡经济、社会文化发展的差别来考虑，还要顾及社会不同成员、不同群体的特点，充分考虑特殊性，分层引导。即使有一些短期见效的方法，也仅能缓解一些现象。要想从根源上解决现存问题，需要全社会的共同努力，甚至需要几代人的共同努力。因此，从全社会全方位的角度，探寻和依据精神需要发展的客观规律是解决问题应该坚持的原则和必然选择。

二、树立正确价值导向

合理引导人的精神需要，除了需要遵循和把握人精神需要满足、实现

[1]《马克思恩格斯全集》，第2卷，北京：人民出版社，1957年，第166～167页。

及发展的客观规律，还要倡导核心的价值理念，为引导精神需要合理实现和发展，树立正确的导向。一个社会，人的精神需要的合理实现及发展，需要整个社会倡导一种正确的、符合社会经济发展、政治进步和人的长久、健康、持续发展的理念来加以引导。社会主义核心价值观是建立在社会主义经济基础之上，反映社会主义经济、政治、文化和社会制度要求，体现社会主义发展趋势的核心价值观念。它的基本内容是：富强、民主、文明、和谐，自由、平等、公正、法治，爱国、敬业、诚信、友善。它从国家、社会、个人三个层面，在全社会提出一种符合社会主义中国发展要求和发展方向的价值理念，同样也成为引导人的精神需要合理满足与发展的指导性原则。

良好的社会风气能给人的自由和谐发展提供良好的环境、氛围。一个充满团结友爱、尊老爱幼、淳朴善良、勤劳勇敢、公平正义的社会环境中，人的和谐发展才具有了现实可能性。在这样的生活氛围中，人们能够保持身心的健康、愉悦，每个人都能积极奋斗实现人生价值。然而，如果生活在一个社会风气极度败坏的环境下，人们所受的是精于算计、明争暗斗、利欲熏心等的影响，贪婪、妒忌、愤怒则会充满人的内心。在这样一种风气之下，社会只会滋生出更多毒瘤，人的和谐发展就更加无从谈起。正如马克思所讲：“既然正确理解的利益是整个道德的基础，那就必须使个别人的私人利益符合于全人类的利益。既然从唯物主义意义上来说人是不自由的，就是说，既然人不是由于有逃避某种事物的消极力量，而是由于有表现本身的真正个性的积极力量才得到自由，那就不应当惩罚个别人的犯罪行为，而应当消灭犯罪行为的反社会根源，并使每个人都有必要的社会活动场所来显露他的重要的生命力。既然人的性格是由环境造成的那就必须使环境成为合乎人性的环境。”[1] 因此，净化社会风气是一项重要的

[1]《马克思恩格斯全集》，第 2 卷，北京：人民出版社，1957 年，第 167 页。

工作，只有处在一个风气良好的社会环境里，人们才能正确认识并做出合理的选择。具体地说，首先，要唤起人们心中的正义感，鼓励人们勇敢同不良社会现象作斗争。其次，应该积极倡导中华民族的传统美德，鼓励尊老爱幼、舍己为人等行为，配合以必要的奖励和保护。

开展社会主义核心价值观教育面对的环境有许多特殊之处，经济全球化处于加速发展之中，社会主义市场经济进入崭新阶段，教育对象的价值观趋向多元化，媒体信息特别是网络信息高度发达，如果仅仅依靠传统思想政治教育的方法，效果不尽理想，有的甚至流于形式。因此，开展社会主义核心价值观教育运用的方法，教育全过程做到既把握人的本质和需要，又把握人的思想和观念，这种方法必须是在继承传统的基础之上进行必要的创新和发展，并在创新和发展的过程中不断赋予其传统方法的新内容和新形式，最终把握和引领人的和谐发展。作为在全社会范围大力提倡和宣扬的价值观，社会主义核心价值观作为社会成员的根本行为指南，为全社会树立和谐发展理念与和谐精神，营造全社会的和谐舆论氛围与和谐人际关系，塑造全社会的正确认识与和谐心态指明了方向。由此才能在包容多样性中增进思想共识，尊重差异中扩大社会认同，形成全民族积极向上的精神力量，形成团结和睦的精神纽带，进而引领社会转型时期和谐社会建设的步伐。

三、营造和优化社会环境

文化自觉可以为合理引导人的精神需要提供指向和营造文化环境。

文化自觉性，指的是生活在一定文化环境中的人，在了解该文化的历史及现实境况的前提下，能够对自身文化的优劣短长形成一定认知判断，并能审时度势，扬长避短，积极主动地促进该文化向正确和健康的方向发展。在这一层面上说，文化自觉可以增强我们在新时代和新环境之下，在文化选择、文化转型和文化创造中的自主性。文化自觉实质上是关于文化的自知之明，是从理论到实践的关于文化的过去、现在及未来的全面自觉，是对文化的理性认识与把握。文化的自知之明与人的理性的自觉的发展是一致的。因此，文化自觉既是文化的自觉也是人的自觉。著名学者费孝通先生认为，在世界各地多种文化接触的全球化进程中，文化自觉是时代变化的迫切要求，文化自觉的意义“在于生活在一定文化中的人对其文化有‘自知之明’，明白它的来历、形成的过程，所具有的特色和它的发展的趋向，‘自知之明’是为了加强对文化转型的自主能力，取得决定适应新环境、新时代文化选择的自主地位”。[1]文化自觉本身并不带有任何的“文化回归”的意思，也就是说并非要“复旧”或者“全盘西化”，而是对文化的认知和反省。

要加强社会主义主流文化建设，首先必须加强文化自觉性，在建设中对存在问题进行反思的基础上，尽可能地吸收传统文化中的精华，借鉴外来文化中优秀的东西，结合时代环境和时代发展要求构建起符合当代人精神需求的文化体系。也就是说无论是应对国内环境的变化，还是全球化背景下国际文化的友好交流，文化自觉都应该指向人的精神生活领域，寻求和谐发展的前提和途径，促进人的身心和谐而发展。

四、塑造健康人格

精神需要的合理引导，离不开理想人格的实现。理想人格很大程度上取决于自我塑造。这种塑造是一个由外到内的过程。因此在引导人的精神需要合理满足时，也需要遵循由外到内的逻辑理路，促进健康人格的自我

[1] 费孝通：《关于“文化自觉”的一些自白》，《群言》，2003 年第 4 期。

塑造。只有这样，一个健全的人才会健康、合理地追求精神需要的满足。

人是社会文化的产物。人们在社会生活中受到社会法律、道德和风俗习惯的约束和影响，这种影响通过外在的舆论、价值评价、普遍的社会行为规范作用于人，内化为人的自觉意识和自我约束能力，从而逐步形成完整人格。从根本上说，人们的社会行为虽然受到外界环境的影响，但最终决定因素在于主体人自身，人是在主体自身的自觉、自愿、自我支配下行动的。因此，在合理引导人的精神需要时，就要求我们遵循人格形成的由外及内的逻辑理路，在解决和克服当前社会法律和道德存在的种种问题的同时，也要将关注点从外部制约因素转移到主体内在因素上来。要想从根本上减少或避免负面问题的发生，就要不断提高主体对社会法律、道德的自觉意识，而这种意识在社会中主要表现为人的责任意识与义务观念。责任意识与义务观念对人的行为起着重要的调节作用，它能端正人们在社会行为中选择的动机，掌握行为选择的方向，并指导人们选取具体行为的方案等等。任何人只要处于具体的社会关系中，都要承担起法律责任和道德责任，不仅对自身任何行为负责，对社会和他人也负有责任，任何人在选择其行为时都不应为了回避自己应尽的义务而作出与之相反的选择。社会成员的法律和道德意识实质是对民族共同的社会理想的认同，是一种社会责任感和认同感，是对建设现代化国家而努力奋斗的人应承担的历史责任的认同。国家富强、民族兴盛、社会和谐、人民幸福符合人们对理想社会的要求，人们往往希望享受更多自由和权利，但这意味着也要承担更多的社会责任，要求社会成员普遍具有强烈的社会责任感。只有每个人都能够做到自觉自律，深刻认识到自己肩负的责任和使命，人在精神领域的和谐发展才能成为现实。

健康人格的塑造包括人的认知水平、思想观念、情感意志、身心素质、才能智慧等的提升。人对自我要有正确认识，客观地认识自己的能力水平，直面真我，根据个人的实际情况树立正确的人生理想和明确的人生目标，同时拥有积极向上的健康心态和持之以恒的意志品质，才会通过自己一点一滴的努力品味收获的喜悦。有了这样的自我认知支持，人们为了自我目标的最终实现就会投入更大的热情和精力，其内在精神追求和精神特质必然逐步显露出来。社会就是顺应人内在精神追求和精神成长规律，通过创造符合社会和人健康发展的丰富文化产品满足人的精神文化需要，培养高雅的生活情趣，提高人的精神境界并使之从中体验愉悦，塑造健康人格，达成生命状态的和谐局面。

第四节　合理引导人的精神需要的路径

合理引导人的精神需要，要在把握人的精神需要满足以及变化规律的基础上，分层次逐步推进。具体说来，既要从人精神需要的最根本、最内在的信仰、价值观入手进行引导，也要从营造外部环境来展开；既要从社会层面推进文化建设，也要从个体角度给予尊重关爱，这样才能由上至下，由显入隐，由浅入深，内外结合，对人的精神需要的合理满足与发展起到作用。

一、切实培育和践行社会主义核心价值观

人的精神世界、精神需要问题，就内在层面上说也就是思想问题，思想问题的最核心本质是价值观和信仰问题。价值观是人精神需要的高级层次，它给人以精神支持和行为导向。任何人的生存发展离不开对事物及个

人行为意义的认识，也就是价值认识和价值评价。而个人的价值认识和价值评价即价值观，同时也是社会的。因此，人的生存和发展离不开社会所倡导的核心价值观。

社会价值导向深刻影响和制约着人的主观认识、精神状态和行为选择等，能从根本方向和路线上为人们指明“应当如何”和“不应当如何”，对人如何认识自我，如何规范自身行为，如何在物质和精神方面成就自我并为社会所认可起到指引和导向作用。社会多元化和多层次的价值观念在一定程度上混淆了人们的价值观念，造成人们价值选择的困惑。只有明确和统一了社会的价值选择，社会成员在社会生活中有原则可遵循，才能解决和克服影响人和谐发展的社会群体性精神困惑等问题。社会价值导向往往通过社会舆论集中反映出来，是社会舆论导向的核心。

社会主义核心价值观是中国时代精神的反映和凝结，体现社会主义中国发展的内在精神要求，为中国社会和谐发展和人的发展提出了价值尺度，也是中华民族崛起的精神动力。中国共产党的十八大报告，从价值理念视角提出三个倡导，即“倡导富强、民主、文明、和谐，倡导自由、平等、公正、法治，倡导爱国、敬业、诚信、友善，积极培育社会主义核心价值观”，从三个层面提出了中国当代社会发展的价值导向，这是对社会主义核心价值观的最新概括，是建设美好精神家园的美好成果与指导原则，也是对人的精神世界的充实、丰富，为人的精神需要的满足提供了精神资源。

积极培育和践行社会主义核心价值观是推进社会主义核心价值体系建设的基础工程，是维护我国意识形态安全的迫切需要，也是坚持和发展中国特色社会主义的内在要求。胡锦涛在党的第十六届六中全会报告中，明确界定了社会主义核心价值体系，指出：“马克思主义指导思想，中国特色社会主义共同理想，以爱国主义为核心的民族精神和以改革创新为核心的时代精神，社会主义荣辱观，构成社会主义核心价值体系的基本内容。坚持把社会主义核心价值体系融入国民教育和精神文明教育全过程、贯穿现代化建设各方面。”[1] 中国共产党十八大以来，培育和践行社会主义核心价值观受到中央高度重视。2013 年 12 月，中共中央办公厅印发《关于培育和践行社会主义核心价值观的意见》，明确提出，以“三个倡导”为基本内容的社会主义核心价值观，与中国特色社会主义发展要求相契合，与中华优秀传统文化和人类文明优秀成果相承接，是我们党凝聚全党全社会价值共识作出的重要论断。自我国提出社会主义核心价值体系的命题后，社会主义核心价值体系的研究宣传，就成为社会广泛关注的重大理论和实践问题。随着认识的深化，在理论和实践层面都取得了突破性进展，对社会主义核心价值观的研究、凝练成为完善社会主义核心价值体系的着力点。

社会主义核心价值观，对树立科学的人生态度，形成健康的生活方式和良好的社会道德风尚起着重要的引领作用。习近平 2018 年五四青年节前在视察北京大学时指出：“马克思主义是我们立党立国的根本指导思想，也是我国大学最鲜亮的底色。”“要抓好马克思主义理论教育，深化学生对马克思主义历史必然性和科学真理性、理论意义和现实意义的认识，要坚持不懈培育和弘扬社会主义核心价值观，引导广大师生做社会主义核心价值观的坚定信仰者、积极传播者、模范践行者。”[2]

当今国际风云动荡，世界格局调整剧烈，正处于百年未有之大变局。不同国家思想文化交流、交融、交锋更加频繁，文化在综合国力竞争中的战略地位越来越凸显，一个国家内在的民族精神、核心价值体系和核心价值观在社会发展和国家安全中的生命线作用越来越突出。坚持和发展中国特色社会主义，必须用社会主义核心价值体系和核心价值观引领社会思

[1] 胡锦涛：《中共中央关于构建社会主义和谐社会若干重大问题的决定》，中国共产党十六届六中全会通过，北京，2006 年 10 月。

[2] 习近平：《在北京大学师生座谈会上的讲话（2018 年 05 月 02 日）》，《人民日报》，2018 年 5 月 3 日，第 2 版。

潮、弘扬社会正气、培育文明风尚，塑造崇高人格和民族精神品格，培育和谐人际关系，在全民族凝聚起团结奋斗的共同意志。

社会主义核心价值观是社会主义核心价值体系基本价值理念的集合体，是社会主义核心价值体系最深层的精神内核。它与改革开放实践的深入推进、我国国民教育和精神文明建设、全面建成小康社会的奋斗目标、人的全面发展和幸福生活密切相关，因此要让广大人民群众深切体会到社会主义核心价值理念是“共同富裕”“人民幸福”价值诉求的集中体现，不断形成更加广泛的价值认同，成为凝聚13亿人民为全面建成小康社会、实现中华民族伟大复兴的中国梦而奋斗的共同思想基础和精神纽带。

我国正处于全面建成小康社会的决胜阶段，国内社会主要矛盾发生变化，价值观念多元多样多变。西方敌对势力利用普世价值、民治思想、宗教信仰对我国实施价值观渗透战略，进行意识形态领域的人心争夺战。面对价值观、意识形态领域的渗透与反渗透斗争，需要积极主动应对，不能把自己的阵地拱手相让，这就需要发挥主流文化的主导作用，坚持以马克思主义为指导，大力加强社会主义核心价值体系建设，培育和践行社会主义核心价值观，不断增强中国文化自觉和自信心，才能有效抵御西方敌对势力的渗透。

社会主义核心价值观规定着我国文化的性质和发展方向，是文化的核心和灵魂；它可以增强社会主义意识形态的凝聚力和吸引力，是社会主义意识形态的本质体现；它可以促进提升人的精神境界，实现人的全面发展。因此必须旗帜鲜明地加强社会主义核心价值体系建设，培育和践行社会主义核心价值观。

二、加强公民道德建设

人的精神需要问题与人的思想道德意识密切相关。从某种意义上说，有什么样的思想道德状态和风貌，决定着人以何种方式和手段寻求精神需要的满足，以什么样的精神食粮填充自己的思想，从而也就决定着一个人有着怎样的精神状态，是怎样的人。因此，加强人的思想道德建设，加强社会每个公民的道德建设尤为关键。这为人的精神需要合理引导提供道德环境和道德保证。

我国公民道德建设方面仍然存在不少问题。一些领域和一些地方道德失范，是非、善恶、美丑界限混淆，拜金主义、享乐主义、极端个人主义有所滋长，见利忘义、损公肥私行为时有发生，不讲信用、欺骗欺诈成为社会公害，以权谋私、腐化堕落现象严重存在。这些问题如果得不到及时有效解决，必然损害正常的经济和社会秩序，损害改革发展稳定的大局，也必然影响我国现代化建设和民族伟大复兴的步伐。加强社会成员的思想道德建设，对于社会和谐和人的全面发展具有重要意义。

在推进公民道德建设的过程中，既要有高层次的思想价值引领，树立远大的理想和高尚道德，又要进行社会层面的道德规范建设。具体来说，有以下方面：一要引导社会成员树立中国特色社会主义的共同理想，树立正确的世界观、人生观以及价值观。二要弘扬爱国主义精神，坚持以为人民服务为宗旨，以诚实守信为重点，加强和进一步强化社会公德、职业道德和家庭美德教育，尤其对大中小学生要加强思想道德教育。三要坚持继承中华文化优良传统与弘扬时代精神相结合，鼓励支持一切有利于国家统一、民族团结、社会进步的思想道德，一切有利于解放和发展社会生产力的思想道德，一切有利于追求真善美、抵制假恶丑的思想道德，一切有利于履行公民权利与义务，弘扬勤劳勇敢的奋斗精神和高尚的思想道德。同时还要大力倡导爱国守法、明礼诚信、团结友善、勤俭自强、敬业奉献的公民基本道德规范，引导社会成员树立科学的思想、开放的观念、创新的精神、竞争的意识、实干的作风和文明的素养。要坚决反对和抵制拜金主义、极端个人主义及享乐主义等腐朽落后的思想糟粕，引导人们在遵守基本行为规范的基础之上追求更高远的思想道德目标，以此增强全国人民的民族自尊心、自信心和自豪感，不断激励他们为中华民族的伟大复兴不懈奋斗。

三、提高解决民生问题和社会治理的能力

引导人的精神需要趋向合理化，并顺利地得以实现，需要一定的社会条件，这就要坚持在发展中保障和改善民生，创造和谐、和美的社会环境，实现和保持整个社会成员个体身心健康与和谐发展。而做到这一点就需要提高国家、社会治理能力和治理水平，提升社会和谐发展的程度和水平。

国家治理体系是组织、实施与运作国家制度的完整系统，包含治理的制度，治理的理念、目标，治理的组织者、参与者以及治理的方法、运行方式等诸多要素。国家治理能力是运用国家制度管理国家、社会各方面事务的能力，涉及改革发展稳定、内政外交国防、治党治国治军各个方面。

保障和改善民生，就是要坚持深化改革促进发展，切实地做好就业、分配、保障、看病、住房、教育、卫生等方方面面的工作，建立健全社会保障制度，促进社会公平正义。重视解决现实社会发展中的不平衡现象，在基础设施、社会保障、教育、医疗卫生等方面为城乡居民提供均等化的公共服务。同时尽可能减少改革过程当中的阵痛，最大限度地减少社会负面事件发生的概率，集中力量解决影响社会和谐发展的突出矛盾，着力解决好广大人民群众最关心、最直接、最现实的利益问题，尽可能地将社会成员所面临的风险因素降到最低，消除社会成员生存、发展的后顾之忧，这样才能为引导人的精神需要走向合理化奠定社会条件。

以人为本是人文关怀的核心。人的主观感觉，是人这一主体对客体即

现实生活的映象和反映，这种反映起着调节人们行为的作用。高度重视人民群众在主体感受上是否满意、是否赞成、是否高兴的情绪反应是坚持以人为本的重要标志。中国共产党十六届六中全会审议通过的《中共中央关于构建社会主义和谐社会若干重大问题的决定》明确提出，构建和谐社会要“增强人民群众安全感”。人的感觉是多层次且复杂的，除了安全感之外，还有归属感、满足感、成就感和自豪感等等。总而言之，这都属于人们的幸福感范畴。中国共产党十八届五中全会提出创新、协调、绿色、开放、共享五大发展理念，坚持人民主体地位、回应人民群众需求，体现了社会的全面进步、人的全面发展总的价值目标。十九大提出要满足人民群众对美好生活的需要，这种需要所包含的安全感、获得感、幸福感，既涵盖了人的现实物质需要，也包括了人的精神需要。

就现实而言，满足精神需求比单纯地满足物质需求要难得多，要让人民群众在生活富足的基础上，感到精神充实，心灵愉快，提升政府和各级组织的社会服务、治理能力和管理水平尤为重要。近年来，全球范围内国民幸福指数核算方法广为推行，这为我国政府从密切关注社会民众的主观感受出发，推行人性化的管理模式提供了新的视角。在现有的物质条件尚不能完全满足全体社会成员物质需求的情况下，要教育和引导人们保持积极向上的乐观心态，才能使人的精神状态平稳，人的精神世界和谐，推动人的和谐发展。

四、从个体差异出发尊重个体

合理引导人的精神需要，最终要落脚到每个社会成员个体身上，因此要考虑社会成员的个体差异，充分尊重个体。

人的个性品格是人精神结构中相对稳定的层面，包含情感、理性、心理和意志等多方面的向度和规定，反映出每个人特定的、独有的品格特征。不同个体内在的心理素质、情感特点、感受能力、认知倾向、价值观念等方面具有鲜明的差异，如同有一千个读者就会有一千个哈姆雷特一样，即使在基本相同的生活境况下，个体差异也会表现得非常明显。面对同样一件事情，人与人的表现会大相径庭。有人感到幸福，有人觉得失落；有人积极乐观，有人悲观失望，甚至还会有人将痛苦和绝望埋藏内心深处，这些都体现了人的个性品格存在的意义。

一个人的个性品格是由先天的心理、情感、行为特点和后天的人际关系、社会环境共同影响造就的，直接决定了个体身心能否和谐发展。如果构成个体品格因素中积极的成分和肯定的倾向减少，就会导致个体心理和情感的扭曲。其中，自我认同是个体品格因素的诸多方面中最重要的方面。缺乏自我认同或者持有不健康的自我认同极易造成各类心理疾病。根据医学部门的统计数据，“我国大约有 1.73 亿人存在各类精神问题，其中 1.58 亿人并没有接受过精神卫生的专业治疗，而这之中绝大部分人并没有意识到问题的存在”。[1] 因此，个人品格问题必须引起足够的重视，并从人格的差异出发加以引导。

五、健全社会心态疏导机制

人的精神需要与人的心态密切相关，合理引导人的精神需要，就是要形成平和、健康的社会心态，它事关人的和谐发展问题。关于人的和谐发展问题，一向是人的发展的重要方面，从人与他人的关系的角度来说，指的是人际和谐；从人的个体角度来说，指的是身心和谐。人际和谐和身心和谐的形成需要社会的疏导。中国共产党十六届六中全会第一次明确提出并强调，要“注重促进人的心理和谐，加强人文关怀和心理疏导，引导人

[1] 田鹏、齐小苗：《1.73 亿中国人的精神危机》，《科学新闻》，2009 年第 17 期。

们正确对待自己、他人和社会，正确对待困难、挫折和荣誉。加强心理健康教育和保健，健全心理咨询网络，塑造自尊自信、理性平和、积极向上的社会心态”。[1] 促进人的心理和谐这一命题一经提出就引起了不小的社会轰动。这充分地表明我们已经开始认识到解决社会矛盾并非单一的经济问题，要想追求经济社会的长久高速发展，必须处理好社会发展中的重大关系，如人与自然、眼前和长远利益、效率和公平、先富和后富、社会各阶层利益差别等诸多方面的矛盾关系，同时更加注重人自身的和谐发展，真正地构建各方面协调发展的和谐社会。

因此，从社会治理的角度来说，要加强监测、评估和预警社会的心态，避免不良心态积累恶变，健全完善社会心态疏导、调适与平衡工作机制，促进社会情绪交流渠道畅通，引导社会形成自尊自信、理性平和、积极向上的良性心态，在潜移默化中帮助人们达到心理和谐。增强心理健康教育，增加心理卫生方面的投入，发挥社会预防、救治的机能。建立健全心理问题咨询体系，贯穿人文关怀、渗透心理疏导，将心理关怀体现于各级各部门的思想政治工作、学校教育、家庭教育、舆论引导和心理医疗等各个方面。为培育人的心理和谐提供社会环境支持，每一个单独的组织内部都要注重心理关怀、关注，从组织与成员到成员与成员之间都要加强交流和沟通，关注人的思想精神动态和心理健康，最大限度地减少外部诱因而引发的人们心理失衡、失调。

六、连通主流文化与大众文化

文化是一个国家的软实力，也是国家综合国力的重要体现。主流文化

[1] 胡锦涛：《中共中央关于构建社会主义和谐社会若干重大问题的决定》，中国共产党十六届六中全会通过，北京，2006 年 10 月。

是一个社会、一个时代占主导地位、起主要作用的文化，而这种文化往往是统治阶级所倡导的文化。马克思、恩格斯指出："统治阶级的思想在每一时代都是占统治地位的思想。这就是说，一个阶级是社会上占统治地位的物质力量，同时也是社会上占统治地位的精神力量。支配着物质生产资料的阶级，同时也支配着精神生产资料，因此，那些没有精神生产资料的人的思想，一般地是隶属于这个阶级的。"[1]

因此，主流文化支配和影响着非主流文化。

大众文化这一概念最早由西班牙哲学家奥特加（1883—1955）在《民众的反叛》一书中所使用。在这里大众文化是相对于主流文化而言，主要指的是一个国家、一个社会中流行的被大众所信奉、接受的文化。

主流文化和大众文化在承载主体、反映内容和体现形式上都有一定区别。但在社会主义社会，国家倡导的主流文化和社会成员信奉的大众文化，从人与社会发展的长远和根本利益来说是一致的。"文化越来越成为民族凝聚力和创造力的重要源泉、越来越成为综合国力竞争的重要因素。"[2] 繁荣的社会主义文化既是构建社会主义和谐文化的重要内容，直接关系到以何种丰富程度的精神产品满足人的精神需要，也是社会主义现代化建设能否成功的关键，其重要性不容小觑。在文化发展中，主流文化应该通过增强国家的文化软实力建设与大众文化连通起来，这样才能更好地接地气，符合大众需要，引导大众文化。

连通主流文化与大众文化，必须注意两个方面：

第一，要在大众文化中渗透主流文化所倡导的价值观念。文化建设的基础是人民群众在现实日常生活中表现出来的对理想的追求、对精神享

[1]《马克思恩格斯选集》，第 1 卷，北京：人民出版社，第 178 页。

[2] 胡锦涛：《高举中国特色社会主义伟大旗帜 为夺取全面建设小康社会新胜利而奋斗——中国共产党第十七次全国代表大会上的报告》，北京，2007 年 10 月 15 日。

受的要求、对伦理道德的期望等等，它以日常的、通俗的、非正规的、非严肃的多种方式表现出来，要将主流文化所倡导的价值观念，采取大众喜闻乐见的文化形式，渗透大众生活，如日常娱乐、消遣等方面，而不能采取生硬死板的方式令人强迫接受。在这方面我们可以借鉴国外的成功范例，如美国好莱坞大片，始终如一地在电影中表现和宣扬带有美国色彩的价值观念，常见的有个人英雄主义、普世价值等价值观和意识形态。这种主流文化意识看似无意识地渗透，一方面为电影投资方赢得了丰厚的电影票房，另一方面又传播了本国的价值观，为支撑和巩固资本主义的统治制度起到了重要作用，而这一作用具有精英文化所无法达到的深入人心的感染力。所以说，要想真正构建起先进的社会主义文化建设，单纯依靠政府自上而下的“红头文件”远远不够，必须更加注重社会效益与经济效益的统一，文化事业和文化产业发展必须切实贴近现实生活，引导全民参与其中，只有这样才能在文化领域为人的和谐发展做出正确的引导。

第二，要加强文化事业管理，推进文化创新，增强主流文化发展活力、吸引力和感召力。要尊重文化建设规律，不断创新，寻求符合当今时代的文化内容，加快文化领域的立法工作，制订和完善一系列加强宏观管理、进行资源整合的法律法规，要坚持以市场为导向配置人才、资本、信息等要素资源，优化文化产业结构，壮大文化产业，创建世界文化品牌，增强主流文化发展活力，增强对大众文化的吸引力和感召力。

七、注重文化产品的社会效益

文化产品对于人的精神生活和精神世界的影响和引导作用极大。在市场经济条件下，文化产品作为商品具有双重特性，即同时具有经济价值和社会价值。在市场上销售，必然符合人们的消费心理和消费趣味，才能具有交换价值，才可能发挥社会价值。但同时文化产品总是承载和反映着一定的时代精神和价值追求，有精神价值和审美取向，具有社会效益和社会教化功能。对人的精神需要加以合理引导，就要注重文化产品的文化内涵，提升其社会效益。

大众文化产品和文化产业使得文化更加接近人民大众，但是也给主流文化带来了冲击。走向市场意味着绝大多数文化艺术产品是要成为满足人们精神文化需要的消费品的，所以不仅要考虑消费者能否接受，还要考虑能否获得相应的经济效益。除了公益性文化产品之外，所有非公益性的文化产品都不可避免地受市场机制的影响。市场经济体制下的商品化倾向使大量低级趣味的文化商品在文化市场上泛滥成灾，不仅无法提升人的精神生活品质，反而带来了恶劣的负面效应。鉴于文化产品具有社会价值和审美价值的特殊性，不能为了实现经济价值而放弃文化艺术的社会效益，一味迎合满足某些消费者低级庸俗的消费心理和消费需求。应该在坚持社会效益的前提下，实现经济效益与社会效益的统一。

第五章　人的精神需要与人的全面持续发展

人的全面持续发展，不仅需要物质条件的支撑，也要满足人的精神需要。人的精神需要及其满足程度对人的全面持续发展有重要作用。当人的正常合理的精神需要无法得到满足时，或被别的需要挤压，这种需要必定会以变形的方式畸形地表现出来，也必然影响到人格的健全和持续发展。

因此，人的全面持续发展离不开精神生活的丰富和精神需要的满足，它是在人的物质需要得到满足、物质生活全面发展的基础上，人的本质力量、精神属性日益彰显和人的精神生活愈益丰富的过程。

第一节　精神需要满足与人的全面发展

人的全面发展，是从广泛性上谈人的发展，它是指人的各种需要、各种素质、各种能力、各种活动和各种关系的整体发展，是每个社会成员全部力量和才能的展示过程，也即人的本质力量的显示、充实、拓展过程。对此，马克思指出“个人的全面性不是想象的或设想的全面性，而是他的现实关系和社会关系的全面性”。[1] 人的发展就是“人以一种全面的方式，

[1]《马克思恩格斯全集》，第 46 卷下，北京：人民出版社，1980 年，第 36 页。

就是说，作为一个总体的人，占有自己的全面的本质”[1]，它是“人的本质客观地展开的丰富性”[2]。

人的全面发展实质是人根据自然界和社会发展的客观规律全面地改造自己、丰富自己的需要、提高和拓展自己能力的过程，它使人摆脱过去的限制条件和制约因素，摆脱一切鄙俗的低级趣味，成为面向未来的新人。在促进人全面和谐发展的过程中，不仅要奠定良好的物质基础、政治生态、文化环境等这些外在条件，而且更要提高人主体自身的素质水平，而人的精神生活、精神需要的满足和丰富，无疑成为人的全面发展的必要前提和当然内涵。

人的全面发展不仅包括物质条件的满足，人的各方面要素相和谐，也包括人精神需要的满足，物质生活与精神生活相和谐。人作为自然、社会和精神的存在物，不仅具有动物性，还具有思想、情感、意志、信念等社会性、精神性特征，是综合了动物性、社会性和精神性的存在物。这就决定了人具有追求丰富多彩、文明高雅的精神生活的本质。因此，在一定条件下，满足人的精神需要甚至比满足人的物质需要更加重要和迫切，更加使人“成为”人，使人生活得更像人。正如马克思所指出的，人们除了满足吃、喝、住这些自然需要外，还必须满足“精神的和社会的需要”，满足求真、向善、爱美的需要。

人满足精神需要，是人本质力量的展现。马克思在《1844年经济学哲学手稿》中，分析了动物和人的生产的区别，指出动物的生产是片面的、在直接的肉体需要的支配下的生产，只生产自身；而人的生产是全面的，人能自由地对待自己的产品，同时再生产整个自然界。他说：“动物只是按照它所属的那个种的尺度和需要来建造，而人却懂得按照任何一个种的

[1]《马克思恩格斯全集》，第42卷，北京：人民出版社，1979年，第123页。
[2]《马克思恩格斯全集》，第42卷，北京：人民出版社，1979年，第126页。

尺度进行生产，并且懂得怎样处处都把内在的尺度运用到对象上去；因此，人也按照美的规律来建造。”[1] 马克思关于人的本质力量的深刻论述，给我们理解人的精神需要以启示。马克思在这里所说的人，不同于动物，懂得变通，能够变化不同的尺度来进行生产活动，并且还了解如何将内在的尺度渗透到生产对象上去。就是说人具有主体性、创造性，具有精神自由和精神创造性，人懂得按照客观的规律来创造，从某种意义上说，人具有超越于肉体需要的尺度，这就蕴含着人的精神需要，是由人的本质存在所决定的。人的精神需要的满足丰富了人的存在维度，使人摆脱片面和单向度的存在状态，促使人全面和谐发展。

人的精神需要还会推进人的主体性和主体意识的觉醒。主体性是指在人与自然、社会和他人的关系中，人具有主导地位和自主决定作用。从一般意义来说，主体性是人在与客体的相互作用中的自觉能动性，具体表现为自为性、自主性和能动性。主体意识就是人对自身的主体地位、主体能力和主体价值的自觉意识，以及在此基础上对外部世界和人自身自觉的认识和改造的意识。人的主体性和主体意识是与人的精神自觉联系在一起的。在某种意义上，可以说是二而一的，表现为二，实质为一。德国思想家马克斯·舍勒（1874—1928）指出，具有主体意识的人，是在越来越高的阶段中，在新的领域中自己觉察自己，为的是最终在人身上完全占有和认识自己。人在追求自己精神需要满足的过程中，一方面表现了主体的自觉能动性，另一方面也在主体意识的支配下，对自身的主体地位、主体能力和主体价值的自觉意识不断加强。所以说，人的精神需要的满足，进一步推进了人的主体性和主体意识的新的觉醒。

[1]《马克思恩格斯全集》，第 42 卷，北京：人民出版社，1979 年，第 97 页。

第二节　精神健康与人的持续发展

人的全面发展不仅包含人的精神需要得到满足，人的主体性和主体意识得以新的觉醒，也包含着人的精神健康、心理健康和道德观念顺应、符合社会发展要求等客观内容。

一、精神健康是健康的应有之义

什么是健康？长期以来人们简单地把健康理解为“无病、无伤、无残”。随着人们在战胜传染病等方面能力的提升，慢性病、精神病以及意外伤害等对健康的影响逐渐突出并成为威胁人类健康的主要杀手。因此，1978 年 9 月，世界卫生组织（WHO）和联合国儿童基金会（UNICEF）对健康作出明确定义：健康不仅是没有疾病或者不虚弱，而且是身体、精神的健康和社会幸福的完美状态。1990 年，世界卫生组织又重新颁布了对健康的新定义，指出一个人只有在躯体、心理、社会适应和道德四个方面都健康，才算是完全的健康。为具体衡量一个人到底怎样才能算得上是“完全健康”，世界卫生组织还据此提出了个人健康的 10 条具体标准[1]，其中

[1] 10 条标准为：1. 精力充沛，能够从容不迫地应付日常生活和工作的压力而不感到过分紧张。2. 处事乐观，态度积极，能够积极承担责任，不斤斤计较日常生活中的小事。3. 善于休息，睡眠良好。4. 有较强的应变能力，能够迅速适应新环境或环境中的新变化。5. 抵抗力较强，能够抵抗一般的感冒和常见的传染疾病。6. 体重适当，身体匀称，站立端正，身体协调。7. 眼睛明亮，反应敏锐，眼睑无炎症。8. 牙齿清洁，无龋齿，无痛感，牙龈颜色健康，无牙龈出血症状。9. 头发有光泽，无头屑。10. 肌肉和皮肤富有弹性，走路轻松自如。——作者注。

除了七项身体生理方面的指标，另有三项关于人的精神、态度方面的标准。

躯体健康指的是人身体、生理方面的健康。心理健康指的是人格完整，情绪稳定，自我感觉良好，积极情绪大于负面消极情绪，并且有良好的自我控制能力；能够保持情绪上的稳定，能自尊、自爱、自信但不自傲，有自知之明，能进行正常的人际交往，能得到他人的接受和信赖；对未来生活有明确的目标和规划，能切合实际地不断进取，有理想和事业上的追求。社会适应就是人的各种心理活动和行为能适应复杂的环境变化，很好地与他人沟通和相互所理解。道德健康就是人具有辨别是非真伪、美丑善恶的能力，能够在不损害他人利益的前提下满足自己的需要，能够按照社会公认的准则约束和支配自己的言行。健康的定义得到进一步的完善。

健康的定义是人类长期与疾病作斗争和自我保健的经验总结。在这个科学的定义下，"生物医学模式"发展为"生物—心理—社会医学模式"。健康与疾病之间不存在明确的界限，一个人可能潜伏着生理、病理或心理的缺陷，而表面仍是"无病或者是无伤残"的。这说明在人的健康因素中，心理和精神的健康越来越重要。由此也可以说，精神健康是健康本身的应有之义。

二、精神健康是人持续发展的条件

人的持续发展问题是由可持续发展的理念而来。相对于人的发展历程中出现的间断性、不合理性、背离人的目的性，人的持续发展指的是人发展的连续性、合理性、合目的性。它既包含人类整体的发展，也包含人类个体的发展，注重人的全面、协调、健康发展，体现"以人为本"的必然要求，是以人的自我超越为内在推动力的发展。

1. 人的精神健康问题

从当代社会发展来看，一些数据显示，人的精神健康问题日益凸显。

根据世界卫生组织估计，2020年全球儿童精神障碍比20世纪增长50%，成为最主要的五个致病、致死和致残的原因之一。世界卫生组织发布的卫生报告称，全球每4人中就有1人在其一生的某个阶段产生某种精神障碍。

据国家统计局网站数据显示，我国监护精神病人人数1999年为103.3万人，2015年为460万人。卫生部在1999年年底发布的统计资料显示，精神疾病约占我国社会疾病总负担的1/5，在我国疾病总负担的排名中居首位，而名列精神疾病前5位的依次是：抑郁症6.2%、自杀3.9%、双相情感障碍1.8%、精神分裂症1.3%、强迫症1.1%。

我国青少年儿童的精神卫生状况也非常堪忧，每年大约有3000万17岁以下的儿童和青少年受到了各种情绪障碍和行为问题的困扰。其中，中小学生精神障碍最突出表现是学习适应能力、人际关系和情绪稳定性等方面的问题，大学生精神障碍则主要表现为焦虑不安、恐怖、神经衰弱、强迫症状和抑郁情绪等。2002年清华大学的高才生刘海洋用硫酸泼熊事件，2004年云南大学“马加爵事件”，2011年西安音乐学院学生药家鑫撞人逃逸杀人案，2013年复旦大学上海医学院林森浩投毒害死室友黄洋案，以及近年来社会中抑郁症、自杀案件的上升，反映出在压力较大、生活节奏紧张的人群中，精神健康问题已经明显暴露，精神卫生的建设已经刻不容缓。

人的精神同人的肉体一样在人的生命活动中都是有消耗的，所以都需要补充。如果人的精神需要得不到满足，人就会感到痛苦，精神萎靡不振，重者还会失去生存意志而放弃生命。这也就是说人的精神食粮和物质食粮一样，如果缺失就可能会“饿死”人。随着人们生活节奏的加快，工作变得越来越繁重和紧张，尤其是脑力工作增加，使得人们的精神消耗加快。这就需要加大精神补充和精神调节的力度，才能使人的精神保持健康状态。但是传统的满足精神需要的方式显然已经难以为继，需要用新的方式来满足人们的精神需要。满足人的精神需要的方式有很多种，大致可分为两类：一类是积极健康的、对社会和个人都有利的方式，如做各种公益慈善活动，做好事，参加各种健康的娱乐活动等，这一类是满足精神需要正确有益的方式。另一类是消极的、对于社会和个人都有害的不健康方式，如酗酒、抽烟、嫖赌、吸毒等，这一类是满足精神需要的错误有害方式。

2. 人的持续发展

假如说，社会经济发展的可持续性是相对于制约其发展的瓶颈而言的，那么人的可持续发展就是基于人的发展条件的有限性来说的。从历史发展的长河来看，从人类整体发展的而言，发展应当是可持续的。只有可持续地发展才能使人类社会的发展永无止境。

无论是其历史发展还是现实存在，无论是从人类的整体角度还是人的个体角度，发展从来都不是一条直线，一切事物的发展变化都具有阶段性和曲折性，阶段性即意味着间断性，曲折性也意味着可能会出现拐点甚至逆转，存在着背离以人为目的的发展。一切发展都变为螺旋式上升的曲线形式。因此就这个层面而言，人的可持续发展问题的提出具有现实的针对性，是相对于人的发展的间断性、不合理性以及背离人的目的性的变化发展而言的。

那么，到底什么是人的可持续发展？什么样的发展才能促进人的可持续发展？对于这一问题我们既可以从发展的角度强调其变化性，又可以从状态的角度强调发展的可持续性，还可以从主体的角度来强调个体的目的性。无论如何，人的可持续发展既应当满足个体当时的需要，又能保证其身心和谐、均衡、持久的发展力不受损害，也就是谋求胜利和精神、现在与未来的和谐统一的发展。

全世界范围内对人的可持续的、全面发展的漠视几乎是所有工业文明时代的通病。正如日本著名思想家池田大作所说：“学问成了政治和经济的工具，失掉了本来应有的主动性，因而也失去了尊严性。另一个是认为惟有实利的知识和技术才有价值，所以做这种学问的人都成了知识和技术的奴隶。”[1]

当个体的生命由工具人的被动消极状态转而迸发出发奋进取的主动精神时，个体才会有发展、再发展并长远持续发展的光明前景，实现人生价值。

进一步来说，个体应该具备一种发展的眼光才能达到生命内部各要素的动态的平衡，从而获得以持续性、全面性和协调性为基本特征的发展，促进人的可持续发展。具体地说，个体的生命周期内经久不衰的自足、自享、自用的发展体系应当由人的发展能力、发展指向以及承载生命可持续发展的身心素质等基本的要素组成。这几个要素组成了一个内在相辅相成、互为渗透的发展体系，如果教育赋予个体生命这样的相对自足、自享、自用的发展体系，那么就能有效地排除外部世界有碍追求目标的阻遏或诱惑，突破学校教育周期的局限而维持富有活力和生气的蓬勃发展，保持人的全面、持续发展的连贯性。

人的持续发展是以人的自我超越为内推力的发展。社会与人在发展中，应该是良性互动的，人的可持续发展，是维护社会可持续发展的必要保证。

人不仅仅是与自然息息相关的生命存在，还是社会人际关系中的社会存在个体，同时还是拥有着独特精神、意志生活的精神存在。人的可持续发展需要一系列的主、客观条件。首先离不开的是整个社会的发展，良好的社会基础需要社会政治、经济、文化协调发展，生态环境、人际交往等客观条件，同时也需要个体的知识储备、价值观、理想信仰等理性和非理

[1] ［日］池田大作等著，荀春生等译：《展望二十一世纪》，国际文化出版公司，1985 年，第 60 ～ 61 页。

性的因素这些主观条件。

人类的整体和个体在发展中都有其内在目的追求，每一次的超越和上升发展都是以人类自身的自我超越精神为内在推动力完成的。也即当人自身超越了工具人的被动消极状态而呈现出发奋进取的主动精神时，人就会有长远持续的发展前景。反之，在这个自我超越和进取的过程当中，人的主体性得以提升，具体表现为人的主体意识不断觉醒，主体人格不断得到完善，主体实践能力不断增强，不断发挥主观能动性。由此人得以持续不断发展，真正还原了每个个体的主体性，使之获得终身发展的源泉、动力和永不枯竭的持续后劲。

人的持续发展注重人的协调全面发展。在人类发展观的历史上，追求可持续发展是人类发展观的一个根本性转变。可持续发展的目的是社会的长远的发展，核心是人自身的全面发展。1990 年，联合国开发计划署在《关于人的发展报告》中指出，人的可持续发展是人的协调、全面的发展，这种发展既要满足人当时的发展需要，又要保证其身心和谐、均衡、持久的发展力不受损害。这就要求现代教育体系要着力培养学生的可持续发展的精神整体，使他们具备丰富的文化修养、高尚的道德品质、科学的实践经验，成为一个可持续发展的人，为可持续发展的社会所接纳并积极参与可持续发展中的社会实践活动。

3. 人的持续发展要求人的精神健康发展

正像任何事物的发展有其品质和性质一样，人的可持续发展也有质的不同。真正的可持续发展应是体现了积极精神和价值因素的健康向上的、符合人的目的性的发展，也就是说，应该是合目的性与合规律性的统一。

人的可持续发展应该着眼于人自身的长久稳定发展和跃进。从横向上来看，人的发展应该是全面的、和谐的。人的全面发展指的是人的发展不应该是单方面的，应该是在道德品质、科学知识、身心素质、审美情趣、劳动技能等各方面都得到发展。同时，在学科知识上也应该是全面的、跨学科的、综合的发展。人的和谐的发展指的是人的存在与自然是和谐共处的，人的发展与社会的发展是和谐相容的，人与人之间的关系是和谐融洽的。从纵向上来看，人的发展应该是充分的和持续的。人的充分发展是指人的潜能得到最大程度地发挥和应用。人的持续发展是指人为了实现其使命，需要经历不断地学习、训练和提高，从一个阶段向更高的阶段上升和发展的过程，人的一生整个的发展历程不仅是量变的过程，更是质变的过程，前一阶段的发展必须为下一阶段或整个人生历程的发展打下坚实的基础。

可持续发展的实质是社会和人的和谐全面发展，归根到底还是人的发展。因为无论是经济的发展、科学技术的发展、教育的发展还是社会的发展，都是通过人来完成和实现的。脱离了人，思想观念无法更新，自我潜力无法挖掘，创造能力无处发挥。所以说人的持续发展是社会可持续发展的前提。在全面实施社会可持续发展的战略中，只有不断提高人的素质，使人得到全面发展，才能最终实现社会的可持续发展。同时，我们运用可持续发展的观点来研究人的发展，实际上就是对可持续发展理论在更高层次上的理解和认识。

总之，在可持续发展中，社会与人是互动的，一方面社会在可持续发展；另一方面，人也在可持续发展。关心人的可持续发展，是维护社会可持续发展的必要保证。人文科学专家徐春阐述说，可持续发展的人要做到正确处理好人与人、人与自然、人与社会的关系，尊重相互间协调、平等、持续运行的规律。人的可持续发展促使人的身心得到和谐、均衡，使人能够丰富个性增加潜能存量，提高精神境界。而且，人的可持续发展，使科学文化知识和技能得到传承与提高，使人文精神得到发扬。人在发展经济中，不沦为“经济动物”与“科技奴隶”，勇于消除资源浪费、环境污染、生态失衡以及精神空虚、道德败坏与犯罪现象。

第三节 精神生活与人的全面发展

精神生活是人所特有的现象，具有不同的层次，既包括心理、情感等内容，也包括人的思想认知、内在价值观念、信仰等内容；既有外在的感性成分，又有内在的理性因素，而信仰则是人的精神生活的灵魂和最高层面。人的精神生活样态既是个人最内在的本质的反映，也是社会生活的显现。人的精神生活与人的存在密切相关，它是在人的现实存在基础上形成的。正是在精神生活世界中，人通过对客观对象的观念把握来超越现实的物质生活世界。

中国推进社会主义现代化建设，不断促进人的精神生活的全面丰富和精神生活品质的提升，这是现代化的应有之义。人们的精神生活状况发生了很大变化，精神需要得到一定的满足和激发，但与社会物质生产水平的提升和经济生活的富足并不同步，也不平衡，人的精神需要和精神生活状况越来越成为影响、制约人的全面健康发展以及社会和谐发展的重要因素。解决精神需要领域出现的问题，应从改善和提升人的精神生活入手。

一、人的精神生活内含于人的全面发展

在马克思主义所强调的人的全面发展中，人的精神生活的丰富是人的全面发展的重要内容。

马克思主义认为，精神属性是人的基本属性之一。精神属性赋予了人不断提升自身本质力量、开发自身能力资源的条件，同时，也使得精神需要成为人的需要的基本方面。正如马克思所指出的，人们除了满足吃、

喝、住这些自然需要外，还必须满足“精神的和社会的需要”，满足求真、向善、爱美的需要。人的精神生活的丰富与人的物质生活的全面展开和提升互为条件，相互作用。一方面，人的精神需要的满足以及人的精神生活的丰富，以物质需要的满足和物质生活的全面展开为前提；另一方面，人的精神生活的丰富，也推动着人的物质生活的全面展开和进一步提升。在人的物质生活与精神生活的丰富过程中，人的物质生活的全面展开是人的全面发展的基础，人的精神生活的丰富则是人的全面发展程度的标志。人的全面发展过程，就是在物质生活全面展开的基础上，人的精神生活日益丰富、精神属性日益彰显的过程。

那么，我们每个人是否就自然而然地拥有了精神生活呢？活跃于19、20世纪之交的德国哲学家奥伊肯（Rudolf Eucken，1846—1926）对此进行了否定的回答。虽然奥伊肯陷于否定人的精神生活源于社会生活的错误，但他的思考依然给我们有益的启示。在他看来，在我们身上存在着一种内在独立的精神生命，这种内在的精神生命是独立于我们的外在生活的，不能用我们的外在生活来解释它，它来自宇宙的精神生命，是宇宙生命在人身上的显现。他指出，精神生活既不是可以遗传的本能，也不是一种自然延续的进化，或者一种能够从日常经验的活动中得来的东西。奥伊肯认为，正因为它极其内在而深刻，我们就必须去唤醒它。人类对精神世界的追求有漫长的历史，代表了宇宙生命显现的轨迹。然而，对于每一个个体来说，它一开始是外在的。每一个个体都必须穷其毕生的精力，才能重新占有精神生活，从而获得一种精神个性。他说：“面对感官世界，人渐渐地建立起一种精神秩序，依靠它超越了他的自然生活。”[1] 他的结论是：“精神的实现决不是我们的自然禀赋；我们必须去赢得它，而它允许被我

[1] [德] 鲁道夫·奥伊肯著，万以译：《生活的意义与价值》，上海：上海译文出版社，2005年，第23页。

们赢得。”[1]

可以看出，奥伊肯在这里否定了人自然而然地拥有精神生活，从而启示我们，人在满足生存的物质需求的基础上，必须主动追寻人的精神生活及其品质的提高。

马克思主义认为人在本质上是实践的，实践造就了具有主体意识的人。人具有主体性，可以自觉地从各种可能性中选择符合自身需要的美的、善的理想生活。因而人的日常生活中除了物质层面以外，还包括精神层面的理想追求。人对精神生活的这种追求既是人的本质的体现，也是人类追求和实现幸福的表现。物质生活的富足只是人所追求的幸福生活的一个方面，人还有对精神生活的追求和渴望，它不但不会随着物质生活的极大丰富而降低，反而会更加强烈，要求也更高。

反过来说，反映人心理、情感、认知、信仰的精神生活也通过人的行为、物化的文化产品、社会流行的观念等影响和渗透在社会的经济、政治、文化、日常生活等各个层面。人的道德、艺术、科学、宗教信仰等精神性的活动，都以作为整体的社会精神生活的存在为前提。如果没有这样一个社会整体的精神生活作为源泉，人的存在就会缺失精神内容，人就有可能沦为世俗逐利的工具而丧失主体性。在此意义上，对美好精神生活和精神世界的理想追求，是人类一切精神活动的灵魂，也是人全面发展的必然内涵。

二、人的精神生活促进人的全面发展

由于人的精神生活既是人的本质的表现，也是人类追求和实现幸福的

[1] ［德］鲁道夫·奥伊肯著，万以译：《生活的意义与价值》，上海：上海译文出版社，2005 年，第 97 页。

表现，因此，人的全面发展不仅体现在富有的物质文明上，也表现在精神文明水平的极大提高。社会主义的最终目标是实现人的全面发展，因此，全面建设社会主义中国不仅要加快经济建设，同时也不能忽视精神文明和精神文化建设，只有两者同时并举，才能实现人的精神生活品质的不断提升，促进人的全面发展。

第一，人精神生活品质的持续提高是体现以人为本、追求人的自由全面发展的应有之义。

人的自由全面发展是马克思主义关于未来社会发展目标的设想。马克思认为，未来新社会的本质特征是建立在个人的全面发展和他们共同的社会生产能力成为他们的社会财富这一基础上的自由个性，未来社会应该是“以每个人的全面而自由的发展为基本原则的社会形式”。[1] 因为个人的自由发展是全体人自由发展的基本，没有个体的发展便没有整体的发展。

马克思主义关于人的发展学说是一个完善的、科学的有机整体。人的发展应该是自由、全面、和谐、健康、充分的发展，是内容丰富、生动活泼、持续的发展，而不是片面和畸形的，也不是被动和单一的。这种自由、全面、和谐、健康、充分、生动的发展，离不开人的精神生活的提升和精神需要的满足。

第二，不断提升人的精神生活品质是社会主义本质的应有之义。

社会主义追求人民幸福美好生活和人的自由全面发展，这也是社会主义的本质要求。

自由全面发展目标的提出，不是出自某种关于人的抽象的、先验的全面性的观念，也不是凭着对“人”这一概念的崇高信念向现实发出的指令，而是以人的历史发展为依据所作出的科学分析和预见。人类的历史发展过程，既是社会进步的过程，同时也是人自身逐步实现全面发展的过程。高度

[1]《马克思恩格斯全集》，第 23 卷，北京：人民出版社，1972 年，第 649 页。

发展的生产力，形成细化的社会分工，造成个人之间的普遍必然联系和交往，并且形成了世界市场，所有这些都为人的全面发展奠定了基础。换言之，个人的全面发展在很大程度上受到物质生产力发展水平的影响。社会主义所肩负的任务就是解放生产力、发展生产力，消灭剥削、消除两极分化，最终达到共同富裕，为实现每个人的自由全面发展创造条件。贫穷不是社会主义，同样，人不能全面发展也不是真正的社会主义。社会主义所追求的共同富裕，既包括社会成员在物质财富方面的极大丰富，也包括社会成员在精神层面的极大提高，从而实现人的自由全面发展，体现社会主义本质。

第三，不断提升人的精神生活品质是全面建设小康社会、追求和谐发展社会理想的必然目标。

社会的进步与人类的进步一样，不仅需要物质的源动力，而且也需要精神的催化剂。

在现代化建设的推进过程中，精神生活贫乏已成为人的全面发展的主要制约因素。从西方目前已完成的社会现代化进程来看，社会现代化在提高生产力、促进人的发展的同时，也在人的发展上暴露了一些问题。一是传统价值观念的缺失，人们对金钱的崇拜和追求达到了前所未有的程度，衡量人的价值的标尺被人为地设定为金钱的多少，传统价值观中的精华遭到冷遇甚至被抛弃，如对人格理想和精神境界的追求及一些良好的道德观念，脆弱的道德和精神防线成为社会脆弱面的真实体现。二是人的生存片面化，过分推崇工具理性和功利原则，人在劳动中丧失了个性和主体性，能力片面甚至是畸形发展。三是大众文化中的低俗文化泛滥，文化制作的程序化、运作的商业化、形式的快餐化、内容的肤浅化，最终导致了人文精神的缺失。四是消费主义盛行，不负责任的媒体煽起了人们超前的不合理的消费欲望，盲目引导人们追求奢华物质享受的同时，又造成了资源浪费和环境污染。

我国的现代化进程起步较晚，但也出现了一些问题，例如发展过程中盲目追求经济效益，忽视自然社会发展的客观规律，没有协调好人与自然的关系等。这些问题若得不到合理解决，将严重地影响人们的精神生活，严重阻碍人的全面发展。那么既然是精神生活方面的问题，就应该由精神生活方面入手加以解决。人们的思想道德和科学文化素质的提高，是在社会现代化进程中克服人的片面化倾向的根本途径，只有如此，才能使人的全面发展得到促进。

随着社会的进步，人的发展的主要内容已经逐渐演变为：人精神生活的丰富，人精神需要的满足，精神生活质量的提高。同物质需要一样，人的需要的基本的方面也包括精神需要。但是，精神需要相对物质需要而言属于较高层次的需要，物质需要作为精神需要的基础，所以应该以物质需要的满足作为前提条件，并依赖于文化条件和社会的制度。由于以往物质资料匮乏、文化不够发达的情况下，人们对物质需求有着较高的要求，精神生活的被重视程度不如物质需求高。随着社会经济文化的发展，人们对精神生活的需求与日俱增，精神生活需求在人们社会生活中越来越扮演着重要的角色，精神生活质量逐渐成为衡量生活质量和生活水平的主要标志，人们对提高精神文化素质的愿望愈发迫切，成为人完善自身的主要内容。可以说，社会进步既为精神生活的丰富和发展提供了条件，也突出了精神生活在人的全面发展中的地位和作用。

促进人的精神生活的提升和全面发展，需要以国家制度化的建设为保障。制度不再只是一种约束性规范，它同时也是一种体现人的意愿、提升人的素质的措施。心理学社会学研究表明，当一个人的纯粹精神生活方式抵达自己理想的生活高度时，并不需要太多物质财富的拥有，而是在极少的消耗物质财富和资源基础之上，也可以创造一种纯粹化的精神生活方式。人类在物质基础并不发达的条件下，不也曾建立了不同的精神文明和文化吗？只是到了近现代社会，物质财富才成为人类社会的一种标志。在社会主义现代化建设的条件下，我们可以通过一种制度化的方式，通过制度建设，树立和培养新型的符合社会发展和人性健康需求的精神生活方式，丰富人的精神生活内涵，提高精神生活质量和品质。

第四节　加强文化建设是人的全面发展的必由之路

人作为精神、文化存在，自身的全面发展离不开文化建设和文化繁荣。

“文化”一词，不同的人有不同的解释，中外大约有200多种。1871年，英国文化学家泰勒在《原始文化》一书中，提出了狭义文化的早期经典学说，即文化是包括知识、信仰、艺术、道德、法律、习俗和任何一名社会成员获得的能力与习惯在内的复杂整体。《大英百科全书》认为，文化是指人类生产或创造的，然后传给其他人，特别是传给下一代人的每一件物品、习惯、观念、制度、思维模式和行为模式。

现代对文化的解释一般是指人类在社会历史发展过程中所创造的物质财富和精神财富的总和，有广义和狭义之分。我们这里所说的文化，是广义的文化。广义的文化，着眼于人同动物、人类社会同自然界的本质区别，着眼于人类在自然界处于卓立状态的独特生存方式，其涵盖面非常广泛，所以又被称为大文化。从某个角度来看，文化包含着文化环境、文化内容和文化观念。

一、文化与人的精神世界的关系

文化影响人的实践活动、认识活动和思维方式，人的思想观念、精神气质是在社会文化的浸染塑造下得以形成和展现的。

1. 文化塑造人的精神世界

人是一种文化生成物，文化是人成为人的土壤，是人的底色。文化环境、认识程度、价值观念的不同，都对人们认识事物的角度以及认识的深度和广度产生不同影响。人们在实践中目标的确定和行为的选择，也会塑造不同的思维方式，形成思维定式。所以，有什么样的文化背景，接受何种文化浸染熏陶，就决定了一个人是怎样的人。具有共同的兴趣和相同知识水平的人，对事物的看法就更容易形成共识；而具有不同文化背景或价值观的人，对事物的看法和认识则大相径庭。

马克思说，人的本质在其现实性上，是一切社会关系的总和。这也就是说，人是社会的产物，即作为体现人的特性的思想、观念、价值追求等自觉意识，是人在社会交往、社会关系的展开过程中形成的。而社会交往、社会关系的展开过程、风俗习惯的熏陶等，正是文化发展的过程。在这一过程中，人自身的独特文化特性才逐渐被锻造形成。所以，人是在文化观念、文化氛围、文化成果的影响、铸造中形成自我的独特品质，形成自身的本质。在此意义上，文化塑造了人的精神世界。

2. 文化丰富人的精神世界、增强人的精神力量

人和文化之间存在互动关系，人创造了文化，文化又影响了人。文化是人创造的，不同地域、不同民族的人们的生活、生产环境不同，从而创造出具有地域性、民族性和时代性特点的文化，同时每种文化的展现形式也多种多样。文化存在不是消极被动的，而是对人自身发挥重要而深远的影响。多样性的文化在不同地域、民族、国家的交往交流中，相互融通，彼此吸收借鉴，滋养人类精神世界。不同国家通过文化教育事业和文化产业的发展，使人的知识水平、认知视野得到拓展，思想道德素质得到提高，人的内在精神世界不断得到丰富。

人作为一种精神存在物，在向“文”而化的过程中受到既有文化氛围、文化观念和文化习俗的影响，从中汲取精神营养，精神世界不断得到丰富，同时人又具有主体性，在接受文化影响的过程中，能够发挥自身的主观能动性，对既有文化进行甄别判断、选择吸收，把精神文化滋养转化为内在的认知、情感、信仰等，使自身的精神力量得到增强，按照自己的需要和理想进行文化转化和文化创造。

二、精神需要对文化发展的作用

人的现实精神生活状况、精神世界是由客观的物质生活条件和主观的精神需要、精神追求决定的，同社会文化发展程度密切相关。文化发展丰富了人的精神世界，反过来，人的精神需要、精神追求对于文化发展也具有直接促进作用。

1. 精神需要为文化发展提供精神导向

文化发展是人的物质和精神实践创造活动的结果。精神因素包括人的精神需要以及人为精神需要而进行的一切活动，在文化发展中发挥重要作用，是社会文化发展的精神推动因素。社会发展历史和规律告诉我们，一定社会历史时期的人们，有着怎样的精神状态、精神需要和精神追求，也就是这个时代文化发展的精神指向，直接影响和决定这个社会的文化发展。如中世纪的西方，宗教占据人们的精神生活，人们普遍需要从上帝的启示中获得精神支撑，因此这种精神需要就成为基督教文化，包括宗教哲学、建筑艺术、绘画、文学等发展繁荣的巨大精神动因。而在近代随着实证科学的兴起，知识就是力量，人们普遍渴求获取真知，因此，这种精神需要就成为一种导向，推动整个社会文化朝着尊崇科学和理性的方向发展。

社会主义制度在人类历史上的出现，秉持人民至上的价值理念，引领社会成员的精神需要朝着健康合理的方向发展，从而成为社会文化建设和发展的精神动因。从毛泽东到邓小平到当代中国主要领导人，都坚持以人民为中心的价值立场，强调社会主义归根到底以满足人民的物质精神文化需要为出发点和落脚点，旨在追求人民共同富裕和幸福。社会主义不仅注重物质财富的积累，也注重精神财富的丰盈，这正是社会主义发展的内在要求。邓小平向来强调，社会主义必须物质文明和精神文明“两手抓”，“两手都要硬”，物质贫乏不是社会主义，精神空虚也不是社会主义，社会主义的优越性，不仅表现在它能够极大地解放和发展社会生产力，创造出高度的物质文明，还表现在它能创造出高度的精神文明，满足人民群众日益增长的精神文化需要，丰富人们的精神世界，增强人们的精神力量，促进人的全面发展。改革开放以来，我国的经济发展取得了举世瞩目的成就，从不及温饱到总体小康，人民群众的物质生活水平显著提升，这一方面为社会主义文化的繁荣发展奠定了重要的物质基础，同时也对社会主义的文化建设提出更新更高的要求。

2. 精神需要推动文化进步发展

人的永不停滞的实践活动和不断攀升的精神文化需要为文化的发展提供了不竭动力。一方面，人的精神文化需要随着实践的发展而发展。满足人的精神文化需要，实际上是一个不断突破和超越现实精神文化状态，追求更加卓越、丰富和先进的精神文化的过程，也即是文化本身的发展过程。另一方面，文化又与时俱进地反映人的精神诉求，以实现人的文化利益为自身发展的基本任务和重要体现。

唯物史观认为，人民是历史的创造者，人民的精神文化诉求反映时代的发展要求和历史的潮流。只有契合、代表和反映人民的精神需要，文化才能对一定社会的政治和经济给予巨大的推动作用，才能实现自身的发展。

进入新世纪，中国经济社会发展水平全面提升，带动和改变了人的需求结构，人民对美好生活的需要和期待作为社会生活的重要内容突显出来，社会主要矛盾相对于过去发生了变化，已转变为人民日益增长的美好生活需要和不平衡不充分的发展之间的矛盾，进一步解放文化生产力、大力发展文化事业、繁荣文化产业，有效满足人民不断增长的精神文化需要的任务自然也随之愈益紧迫。正是在人的精神文化需要的促动下，社会回应这种需要的条件下，文化发展才更加有动力。

三、文化建设对满足精神需要的作用

人是有意识的社会存在物，正因为人有意识，才能形成区别于物质世界的精神世界，精神需要是人所特有的基本属性，人的精神需要得到满足，才能自由而全面地发展。

文化发展与人的精神需求密切相关。一个社会文化发展水平越高，文化越繁荣，人的精神需要满足程度也就越高。一个人的文化水平越高，相对而言，也就越是具有强烈的精神需求，而且精神需求的层次等级也就越高。马克思曾指出，精神需求的各种问题“在范围和数量由一般的文化形势决定”。这就是说，文化发展程度决定和制约人的精神需要。现实中存在的精神需求问题，主要反映了社会的精神文化发展程度和人们的需求不相匹配。要不断满足人的精神文化需求，就必须加强文化建设，树立科学的价值导向，培育良好的文化环境，营造浓郁的文化氛围，创造丰富多样的文化产品。

1. 文化建设满足了人们情感依恋的心理需要

情感是人们一种喜怒哀乐的心理活动，快乐会给人带来愉悦的心理体验，痛苦会带来沉重压抑的心理体验。人们都有亲情、友情和爱情，可以从中获得心理安慰和快乐情感体验，能够达到精神上的放松、愉悦和满足。但无论是幸福快乐还是痛苦难过，它都是人的精神需要结构中不可或缺的组成部分。社会通过文化建设，创造出丰富多样的文化形式和艺术产品，使人的多样化的情感需要和心理需要得以宣泄和满足，以健康、良好的心态面对生活。

2. 文化建设满足了人们对精神文化认知的需要

认知和探寻世界的本质和真理，是人以物质需要为基础的精神需要，并随着人类的进步而越来越成为人生存与发展的必不可少的内在需要。文化建设所包含的精神文化产品是通过精神产生活动创造的，如科学、哲学、文学、艺术、绘画、电影等文化作品，以及与之相关的文化设施、文化活动等等，它们是满足人们精神需要所不可或缺的，人们从中得到认知的精神满足。

3. 文化建设满足了人的价值归属感

人们都希望拥有健全的人格、充分的自由，并且能够获得他人的尊重，进而会思考自身、国家、民族的命运，这样一步一步形成了自身的精神价值，它具体包括对尊严、人格、荣誉和自由等内容的追求。通过文化建设，人们在生存和发展过程中，通过社会所倡导的积极有序、相互尊重的文化氛围中，才能获得价值认同感和归属感。

4. 文化建设满足了人的自我实现愿望，对幸福的追求

人们在生存发展过程中，秉执着求真的原则，不断地认识和改造世界，在自我发展、自我完善、自我实现中追求幸福美好的目标。而这一切离不开文化建设。因此，文化建设是人对幸福追求的必要的前提。

1994 年 1 月 24 日，江泽民在全国宣传思想工作会议上发表讲话指出：我们的宣传思想工作，必须以科学的理论武装人，以正确的舆论引导人，以高尚的精神塑造人，以优秀的作品鼓舞人，不断培养和造就一代又一代有理想、有道德、有文化、有纪律的社会主义新人，在建设中国特色社会主义的伟大事业中发挥有力的思想保证和舆论支持作用。

习近平在 2018 年召开的全国思想宣传工作会议上强调，做好新形势下宣传思想工作，必须自觉承担起举旗帜、聚民心、育新人、兴文化、展形象的使命。聚民心，就是要牢牢把握正确舆论导向，唱响主旋律，壮大正能量，做大做强主流思想舆论，把全党全国人民的士气鼓舞起来、精神振奋起来，朝着党中央确定的宏伟目标团结一心向前进。育新人，就是要坚持立德树人、以文化人，建设社会主义精神文明、培育和践行社会主义核心价值观，提高人民思想觉悟、道德水准、文明素养，培养能够担当民族复兴大任的时代新人。兴文化，就是要坚持中国特色社会主义文化发展道路，推动中华优秀传统文化创造性转化、创新性发展，继承革命文化，发展社会主义先进文化，激发全民族文化创新创造活力，建设社会主义文化强国。[1]

从文化建设对于社会和人的作用，我们可以看出，文化建设是满足人自身精神需要的必由之路和必要前提。

总之，文化建设和人的精神需要之满足，二者之间是双向互动关系。在全面建成小康社会过程中，不断推进文化建设，为满足人的精神需要和促进人的全面发展提供基本条件；同时人的精神需要满足和人的全面发展又会推进社会主义文化不断繁荣。

四、文化产业对人的全面发展的作用

人类社会发展的实践表明，当社会和经济发展到一定阶段，人们的生活需求，将更加追求品质的提高，从注重物质需求的满足，重点转向追求生命的精神品质。文化产品注重实用性，但人们追求的文化产品并不只是因为其实用性。文化产品表达人的思想，表现出人自身的文化内

[1]《习近平在全国宣传思想工作会议上强调举旗帜聚民心育新人兴文化展形象更好完成新形势下宣传思想工作使命任务》，新华网，2018 年 8 月 23 日。

涵和文化品质，无疑才是更为深层次的追求。人类追求精神生活，积极建设文化世界，这才使文化成为商品，而这种追求也最终成了文化产业的原始根源。

随着物质生产发展和人的生活水平的提高，社会文化生活的发展要求和趋势越来越明显，人们的精神需求越来越强烈。表现为人们不断追求精神上充实，心灵上安宁和谐，寻求获得社会和他人的尊重，以实现自身的价值。“精神内涵”渗透物质生产和物质生活的各个方面。更多时候，人们在生产物质产品时，不仅是生产使用价值，更是在创造“美”；购买物质产品，不仅要关注其功能，并越来越重视产品本身包含的“文化”价值；物质产品被消费的时候，也是享受美的过程。因此，人们孜孜不倦地追求精神需求的满足，才使社会生活不断发展，真正成为“人的生活。”

20 世纪下半叶，随着社会的发展，第三产业内部不断进行分化和交融，专注于满足人们心理的文化服务和文化创造活动拉动了经济的进一步发展。文化产业在自身发展的同时，也创造了令人惊叹的经济价值，促进经济繁荣，人类的精神文明进入了一个新高度，文化生活进入了更加丰富多彩的世界。一方面，文化产业使文化更广泛地进入社会生活，为社会提供共享文化资源，从而传播、普及和丰富了人们的精神生活。另一方面，文化产业为文化和经济融合作出了贡献，促进现代高科技文化的发展，创新了传统的文化形式，也创造了新的文化形式，使得文化产业有了长足地发展。这也反过来带动整个人类生产和生活向更文明、更人文化的层次跃进。

只有大力推进文化创新，创作和推出大批内容生动丰富、形式新颖多样、具有强烈吸引力和感染力的优秀文化作品，才能更好地满足人民群众日益增长的精神生活，带来更多思想上的启迪、身心上的愉悦、审美上的享受。这是文化发展的最高目标，是社会经济发展的最高境界，同时也是推进现代化强国建设的目标和要求。

结　语

综上所述，本书认为人的精神需要是人在社会生活中体现出来的感性（包括情感、意志、愿望等心理因素）的和理性（包括思考、认识、探求、价值追求、信仰等）的欲望和要求。它既有物化的感性成分，又有纯内在的理性因素，而信仰则是人的精神生活的灵魂和最高层面。人的精神需要无论是在社会层面还是在个人层面，都有不同的表现形态。就社会层面而言，主要表现为宗教、道德、艺术、哲学、政治等社会意识形态；就个人层面而言，主要表现为社会交往、获得尊重、自我素质提升和自我价值实现等形式。围绕精神需要及其满足这个核心问题，必然涉及或衍生出相关的一系列问题。如：精神需要与物质需要的关系、精神需要与精神生活的关系、精神需要与精神消费的关系等问题，这些问题就构成人的精神需要的基本问题。人的精神需要的满足，一般而言是一个从社会交往到获得尊重，再到自我素质提升和自我价值实现的过程。马克思主义关于需要以及精神生产的理论、幸福观、信仰观、异化理论，为思考和研究人的精神需要问题提供理论基础和方法论指导。

立足中国当代社会现实，运用马克思主义理论观点和方法，我们发现当代中国人的精神需要存在很多问题。具体表现为：重物质轻精神，重功利轻承诺，重享乐轻奉献，重现实轻理想，重迷信轻科学，这些问题比较明显，有些已经成为人全面和谐发展的严重障碍和制约。之所以会出现这些问题，主要原因在于，社会环境的急剧变化引发社会个体情感和心理扭曲；价值观念多元化以及价值的冲突与矛盾造成了人们思想上的混乱，进而制约了人的和谐发展，导致社会群体性精神困惑；社会压力、人际关系紧张和问题困扰等令人们产生不被喜爱、不安全以及不受重视的挫折感，从而进一步导致焦虑、抑郁和神经症；主流文化的缺位致使社会丧失温馨宁静和谐的精神家园；作为唯一普遍承认、具有社会强制力的法律还没有真正深入人们的内心；思想道德对人们的行为制约尤其乏力，整体而言严重弱化。

合理引导人的精神需要，要在把握人的精神需要变化及满足规律的基础上，由外到内，由显入隐，由浅入深，逐步分层次推进。提供精神需要合理引导的物质保证、政治保证、文化保证；健全社会心态疏导机制，减少社会负面事件发生的概率，从人格的个体差异出发、尊重个体，建立社会主义核心价值观和公民道德，加强文化事业和文化产业建设，连通主流文化与大众文化，注重文化产品的社会效益。这样才能满足人们多样化的精神需要，推进人的全面发展和幸福美好的生存和生活。

参考文献

一、马克思主义经典著作和党的文献

[1]《马克思恩格斯选集》第 1、2、3 卷，北京：人民出版社，2012 年。

[2]《马克思恩格斯全集》第 1、2、3、4、19、21、23、26、34、40、42、46、47、49 卷，北京：人民出版社，1995 年。

[3]［德］马克思：《资本论》第 1、3 卷，北京：人民出版社，1975 年。

[4]［德］马克思：《1844 年经济学哲学手稿》，北京：人民出版社，2000 年。

[5]《列宁全集》第 13、38 卷，北京：人民出版社，1987 年。

[6]《毛泽东选集》第 3 卷，北京：人民出版社，1991 年。

[7]《毛泽东文集》第 7 卷，北京：人民出版社，1999 年。

[8]《周恩来选集》下卷，北京：人民出版社，1984 年

[9]《邓小平文选》第 2 卷，北京：人民出版社，1994 年。

[10]《邓小平文选》第 3 卷，北京：人民出版社，1993 年。

[11]《习近平谈治国理政》，北京：外文出版社，2014 年。

[12] 胡锦涛：《高举中国特色社会主义伟大旗帜 为夺取全面建设小康社会新胜利而奋斗——在中国共产党第十七次全国代表大会上的报告》，北京：人民出版社，2007 年。

[13]《中共中央关于构建社会主义和谐社会若干重大问题的决定》，北京：人民出版社，2006 年。

[14] 习近平：《决胜全面建成小康社会 夺取新时代中国特色社会主义伟大胜利——在中国共产党第十九次全国代表大会上的报告》，北京：人民出版社，2017 年。

二、中外专著

[1] 冯文光：《马克思的需要理论》，哈尔滨：黑龙江人民出版社，1986 年。

[2] 袁贵仁：《人的哲学》，北京：中国工人出版社，1988 年。

[3] 金观涛：《人的哲学——论“科学与理性”的基础》，成都：四川人民出版社，1988 年。

[4] 胡适：《胡适选集》，天津：天津人民出版社，1991 年。

[5] 赵汀阳：《论可能生活》，北京：生活·读书·新知三联书店，1994 年。

[6] 冯友兰：《中国哲学简史》，北京：北京大学出版社，1996 年。

[7] 赵汀阳：《人之常情》，沈阳：辽宁人民出版社，1998 年。

[8] 黎德化：《现代人的精神需要与灵魂拯救》，呼和浩特：内蒙古人民出版社，1999 年。

[9] 刘再复、林岗：《传统与中国人》，合肥：安徽文艺出版社，1999 年。

[10] 夏学銮：《转型期的中国人》，天津：天津人民出版社，2001 年。

[11] 韩庆祥、邹诗鹏：《人学：人的问题的当代阐释》，昆明：云南人民出版社，2001 年。

[12] 中国人学学会编：《人学与现代化——全国第三届人学研讨会论文集》，南宁：广西人民出版社，2001 年。

[13] 骆郁廷：《精神动力论》，武汉：武汉大学出版社，2003 年。

[14] 黎鸣：《中国人性分析报告》，北京：中国社会出版社，2003 年。

[15] 徐复观著，陈克艰编：《中国知识分子精神》，上海：华东师范大学出

版社，2004 年。

[16] 徐复观：《中国人的生命精神：徐复观自述》，上海：华东师范大学出版社，2004 年。

[17] 赵敦华：《西方人学观念史》，北京：北京出版社，2005 年。

[18] 陈志尚：《人学原理》，北京：北京出版社，2005 年。

[19] 赵汀阳：《没有世界观的世界》，北京：中国人民大学出版社，2005 年。

[20] 江畅：《幸福与和谐》，北京：人民出版社，2005 年。

[21] 王文章主编：《中国先进文化论》，北京：文化艺术出版社，2004 年。

[22] 黄明理：《社会主义道德信仰研究》，北京：人民出版社，2006 年。

[23] 孙金钰：《幸福新论》，郑州：河南人民出版社，2006 年。

[24] 张世英：《境界与文化——成人之道》，北京：人民出版社，2007 年。

[25] 梁捷：《幸福指数：中国人幸福吗？》，广州：中山大学出版社，2007 年。

[26] 李德顺：《价值论》，北京：中国人民大学出版社，2007 年。

[27] 荆学民：《当代中国社会信仰论》，北京：人民出版社，2008 年。

[28] 刘明合：《交往与人的发展：基于马克思主义的视角》，北京：中央编译出版社，2008 年。

[29] 刘丽：《直觉力》，北京：中国工人出版社，2008 年。

[30] 童世骏等：《当代中国人精神生活研究》，北京：经济科学出版社，2009 年。

[31] 陈鼓应：《老子注释及评价》，北京：中华书局，2009 年。

[32] 张檀琴、李敏：《需要、欲望和自我——唯物论和辩证观的需要理论》，北京：经济科学出版社，2012 年。

[33] 王海滨：《人的精神结构及其现代批判》，北京：新华出版社，2015 年。

[34] [德] 黑格尔：《精神现象学》上卷，北京：商务印书馆，1979 年。

[35] [苏] И.Т. 弗罗洛夫著，王思斌、潘信之译，穆功校：《人的前景》，

北京：中国社会科学出版社，1989 年。
[36] [法] 帕斯卡尔著，何兆武译：《思想录：论宗教和其他主题的思想》，北京：商务印书馆，1985 年。
[37] [德] 恩斯特 · 卡西尔著，甘阳译：《人论》，上海：上海译文出版社，1985 年。
[38] [美] 马斯洛著，林方译：《人性能达的境界》，昆明：云南人民出版社，1987 年。
[39] [日] 小原国芳著，刘剑乔等译，吴光威等校：《小原国芳教育论著选》，北京：人民教育出版社，1993 年。
[40] [德] 鲁道夫 · 奥伊肯著，万以译：《生活的意义与价值》，上海：上海译文出版社，1997 年。
[41] [美] 莱茵霍尔德 · 尼布尔著，蒋庆、王守昌等译，陈维政校：《道德的人与不道德的社会》，贵阳：贵州人民出版社，1998 年。
[42] [法] 让 · 波德里亚著，刘成富、全志钢译：《消费社会》，南京：南京大学出版社，2000 年。
[43] [美] 赫伯特 · 马尔库塞著，刘继译：《单向度的人——发达工业社会意识形态研究》，上海：上海译文出版社，2006 年。
[44] [美] 斯蒂芬森、哈贝曼著，施忠连译：《世界十大人性哲学》，上海：复旦大学出版社，2007 年。
[45] [英] 莱恩 · 多亚尔、伊恩 · 高夫著，汪淳波、张宝莹等译，李秉勤、董明珠校：《人的需要理论》，北京：商务印书馆，2008 年。

三、论文类

[1] 星云：《评 И.Т. 弗罗洛夫的〈人的前景〉》，《世界哲学》，1981 年第 1 期。

[2] 傅建世：《精神生活需要与精神生产》，《长白学刊》，1991 年第 1 期。
[3] 王南湜：《简论人类精神生活》，《求是学刊》，1992 年第 4 期。
[4] 包哲兴、张同基：《谈精神生活研究中的几个问题》，《宁夏社会科学》，1992 年第 6 期。
[5] 张岱年：《精神生活与精神境界》，《甘肃社会科学》，1994 年第 5 期。
[6] 张同基、包哲兴：《精神生活：一个属人的世界——有关精神生活中若干问题的研究札记》，《宁夏社会科学》，1996 年第 6 期。
[7] 刘建军：《论马克思主义信仰》，《马克思主义研究》，1997 年第 2 期。
[8] 周国平：《精神生活的哲学》，《读书》，1998 年第 1 期。
[9] 陈智、狄瑞珍：《社会转型期道德状况调查》，《前沿》，1998 年第 10 期。
[10] 仲彬：《发展社会主义市场经济与提高人的精神需求质量》，《南京政治学院学报》，1999 年第 2 期。
[11] 赵士发：《关于人的需要问题研究综述》，《社会科学动态》，1999 年第 4 期。
[12] 李淑梅：《人的需要结构及其外历史发展》，《教学与研究》，1999 年第 8 期。
[13] 邹诗鹏：《马克思新唯物主义与当代人类精神生活》，《中共天津市委党校学报》，2000 年第 3 期。
[14] 王双桥：《论精神生活需求的价值尺度》，《湘潭大学社会科学学报》，2000 年第 2 期。
[15] 张艳国：《论精神需求》，《天津社会科学》，2000 年第 5 期。
[16] 杨绪忠：《人的精神生活质量的指标体系研究》，《上海统计》，2002 年第 1 期。
[17] 费孝通：《关于“文化自觉”的一些自白》，《群言》，2003 年第 4 期。
[18] 吴桂花：《精神生活与人的全面发展》，《探索》，2003 年第 4 期。

[19] 吴桂花：《人的精神生活全面发展的个体价值》，《学术交流》，2004 年第 8 期。

[20] 张健：《社会主义市场经济背景下人的精神世界研究》，中央党校 2004 年博士论文。

[21] 廖小琴：《再论人的本质——兼谈人的精神生活之理论根据》，《求实》，2005 年第 3 期。

[22] 王杰恩：《满足精神需求构建和谐社会》，《东岳论丛》，2005 年第 3 期。

[23] 廖小琴：《简论当前人的精神生活的不平衡》，《思想教育研究》，2005 年第 9 期。

[24] 范玲：《幸福：物质生活与精神生活的平衡》，《社会科学家》，2006 年 3 月增刊。

[25] 唐凯麟：《构建社会主义和谐社会与正确梳解当前我国人民精神生活的矛盾》，《江西社会科学》，2006 年第 4 期。

[26] 刘梅：《精神生活：奥伊肯对人生哲学的批判与建构》，《哲学研究》，2006 年第 7 期。

[27] 秦维红：《“马克思主义信仰”的提法不能回避》，《晋阳学刊》，2007 年第 5 期。

[28] 王海英：《现代精神需要的困惑与应对方法》，《通化师范学院学报》，2007 年第 7 期。

[29] 王淼：《论精神需要》，《内蒙古民族大学学报（社会科学版）》，2008 年第 2 期。

[30] 赵桂珍、刘云章、谢嘉：《马克思主义关于精神消费的几个问题》，《河北师范大学学报（哲学社会科学版）》，2008 年第 6 期。

[31] 方红：《关注精神需要创新大学生思想政治教育》，《湖北社会科学》，2009 年第 2 期。

[32] 重庆市委重大调研课题组：《关于“信仰问题”调研情况的报告》，《马克思主义研究》，2009 年第 12 期。

[33] 张艳涛：《1978 年以来中国人学研究：反思与前瞻》，《深圳大学学报（人文社会科学版）》，2009 年第 4 期。

[34] 田鹏、齐小苗：《1.73 亿中国人的精神危机》，《科学新闻》，2009 年第 17 期。

[35] 施惠玲、荆学民：《中国社会转型期信仰危机的历时过程与克服路径》，《北京交通大学学报（社会科学版）》，2010 年第 3 期。

[36] 闫青春：《老年人的精神慰藉需要重视》，《中国社会工作》，2010 年第 5 期。

[37] 李怀玉、周全德：《关注与呵护城市居民精神健康》，《中国社会科学报》，2011 年 6 月 28 日，第 12 版。

[38] 李倩：《老龄化背景下老年人的精神需求分析》，《东方企业文化》，2011 年第 8 期。

[39] 王燕文：《提高公民道德素质，提振社会精气神》，《人民日报》，2013 年 10 月 18 日，第 7 版。

[40] 贾建梅、高宁：《价值多元背景下中国人的信仰问题》，《职业时空》，2014 年第 12 期。

[41] 章忠民、秦关：《论在追求美好生活中构建当代中国人的精神世界》，《学术论坛》，2018 年第 6 期。

[42] 佘双好：《习近平关于中国精神重要论述的现实意义》，《马克思主义理论学科研究》，2019 年第 2 期。

后 记

本书是我在整理博士论文的基础上写成的。感谢我的导师北京交通大学林建成教授的悉心指导，在本书的写作过程中，林老师始终从肯定、鼓励的角度对于我研究精神需要给予指导和具体帮助，反复讨论。在最初构筑思路时，林老师恰逢赴美国做访问学者，在美国的几个月里，林老师亲自为我收集外文资料；在我写作思路不畅时，又以自己清晰的表述给予我指导帮助，关键之处给予点拨，他严格要求、悉心指导，表现出了高度的责任感、高尚的师德和学者风范。“桃李不言，下自成蹊”，多年来林老师以其宽厚、谦虚的为人作风，严谨、勤勉的治学态度，对我做人、做学问以深厚的无言之教，使我受益深深！在此衷心感谢林建成教授对我为人、为学的指导和帮助！

同时感谢北京交通大学颜吾佴教授、韩振峰教授、路日亮教授、陈树文教授、刘秀萍教授、施惠玲教授、何玉芳教授、刁志萍教授和中国传媒大学荆学民教授，他们作为导师、同事，在工作、学习中给我以深挚关心、热诚鼓励和鞭策，使我在日常的繁忙工作中，不忘给自己加劲；他们以渊博的知识、严谨的态度、开阔的思路，给我提出写作建议，使我在学习、写作过程中获益匪浅。感谢田立年、吴琼、翟媛丽、刘燕老师和程运麒、陶蕾韬、陈博、刘慧敏、王灵伦、王定功、陈洁茹、武颖、王顺玲等同志，他们在我博士论文前期写作过程中提出过许多中肯的宝贵意见和建议，这一切都为本书的完成奠定了良好基础。

感谢北京交通大学毛泽东思想和中国特色社会主义理论概论教研室的各位同人，谢谢他们在多年里给予我理解、支持和帮助。

本书出版的过程中，还要特别感谢王玉霞、程豪给予我多方面热情的帮助；此书成稿，有赖于燕山大学出版社的编辑不辞辛苦，细致审校，在此致以衷心感谢。

感谢年已九旬的母亲以及家人，他们的鞭策、理解和支持是我完成此书的动力。

同时，在本书的写作过程中，学习并借鉴了许多专家、学者的研究成果，在此也衷心地感谢这些尚未谋面的恩师，如果本书的观点和评述有不当之处，还请多多包涵并批评指正。